KB172461

후설의 현상학

후설의 현상학
Husserl's Phenomenology

단 자하비 지음 | 박지영 옮김

한길사

후설의 현상학

지은이 단 자하비
옮긴이 박지영
펴낸이 김언호

펴낸곳 (주)도서출판 한길사
등록 1976년 12월 24일 제74호
주소 10881 경기도 파주시 광인사길 37
홈페이지 www.hangilsa.co.kr
전자우편 hangilsa@hangilsa.co.kr
전화 031-955-2000~3 **팩스** 031-955-2005

부사장 박관순 **총괄이사** 김서영 **관리이사** 곽명호
영업이사 이경호 **경영이사** 김관영 **편집주간** 백은숙
편집 박희진 노유연 이한민 박홍민 배소현 임진영
관리 이주환 문주상 이희문 원선아 이진아 **마케팅** 정아린
디자인 창포 **CTP출력 및 인쇄** 예림 **제본** 경일제책사

제1판 제1쇄 2017년 2월 28일
제1판 제4쇄 2024년 3월 29일

값 27,000원
ISBN 978-89-356-7220-2 93160

"사태를 있는 그대로 드러내주는 직관이
모든 인식의 권리원천이다."

· 에드문트 후설

■ 일러두기

1. 『후설 전집판』(*Husserliana*)은 약호 Hua로 표기한다. 이를 언급할 때는 수록권수 옆에 사선을 긋고 쪽수를 함께 실었다(예: Hua 3/187).
2. 후설의 미출간 수고를 인용할 때는 원서에서와 같이 주석에 독일어 원전을 함께 밝히고, 그 출처를 병기했다.
3. 후설의 원전이 인용될 때는 원서의 영문 번역뿐만 아니라 독일어 원전을 참고하여 우리말로 옮겼다.
4. 원서에서 이탤릭으로 강조한 표현은 번역문에서도 고딕으로 강조했다. 그중 주요 용어에는 원어를 병기했다. 특히 원서에서 독일어로 표기한 주요 용어는 독일어를 이탤릭으로 병기하여 영어와 구분되도록 했다.

서문

　에드문트 후설Edmund Husserl은 1859년 4월, 당시 오스트리아 제국의 일부였던 모라비아 프로스니츠의 유대인 가정에서 태어났다. 1876년에서 1882년까지 라이프치히와 베를린, 빈에서 물리학, 수학, 천문학, 철학을 공부했고, 1882년 빈 대학에서 수학으로 박사학위를 받은 후, 그 이듬해부터 몇 년간 그곳에서 저명한 심리학자이자 철학자인 프란츠 브렌타노Franz Brentano의 강의를 수강했다. 1886년 개신교로 전향한 후설은 1887년 할레 대학에서 수 개념에 대한 논문으로 교수자격을 취득한 후, 그곳에서 14년간 사강사로 일했다.

　이 시기 동안 그는 특히 인식론과 학문 이론에 대한 일련의 근본 문제들에 관심을 가졌는데, 이러한 주제들에 대한 성찰은 1900~01년에 출간된 첫 번째 주요 저작 『논리연구』Logische Untersuchungen를 탄생시켰다. 이 저서 덕분에 후설은 괴팅겐 대학에 초빙되어 1901년부터 1906년까지 조교수로, 그 후 1916년까지 정교수로 재직하게 되었다. 이 시기 1913년 초월론적 철학으로의 후설의 전향을 특징짓는 두 번째 주저가 『순수 현상학과 현상학적 철학의 이념들 I』Ideen zu einer reinen Phänomenologie und phänomenologischen Philosophie I이라는 표제 하에 출간된다 (제2권과 제3권은 후설의 타계 후에 출간되었다). 그 후 1916년 후설은 신칸트학파 철학자 리케르트Heinrich Rickert의 후임으로 프라이부르크 대학 철학 정교수로 부임하게 된다.

이 시기는 바로 슈타인Edith Stein과 하이데거Martin Heidegger가 그의 조교로 일하던 때였다. 그들의 편집 작업 덕분에, 후설의 유명한 강의, 즉 『내적 시간의식의 현상학 강의』*Vorlesungen zur Phänomenologie des inneren Zeitbewußtseins*가 1928년 출간된다.[1] 그해에 후설은 교수직을 은퇴하고, 하이데거가 그 자리를 물려받는다. 그다음 몇 년간 두 권의 책이 출판되는데, 1929년에 출판된 『형식논리학과 초월논리학』*Formale und Transzendentale Logik*과 1931년에 출판된 『데카르트적 성찰』*Méditations cartésiennes*[2]이 바로 그것이다.

생시 마지막 5년간, 후설은 1933년 독일의 권력을 장악한 나치의 반유대 정책으로 탄압받았다. 바로 그해에 대학교수 명단에서 제명되었을 뿐 아니라, (일정 부분 하이데거의 협조로) 대학도서관 출입도 금지 당했다. 후설은 이처럼 1930년대에 들어 독일 대학들로부터 고립되었지만, 그럼에도 1935년 빈과 프라하에 초청되어 강연을 했다. 그 강연들이 바로 그의 마지막 주저인 『유럽 학문의 위기와 초월론적 현상학』*Die Krisis der europäischen Wissenschaften und die transzendentale Phänomenologie*의 핵심을 구성하고 있다. 이 마지막 주저의 제1부는 1936년 유고슬라비아의 한 학술지를 통해 출간되었다.[3]

---

1 [옮긴이 주] 이 강의는 1904/05년 겨울학기에 괴팅엔 대학에서 이루어졌다.
2 레비나스(Levinas), 파이페르(Peiffer), 쿠아레(Koyré)에 의한 『데카르트적 성찰』(*Cartesianische Meditationen*)의 프랑스어 번역판이다. 1929년에 쓴 저서이지만, 독일에서는 1950년에야 출판되었다.
3 후설은 종종 매우 독백적이고 통일적인 사상가로 특징지어진다. 아마도 이렇게 특징짓는 데 약간의 진실이 있을 수는 있다. 그러나 그와 다른 방향을 가리키는

후설 본인이 출판한 책들은 대개 현상학으로의 입문을 체계적으로 돕기 위해 기획된 책들로서 자신이 생산해낸 방대한 저술의 일부일 뿐이었다. 후설은 매일 자기 생각을 기록해두는 습관이 있었는데, 1938년 4월 27일 그가 타계했을 때 이른바 이러한 '연구수고'들은 강의 원고와 미출간 저서들을 포함하여 대략 4만 5천 페이지에 달했다. 이 수고들은 당연히 독일에서는 안전하지 않았다(1939년 프라하에서 출판된 후설의 유작 『경험과 판단』*Erfahrung und Urteil*의 초판은 거의 모두 독일 나치 정부에 의해 파괴되었다). 그러나 후설이 타계한 직후 프란체스코회의 젊은 신부 반 브레다Hermann Leo Van Breda가 후설의 유고 전부를 비밀리에 독일에서 빼내어 벨기에의 수도원으로 이전하는 데 성공했다. 덕분에 제2차 세계대전 발발 전에 후설 문고Husserl-Archives가 루뱅의 철학연구소에 설립되어, 후설 수고의 원본이 오늘날까지 여기에 보관되고 있다.

표징들도 있다. 우선 후설의 마지막 두 조교인 란트그레베(Ludwig Landgrebe), 핑크(Eugen Fink)와 후설의 토론이 후설 철학의 마지막 국면의 발달에 결정적으로 중요했다는 사실은 의심의 여지가 없다(cf. Fink 1933, Cairns 1976, Bruzina 1989, Zahavi 1994c). 둘째, 후설이 광범위하게 주고받은 서신들의 (10권에 달하는) 출간본은 후설이 전 생애에 걸쳐 엄청나게 많은 지도적 지식인과 접촉했음을 증명해준다. 출간된 서신들 중에서 우리는 베르그송(Bergson), 빈스방거(Binswanger), 뷜러(Bühler), 칸토어(Cantor), 카시러(Cassirer), 딜타이(Dilthey), 프레게(Frege), 거비치(Gurwitsch), 하츠혼(Hartshorne), 힐베르트(Hilbert), 호프만스탈(Hofmannsthal), 호르크하이머(Horkheimer), 야스퍼스(Jaspers), 쿠아레(Koyré), 라스크(Lask), 레비-브륄(Lévy-Bruhl), 립스(Lipps), 뢰비트(Löwith), 마흐(Mäch), 마르쿠제(Marcuse), 마사리크(Masaryk), 나토르프(Natorp), 오토(Otto), 파토츠카(Patočka), 러셀(Russell), 셰스토프(Schestow), 슈츠(Schütz), 지그바르트(Sigwart), 짐멜(Simmel), 슈툼프(Stumpf), 트바르돕스키(Twardowski), 베르트하이머(Wertheimer)와의 편지를 발견한다.

또한 후설 문고가 설립된 시기에 후설 저술들에 대한 비판적 편집 작업이 시작되었는데, 지금까지 34권에 달하는[4] 이 비판적 정본, 즉 『후설 전집』*Husserliana*은 후설 생시에 출판된 저작들의 신판들뿐 아니라 이전에 출판되지 않았던 저작들과 글, 강연, 논문 그리고 연구수고로 이루어져 있다.[5]

후설의 저술은 이제껏 그 누구도 다 읽어볼 수 없었으리만치 방대하다. 따라서 기존의 해석을 뒤집을 수 있는 수고가 언제든 갑자기 발견될 수 있기에 후설 연구는 상대적으로 열린 작업이 되며, 뿐만 아니라 후설 철학을 완전히 체계적으로 설명하려는 시도 또한 매우 복잡해진다. 따라서 한 권의 책으로, 특히 이런 분량의 작은 입문서로는 후설 철학의 전체 모습을 완전하게 다루는 것이 거의 불가능하다. 그래서 결국 나는 어떤 선택을 강요받을 수밖에 없었는데, 내가 선택한 서술의 관점은 다음과 같다.

이 책의 제목은 '후설의 현상학'이다. 그래서 내가 기술하고자 하는 것은 가령 형식존재론이나 본질주의와 같은, 후설 철학이 지니는 다소 전통에 부합하는 측면보다는 후설 현상학의 발전에 대한 것이다. 이 책은 세 부분으로 나뉘어 있는데, 이러한 구분에는 체계 관점과 연대기 관점이 상당 부분 결합되어 있다. 즉 이 책은 대략 논리학과 지향성에 대한 초기 분석에서부터, 환원과 구성에 대한 성숙한 초월론적 분석을 거쳐, 상호주관성과 생활세계에 대한 후기 분석에 이르는 후설 철학의 전개 과정을 따르고 있다.

이 책 제1부는 후설의 초기 지향성 이론을 다룬다. 이 선택에는 두

---

4 [옮긴이 주] 2016년 현재 『후설 전집』은 제42권까지 출간되었다.
5 cf. 『후설 전집』 제1권의 반 브레다(Van Breda)의 서문, 그리고 Van Breda 1959.

가지 이유가 있다. 한편으로는 의식이 대상을 향하고 있다는 기술이 후설의 가장 중요하고도 영향력 있는 분석이기 때문이고, 다른 한편으로는 지향성 분석이 후설 사상 전반을 이해하는 핵심적인 열쇠로 가장 적절하기 때문이다. 다양한 구체적 현상에 대한 상세한 분석이든, 더욱 근본적인 초월론적 철학의 성찰이든, 후설의 이후 분석의 상당 부분은 의식의 지향성에 대한 초기 연구에 포함된 통찰들을 더욱 철저하게 발전시키려는 시도로 간주될 수 있다.

제2부에서는 후설의 초월론적 철학의 주요 요소들을 설명한다. 후설은 왜 현상학이 일종의 관념론이라고 주장하는가, 우리는 주관성이 세계를 구성한다는 그의 반복적 주장을 어떻게 이해해야 하는가? 판단중지, 환원, 구성이라는 후설의 개념들이 바로 이러한 맥락 속에서 등장한다.

후설 현상학의 더욱 형식적이고 근본적인 핵심 개념들의 동기, 그러한 핵심 개념들로 향하는 길, 그러한 개념들의 전개를 기술한 후, 이 책에서 가장 긴 부분을 차지하고 있는 제3부에서는 후설의 더욱 구체적인 수많은 현상학적 분석들로 관심을 돌린다. (대체로) 후기에 이루어진 몸·시간·상호주관성에 대한 이러한 연구들은 그저 후설이 이미 확립한 현상학적 원리들을 적용하기만 한 분석으로 이해되어서는 안 된다. 앞으로 분명히 밝혀지겠지만, 이러한 구체적 주제들에 대한 후설의 분석은 현상학의 근본 원리들에 지속적인 수정이 가해지도록 하는 작업이었기 때문이다.

*

이 책의 내용은 후설 자신이 출판한 저서들, 그리고 계속해서 출간되고 있는 『후설 전집』의 텍스트뿐만 아니라 아직 출판되지 않은 수많은 수고에 기반을 두고 있다. 또 이 책은 후설 현상학에 대한 입문서로 기획되었지만, 실상 후설 철학에 대한 표준적 독해를 단순히 서술하는 데 그치는 것이 아니라 나 자신의 연구를 반영하고 있기도 하다.

후설의 연구수고를 사용하기로 한 결정은 후설 연구에 있어 방법론적으로 이를 반대하는 입장에 맞서 어떤 해명을 필요로 한다. 가령 폴 리쾨르Paul Ricoeur 같은 몇몇 (비판적인) 후설 연구가들은 후설 해석이 전적으로 후설 자신이 출판한 저서들에만 근거하여 이루어져야 한다는 입장을 고수한다.[6] 즉 그들은 출판되지 않은 수고나 후설이 출판을 보류한 연구수고를 사용하는 것은 문제가 있으며, 심지어 그러한 수고들은 오직 후설이 그 자신만 보기 위해 쓴 것일 뿐이라고 주장한다. 그러한 텍스트들은 집필 과정을 통해 어떤 통찰을 얻기 위해 쓴 것이지만Hua13/xviii-xix 후설이 그것들에 만족하지 못했기 때문에 출판을 보류했으리라는 것이다. 그러나 만약 우리가 케른Iso Kern이 상호주관성에 대한 세 권 분량의 저술을 소개하며 설명했던cf. Hua14/xx 후설의 작업 방식과 출판 계획을 살펴본다면, 연구수고와 출판된 저서들 사이의 관계는 명백히 더욱 복잡하다는 것을 알 수 있다.

먼저 후설은 그의 후기 연구수고의 대부분을, 자신의 철학을 명확하고 체계적으로 서술하기 위해 집필했지만, 결코 그것의 최종적 형태를 찾지는 못했다. 그러나 이는 후설이 이러한 수고들의 내용에 만족하지 못했기 때문이 아니라, 그가 계속해서 세밀한 분석에 몰두했기 때문이다Hua15/xvi, lxi.

둘째, 이는 더욱 중요한 문제인데, 후설은 체계적이고 명료한 설명을 완성해야 하는 반복적 문제 때문에 자신의 글의 상당 부분을 유고

---

6 cf. Ricoeur 1985, 44.

로 남겼다cf. Hua14/xix, 15/lxii, lxvii-iii. 그래서 그는 종종 자신의 저술의 가장 중요한 부분은 수고에 있다고 말했던 것이다. 예를 들어 1931년 4월 5일, 아돌프 그리메Adolf Grimme에게 보내는 편지에서 후설은, "내가 생각하기로, 내 일생의 작업에서 가장 크고 중요한 부분은 아직 나의 수고 속에 들어 있습니다. 그러나 분량이 너무 많아서 거의 감당하기 어려울 정도입니다"라고 말했다Hua15/lxvi; cf.14/xix.

마지막으로 중요한 점을 하나 더 언급하자면, 체계적 관점을 채택하는 것 또한 가능하다는 것이다. 만약 후설의 출판되지 않은 수많은 분석이 기존에 출판된 책에서 발견되는 분석들보다 더욱 잘 수행되었고 설득력이 있다면, 우리의 연구를 후자에 한정시킬 어떠한 (심리적 이유가 아닌) 철학적 이유도 없는 것으로 보인다.

후설의 현상학
Husserl's Phenomenology

제1부

초기 후설:
논리학, 인식론 그리고 지향성

『논리연구』Logische Untersuchungen, 1900~01는 후설이 펴낸 첫 번째 저서는 아니었지만, 그는 이 책이 현상학에 '돌파구'를 마련해줬다고 믿었다Hua 18/8.『논리연구』는 분명 후설의 가장 중요한 저작 중 하나일 뿐 아니라 20세기 철학의 핵심적 텍스트다. 이를테면, 지향성 개념에 대한 상세한 분석을 포함하여, 핵심적인 현상학적 개념 대부분을 처음으로 다루고 있는 곳이 바로『논리연구』다. 여기서 지향성 개념은 후설 사상의 가장 중심적인 주제로서cf. Hua 3/187 후설 철학을 이해하는 데 길잡이의 역할을 해줄 것이다.

초기 지향성 개념을 논의하기에 앞서, 후설을 처음으로 저명한 철학자로 부각시켰던 후설의 심리학주의psychologism 비판에 대해 간략히 짚고 넘어갈 필요가 있다. 지향성 개념이 처음으로 도입되었던 것은 원래 이러한 심리학주의 비판을 배경으로 하고 있다.

후설의 심리학주의 비판

『논리연구』는 크게 두 개의 주요 부분으로 구성되어 있다. 그것은 「순수 논리학을 위한 서설」Prolegomena zur reinen Logik, 이 부분은 대부분 심리학주의 비판에 할애되고 있다. 이하「서설」과 여섯 편의 「현상학과 인식론 연구」Untersuchungen zur Phänomenologie und Theorie der Erkenntnis, 여기서 지향성 분석은 절정에 이른다다. 후설은『논리연구』의 서문에서 이 책의 목표를 간략히 기술하면서 이 책의 특징을 순수 논리학과 인식론에 새로운 토대를 부여하는 것이라고 밝힌다Hua 18/6. 그의 주요한 관심은 논리학의 지위와 더불어 학문적 지식과 이론의 가능 조건에 대한 것이었다. 그러나 후설이『논리연구』에서 사용하고 있는 인식론 개념은 지금의 인식론 개념과는 약간 다르다. 후설에 따르면, 지식 이론이 직면하고 있는 가장 심각한 문제는 도대체 지식이 어떻게 가능한가 하는 것을 정립하는 것이다. 이러한 과제는 의식이 마음으로부터 독립적인 실재에 대한 지식을 얻을 수 있는지, 혹은 얻을 수 있다면 어떻게 얻을 수 있는지에 대한 것이 아니다. 후설에게 이러한 종류의 물음은, 바깥에 실제 세계가 존재하는지 아닌지에 대한 물음과 마찬가지로, 인식론에서는 다루어질 수 없는 형이상학적 물음들로 간주되어 거부된다 Hua 19/26. 더 일반적으로는 (이는 후설의 초기 현상학 개념을 이해하는 데 매우 결정적 문제인데) 후설은 실재론이든 관념론이든 그 어떤 특수한 형이상학에 몰두하고자 했던 게 아니었다. 그 대신 그는 더욱 칸트적인 관심사인 형식적 물음들, 특히 지식의 가능 조건에 대한 물음들을 묻고자 했다Hua 18/23, 208, 19/12, 26.

「서설」에서 이러한 물음들에 대한 후설의 대답은 두 가지 길을 따른다. 한편으로 그는 당시 유행하던 철학적 입장들이 실은 지식의 가능성을 설명할 수 없음을 증명하고자 하는 비판적 작업을 수행하고, 다른 한편 더욱 적극적인 작업으로는, 만약 지식이 가능할 경우 어떠한 조건이 충족되어야 하는지를 상세하게 설명하고자 애쓴다.

후설이 비판하는 철학적 입장이란 이른바 심리학주의를 말한다. 이러한 입장의 주된 논지는 다음과 같다. 즉 이러한 입장에 따르면, 인식론은 지각, 믿음, 판단 그리고 앎의 인지적 본성과 관계한다. 그러나 이러한 모든 현상들은 심리적 현상들이다. 그러므로 이것들의 구조를 연구하고 탐구하기 위해서는 명백히 심리학에 의존해야 한다. 이는 또한 우리의 학적 추론과 논리적 추론에도 적용된다. 따라서 논리학은 궁극적으로 심리학의 일부이어야만 하고 논리학의 법칙들은 그 본성과 타당성이 경험적으로 탐구되어야 할 심리적인 논리적 규칙들이다Hua 18/64, 18/89. 따라서 심리학은 논리학에 이론적 토대를 제공한다.

후설에 따르면, 이러한 입장은 논리학의 영역과 심리학의 영역 사이에 존재하는 근본적 차이를 무시하는 오류를 범하고 있다. 논리학은 (가령, 수학과 형식존재론과 마찬가지로) 경험적 학문이 아니고, 사실적으로 존재하는 대상과 관계하는 것이 아니다. 대신 논리학은 이념적 구조와 법칙을 탐구하므로 논리학 연구는 확실성과 정확성에 의해 특징지어진다. 이와 대조적으로 심리학은 의식의 사실적 본성을 탐구하는 경험적 학문이므로 그 탐구의 결과물들이 모든 다른 경험적 학문의 결과와 마찬가지로 모호함과 한갓 개연성에 의해 특징지어진다Hua 18/181. 따라서 논리학을 심리학으로 환원하고자 하는 것은 논리 법칙들을 특징짓는 이념성, 필증성의심할수없는확실성, 그리고 선험성비경험적 타당성을 철저히 무시하는 범주의 오류를 명백히 범하는 것이다Hua 18/79-80.[1] 이러한 논리 법칙의 특징들은 심리에 대한 사실적이고 경험적인 본성들을 언급하는 것으로는 결코 발견될 수도 없고 설명될 수도 없다.

심리학주의의 근본적 오류는 그것이 인식의 대상object과 인식이라는 작용act을 올바로 구분하지 못한다는 데 있다. 이를테면, 작용은 시간 속에서 흐르고, 시작과 끝이 있는 심리적 과정이지만, 이는 논리적

---

1 심리학주의에 대한 후설의 비판은 『산술철학』(*Philosophie der Arithmetik*, 1891)에서의 후설 자신의 입장을 향하고 있기도 하다는 사실이 보충될 수 있다. 후설이 입장을 바꾼 것은 이 책에 대한 프레게의 혹독한 논평 때문이었다고 종종 주장되었다. 그러나 이러한 해석은 아마도 시대에 뒤떨어진 해석이다. 더욱이 최근의 연구는 후설이 입장을 변경한 결정적 요인으로 로체(Lotze)와 볼차노(Bolzano)에 대한 후설의 연구를 지적한다. 가령 다음을 참조하라. Mohanty 1977; Bernet, Kern, Marbach 1989, 20.

원리들이나 수학적 진리들에는 적용되지 않는다Hua 24/141. 가령 우리가 논리학의 법칙을 말할 때나, 수학적 진리, 이론, 원리, 문장, 증명들을 언급할 때 우리는 시간적 지속을 갖는 주관적 경험을 언급하는 것이 아니라 무시간적이고 대상적인, 그리고 영원히 타당한 그 어떤 것을 언급한다. 비록 논리학의 원리들이 의식에 의해서 포착되고 인식되는 것일지라도, 우리는 앎이라는 실재적real인 심리적 작용들로는 환원될 수도 없고 그것들과는 완전히 구분되는 이념적ideal인 어떤 것을 의식하고 있는 것이다.

이념적인 것과 실재적인 것 사이의 이러한 구분은 후설에게는 아주 근본적이고 시급한 문제였기에, 후설은 심리학주의를 비판함에 있어 때로는 일종의 (논리적) 플라톤주의에 접근한다. 즉 이에 따르면 이념적 원리들의 타당성은 실제로 존재하는 어떤 것과는 독립적이다.[2]

> 어떠한 진리도 사실, 즉 시간적으로 규정되는 것이 아니다. 진리는 물론 '어떤 사물이 있다' '어떤 상태가 존재한다' '어떤 변화가 일어난다'와 같은 것들을 그 의미로 지닐 수 있다. 그러나 진리 그 자체는 모든 시간성을 뛰어넘는다. 다시 말해 진리에 시간적 존재, 생성 혹은 사라짐을 귀속시키는 것은 어떠한 의미도 갖지 못한다.(Hua 18/87)

---

2 「서설」 출간 이후에 후설은 플라톤주의자라는 비난을 받았다. 그러나 이것은 단지 부분적으로만 진실이다. 후설 자신이 지적하고 있듯이, 후설은 이념성의 타당성을 방어하는 데 관여했지, 분리된 초자연적 영역에서의 이념적 대상의 존재를 옹호하려고 하지 않았다. 요약하자면, 후설은 논리적(logical) 플라톤주의는 옹호했지만, 존재론적(ontological) 플라톤주의는 옹호하지 않았다(Hua 22/156).

2+3=5라는 진리는, 세계가, 그리고 이러한 실제 사물들을 지닌 이 세계가 존재하건 존재하지 않건, 순수한 진리로서 그 자체로 존재한다.(Hua9/23)

'표현과 의미'*Ausdruck und Bedeutung*라는 제목을 지닌 [『논리연구』 제 2권의] 1 연구에서 후설은 이번에는 의미 이론적 맥락에서 인식이라는 시간적 작용과 이념성의 무시간적 본성 사이에 존재하는 차이를 계속해서 논증한다. 후설이 지적하고 있듯이, 우리는 '의미/의미함' meaning을 이야기할 때, 가령 '코펜하겐은 덴마크의 수도다'와 같이 우리가 의미하고 있는 그것을 지칭할 수도 있고, 무언가를 의미하는 바로 그 작용 내지 과정을 지칭할 수도 있다. 이러한 두 가지 용례는 명백히 구분된다. 따라서 결국 서로 다른 사람이 동일한 의미를 머릿속에 품는 것이 가능할 뿐 아니라, (각각의 경우 의미하는 행위의 구체적 과정이 매번 새로울지라도) 동일한 의미를 재차 반복해서 생각하는 것이 가능하다. 그래서 가령 피타고라스 정리를 얼마나 자주 반복해서 생각하든 또한 그것을 누가 생각하든 언제 어디에서 생각하든 관계없이 피타고라스 정리는 언제나 동일하게 같은 것으로 남게 된다. 물론 의미하는 구체적 행위는 매번 변하게 될지라도 말이다Hua 19/49, 97-98.

그러나 주장의 의미가 맥락 의존적일 수 있으며, 따라서 상황이 다르면 주장의 의미가 바뀔 수 있다는 것을 후설이 부인하고 있는 것은 명백히 아니다. 후설의 핵심은 다만 장소나 시간, 사람의 형식적 변화가 의미의 변화를 초래하지는 않는다는 것이다. 예를 들어 '2000년 1월에 덴마크의 총리는 남자였다'라는 주장의 진릿값은, 그것을 내가 말하든 친구가 말하든 코펜하겐에서 말하든 도쿄에서 말하든 오늘 말하든 내일 말하든 상관없이 동일한 것으로 남을 것이다(이에 대해 예외적인 것은 '나' '여기' '지금'과 같은 맥락 의존적인 지시적 표현이다Hua 19/85-91).

수적으로 상이한numerically different 작용들 속에서 동일한 의미를 반복하는 것이 가능하다는 사실 자체가 바로 이념성과 실재성을 혼동하고 있는 심리학주의를 물리칠 충분한 논거가 된다. 만약 이념성이 실제로 심리적 작용이 갖는 시간적·실제적·주관적 본성으로 환원되거나 이에 영향을 받을 수 있다면, 어떤 발생 시점의 구체적 심리 작용을 타인과 공유하거나 되풀이하는 것이 불가능하듯이 우리가 의미를 되풀이하거나 공유하는 것도 불가능할 것이다(여기서 물론 우리는 유사한 작용을 수행할 수 있다. 그러나 유사성은 동일성이 아니다). 하지만 만약 실제로 이러하다면, 일상적 의사소통이나 이해뿐 아니라 학문적 지식도 불가능해질 것이다Hua 18/194. 따라서 후설은 심리학주의는 자기논박적 회의주의를 수반하고 있다고 논박할 수 있다. 이념성을 실재성으로 환원하고자 하는 자연주의적이고 경험주의적 시도는 심리학주의 자신을 포함하여 어떠한 이론의 가능성도 부정하는 결과를 낳기 때문이다.

이미 언급했듯이, 후설은 심리학주의 비판과 더불어 지식이 가능하기 위해 충족되어야 할 조건들을 상세히 명시하고자 애썼다. 그는 이념적이고 선험적 가능 조건의 두 가지 유형을 구분하는데, 그것은 곧 객관적인(논리적인) 것과 주관적인(노에시스적인) 것이다Hua 18/240. 이때 객관적 조건들이란, 어떤 이론의 선험적 토대를 구성하면서, 이론이라는 바로 그러한 개념을 위반하지 않고서는 결코 위반될 수 없는 근본적 원리, 구조, 법칙들을 말한다. 그리고 후설은 여기서 일관성과 무모순성이라는 요구 조건을 언급한다Hua 18/119. 그러나 더욱 놀라운 것은, 후설이 한편으로는 우리에게 또한 이른바 노에시스적 noetic 가능 조건을 환기시키고 있다는 점이다. 이것은 우리가 실현된 지식에 대해 주관적 의미에서 이야기하고자 할 때 충족되어야 할 조건들이다. 만약 인식하는 주관이 참과 거짓, 타당성과 부당성, 사실과 본질, 명증과 부조리를 구분하는 능력을 갖지 못했다면, 객관적이고 학문적인 지식은 가능할 수 없었을 것이다Hua 18/240, 3/127.

여기서 우리는, 이것은 후설을 다시 심리학주의로 되돌아가게 하는 것은 아닌가 하고 의문을 품게 될지 모른다. 그러나 명백히 의식은 경험적 심리학이 아닌 학문들로 탐구될 수 있다. 후설이 강조하고 있듯이, 그는 가능성의 사실적이고 인과적인 조건들에 관심을 가졌던 것이 아니라 이념적 조건들에 관심을 가졌다. 즉 그의 목표는, 인류 구성원들이 실제로 그리고 사실적으로 지식을 획득하려 할 때 충족되어야 할 심리학적이고 신경학적인 사실적 조건들을 발견하려는 것이 아니고, 어떠한 주관이든지(그것의 경험적이거나 물질적인 구조에 관계없이) 그것이 지식을 가지려면 소유해야만 하는 능력들을 탐구하고자 하는 것이었다Hua 18/119, 240.

이렇게 주관성을 향해 문을 열어젖히는 것은 「서설」에서부터 『논리연구』 2권으로 넘어가면 더욱 확연히 드러난다. 「서설」의 적극적 측면에서의 중심적 과제는 객관성과 학문적 지식이 이념성을 전제한다는 것을 보이는 것이었다. 그러나 논리학을 심리학으로 토대 지워서는 학문의 객관성을 설명할 수 없다는 것을 알게 되었다고 할지라도, 우리는 여전히 객관적 진리가 앎이라는 주관적 작용 속에서 어떻게 알려지게 되는가 하는 명백한 역설과 대면하게 된다. 그래서 후설이 지적하고 있듯이, 우리가 지식의 가능성에 대해 더욱 견고한 이해를 획득하고자 한다면 객관적 이념성과 주관적 작용 사이의 이러한 관계는 반드시 연구되고 해명되어야 한다. 즉 우리는 어떻게 이념성이 인식 수행자에 의해 정당화되고 타당성을 얻게 되는지를 규명해야만 하는 것이다.

이념적인 것과 실재적인 것에 대한 후설의 구분은 여러 가지 면에서 프레게Gottlob Frege의 구분과 유사하다. 그러나 심리학주의에 대한 현상학적 비판과 프레게 식 비판의 결정적 차이는, 바로 후설은 이러한 비판이 반드시 지향성에 대한 분석을 통해 이루어져야 한다고 믿었다는 데 있다. 그리고 주관성과 일인칭적 시점에 대한 이러한 후설의 관심은 프레게와는 공유되지 않는 것이었다.[3]

후설에 따르면, 심리학주의는 논리학과 객관성의 지위에 대한 대안적 설명이 제공될 때에야 비로소 철저히 극복될 수 있다. 그러나 이것이 가능하기 위해서는 단지 공허한 사변적 가정을 통해서가 아니라 이념적 대상들 자체로 직접 관심을 돌리는 일이 반드시 필요하다. 그리고 이것은 우리의 사유가 실제로 소여된given 것에만 토대할 수 있도록 사태 자체로의 귀환을 요구한다. 달리 표현하자면, 우리가 이념성과 실재성이 무엇인지를 아무런 선입견 없이 탐구하고자 한다면, 우리는 경험을 통한 그것의 소여에 주목해야 한다.

그러나 이를 위해서는 또한 의식에 대한 연구가 필수적일 것이다. 왜냐하면 어떤 것은 오직 의식 속에서, 혹은 의식에 대해서만 나타날 수 있기 때문이다. 그래서 만일 우리가 이념적인 논리적 원리들이나 실제적인 물리적 대상들의 참된 지위를 해명하고자 한다면, 우리는 이러한 원리와 대상들을 경험하는 주관성으로 되돌아가야만 한다. 그것들이 자신을 그것인 바대로 보여주는 곳은 오직 주관성 속에서이기

---

3 cf. Cobb-Stevens 1990.

때문이다Hua 19/9, 3/111, 3/53. 따라서 우리가 인식론과 학문 이론에서 발견하는 근본적 물음들에 답하기 위해서는 관심의 '부자연스러운' 변화가 요청된다. 우리는 대상에 주목하는 대신에, 의식 작용들을 반성하고 주제화하고 분석해야만 한다. 오직 이러한 방식으로만 우리는 인식 작용과 인식 대상 사이의 관계를 이해할 수 있다Hua 19/14.

심리학주의에 대한 그의 강한 비판에도 불구하고, 인식론의 근본 문제들에 대한 후설의 관심은 그를 의식으로 귀환하게 했다. 종종 『논리연구』는 서로 다른 두 부분으로 크게 양분된 저작으로 기술되어왔다. 즉「서설」은 심리학주의 비판을 특징으로 하고,「현상학과 인식론 연구」에서는 의식에 대한 기술적 분석이 절정에 이른다는 것이다. 그러나 후설이 『논리연구』의 제2판 서문에서 말하고 있듯이, 이러한 대조는 실제보다 더 부각되어 보이는 것일 뿐이다. 이 저작은 점차 더 복잡한 사유의 단계로 접근해가는 일련의 체계적으로 관련된 연구들로 구성되어 있다. 따라서 단지 표면적 독해만으로는 이 책이 새로운 유형의 심리학주의에 발을 담그고 있다고 오해할 수 있다 Hua 18/11, 19/535, 24/201. 비록 후설 자신이 제1판 서문에서 다소 신중하지 못하게 현상학을 기술적 심리학descriptive psychology으로 규정하긴 했지만, 그는 곧바로 여기에 심각한 문제가 있다는 것을 깨달았다Hua 22/206-208. 왜냐하면 그는 결코 인간의 심리 물리적 구조를 분석하는 것이나 경험적 의식을 탐구하는 것에 관심이 있었던 것이 아니라 지각, 판단, 감정 등과 같은 것들의 본질적이고 원리적인 특징들을 이해하는 데 관심을 두었기 때문이다Hua 19/23, 357, 22/206-208.

이제 지금까지의 설명을 간략히 요약해보도록 하자. 후설은 이념성을 심리적 과정들로 환원하고자 했던 심리학주의의 시도를 비판했다. 그리고 이를 위해 인식 작용과 인식 대상(이 경우, 논리학의 법칙들) 사이의 환원 불가능한 차이를 분석해보았다. 물론 양자는 어떤 연관 속에 있고 이 연관은 (공허한 가정을 통해서가 아니라) 적절한 분석을 통해서 밝혀져야 하지만, 이 양자 간의 차이는 반드시 주장되어야만 한다. 한편, 만약 우리가 이념성을 이해하고자 한다면, 우리는 궁극적으로는 그러한 이념성이 소여되는 의식 작용으로 되돌아가야만 한다. 그러나 주관성으로의 이러한 귀환은 심리학주의로 다시 역행하는 것이 아니다. 무엇보다 먼저, 여기서는 대상을 작용들로 환원하려는 어떠한 시도도 없다. 다만 대상을 작용들과의 관계 내지 상관관계 속에서 이해하고자 하는 시도가 있을 뿐이다. 둘째로, 후설은 이러한 작용들의 선험적 구조를 이해하고 기술하기를 원했다. 그는 이러한 작용들의 생물학적 발생이나 신경학적 토대를 찾고자 하는 자연주의적 설명에 관심을 기울였던 것이 아니다.

지향성 개념

이제 계속해서 「현상학과 인식론 연구」라는 제목이 붙은 『논리연구』 제2권으로 넘어가보자. 『논리연구』 제2권의 5연구와 6연구에서 후설은 '의식하다'라는 것이 무엇을 의미하는가 하는 물음에 몰두한다. 이미 언급되었듯이, 이러한 물음은 인류가 무언가를 의식할 수 있기 위해 충족되어야 하는 경험적 조건들(예를 들어, 충분히 발달된 지능, 온전한 감각기관 등)을 분석하는 것과 관련된 것이 아니다. 이는 그것이 인간의 것이든 동물의 것이든 외계인의 것이든 상관없이 의식이라는 것 자체가 무엇을 의미하는가를 분석하는 것과 관계한다 cf. Hua 24/118.

즉 후설은 감각생리학이나 신경학에 관심이 있었던 것이 아니라 인식론에 관심이 있었다. 그는 '유니콘을 상상한다는 것' '다가오는 가을걷이를 기대한다는 것' '4의 제곱근을 생각한다는 것'이 무엇을 의미하는가와 같은 물음들은 경험적이고 사실적인 것과 관련되어 있는 물리적·인과적 요소를 추상함을 통해 대답될 수 있다고 주장한다. 이는 후설이 (경험적으로 의식에 수반된 신경학적 과정의 본성이 아니라) 의식이 갖는 엄격히 불변적이고 본질적인 본성에 관심을 가졌기 때문이기도 하고, 의식의 생물학적 토대가 아니라 인지적 차원에 관심을 가졌기 때문이기도 하다.[4]

후설은 우리의 경험을 일인칭 시점에서 주어지는 대로 기술하고자 했다. 그래서 뭔가가 나의 두뇌 속에서 발생하고 있다는 것은 가령 시들어가는 떡갈나무에 대한 나의 경험의 일부를 이루는 것이 아니다.[5] 후설은 이미 초기에 현상학의 (형이상학적) 무전제성을 강조한다. 현상학은 (그것이 주관적 작용들이든 세계 속의 대상들이든 간에) 의식에 나타나는 것의 충실한 기술 그 이상이어도 그 이하이어서도 안 된다. 현상학은 형이상학적이고 과학적인 가정이나 사변들을 피해야만

---

4 브렌타노는 『경험적 입장의 심리학』(*Psychologie vom empirischen Standpunkt*, 1871)에서 의식에 대한 순수 기술적 분석의 필요성을 처음으로 주장했다.

5 『이념들 II』의 한 구절에서 후설은 이러한 점을 비교적 명료한 방식으로 이야기한다. 즉 주관이 대상을 향하면서 이러한 대상을 경험할 때, 우리는 실재하는 무언가와의 실재적(real) 관계를 다루는 것이 아니라 그것과의 지향적 관계를 다룬다. 어떤 환경 아래에서는 문제의 대상은 실재적 방식으로 (인과적으로) 나에게 영향을 미칠지 모른다. 만일 문제의 대상이 존재하지 않는다면, 실재적 관계 또한 존재하지 않을 것이지만, 지향적 관계는 남아 있을 것이다. 대상이 존재하는 경우, 실재적 관계가 그 지향적 관계를 보충할 수도 있지만, 즉 다시 말하자면, 어떤 환경 속에서의 대상은 나의 감각기관에 영향을 미칠 수 있지만, 이는 단순한 심리 물리학적 사실일 뿐이다. 그리고 그것은 지향적 관계의 구조에 아무런 영향도 미치지 않는다(Hua 4/215-216).

한다Hua 19/27-28.

경험의 구조를 분석하면서 후설은 특히 '무언가에 대해 의식함', 즉 '대상을 향함'이라는 특징을 갖는 일군의 경험들에 주목한다. 여기서 경험의 이러한 속성들은 또한 지향성이라고 불린다. 우리는 단순히 그저 사랑하고 두려워하고 보고 판단하는 것이 아니라, 사랑받고 있는 그 무언가를 사랑하고, 무서운 그 무언가를 두려워하고, 어떤 특정한 대상을 바라보고, 어떤 사건들에 대한 진술을 판단하는 것이다. 이때 우리가 지각, 사고, 판단, 상상, 의심, 기대, 회상 그 무엇에 대해 이야기하든, 이 모든 다양한 의식 유형이 지닌 특징은 대상을 지향한다는 것이고, 따라서 그것들은 그들의 대상적 상관자, 즉 지각된 것, 의심된 것, 기대된 것 등에 대한 고찰 없이는 적절히 분석될 수 없다.

잠시 후에 지향성에 대한 후설의 분석을 자세히 소개하겠지만, 지향성에 대한 이러한 분석이 왜 그토록 중요한지를 보이기 위해 의식과 대상과의 관계에 대한, 여전히 널리 퍼져 있는 또 다른 관점들을 언급하고자 한다.

I. 널리 퍼진 입장으로 의식은 일종의 그릇과 같다는 주장이 있다. 이러한 입장에 따르면, 의식은 그 자체로 세계와 관계 맺는 것이 아니다. 다만 그것이 인과적으로 외부 대상에 의해 영향을 받게 되면, 즉 (말하자면) 어떤 정보가 의식 속으로 들어올 경우, 그러한 관계가 수립되게 된다. 더 정확히 말하면, 의식의 상태는 오직 그것이 문제의 대상에 의해 인과적으로 영향을 받을 경우에만 대상을 향한다고 말할 수 있다. 즉 이러한 관점에 따르면, 지향성은 세계 속의 두 대상들 간의 관계다. 따라서 태양의 열을 느끼는 것(즉, 의식하는 것)과 태양으로 인해 따뜻해지는 것 사이에는 어떠한 근본적 차이도 없다.

그러나 지향성에 대한 이러한 객관주의적 해석이 틀렸다는 것을 보이는 것은 상대적으로 어렵지 않다. 나의 직접적인 물리적 환경 속에서 실제로 존재하는 공간적 대상은 오직 내가 의식할 수 있는 것의 단지 작은 일부를 구성할 뿐이다. 가령 내가 나의 책상 앞에 앉아 있을 때, 나는 달의 뒷면은 말할 것도 없고 사각의 원이나 유니콘, 다가올 성탄절 또는 모순율에 대해서도 생각할 수 있다. 내가 여기 없는 대상, 불가능한 대상, 실재하지 않는 대상, 미래의 대상, 이념적 대상들에 대해서 생각하고 있을 때, 이러한 대상들에 내가 향하고 있는 것은 내가 문제의 대상들에 의해 인과적으로 영향을 받아서 발생된 것이 결단코 아니다.

유니콘에 대해서 생각하고 있을 때, 나는 아무것도 아닌 것에 대해 생각하고 있는 것이 아니라 무언가에 대해 생각하고 있다. 또한 환상이나 환각을 분석해보면, 그것들조차 역시 지향적이라는 사실이 쉽사리 드러난다. 이렇게 존재하지 않는 대상을 지향하는 것이 가능하다는 사실은, 내가 대상을 의식하려 할 때 대상이 반드시 나에게 인과적으로 영향을 미쳐야 한다는 주장을 반박할 수 있는 결정적 논거가 된다.

II. 지향성에 대한 객관주의적 해석이 틀렸다는 것이 밝혀졌다면, 우리는 이제 지향성에 대한 주관주의적 해석을 내놓고 싶어질 수 있을 것이다. 즉 지향성은 의식과 의식 대상 간의 관계이고, 이러한 관계는 이 두 관계 항이 존재할 때에만 성립할 수 있는데, 의식이 지향하는 대상이 언제나 존재하는 것은 아니기 때문에 지향성은 우선 무엇보다 마음 내부 대상, 즉 의식에 내재적인 대상에 대한 관계로 이해되어야 한다는 것이다. 그러나 이러한 해석 또한 틀렸다. 후설이 지적하고 있듯이, 지향적 대상이 작용 내재적이라고 가정하는 것, 다시 말해 지향적 대상이 실제로 그 지향 속에 포함되어 있고, 따라서 경험 자체와 동일한 존재 양상을 소유한다고 가정하는 것은 작용과 대상 사이의 범주적 구분을 부정하는 꼴이 된다. 하지만 양자 사이에 그러한 구분이 존재한다는 것은 쉽게 증명될 수 있다Hua 19/385.

　무엇보다 먼저, 우리는 대상의 동일성 문제를 하나의 이유로 들 수 있다. 우리는 서로 다른 마음의 작용들에서 동일한 대상을 향할 수 있다(가령 수적으로 서로 다른 두 개의 지각 작용이 수적으로 동일한 하나의 나무를 지각할 수 있다). 바로 이러한 이유 때문에 대상의 동일성은 작용의 동일성에 의존하지 않는다. 만약 나의 지향 대상이 실제로 작용 내재적이라면, 그것은 내가 동일한 대상을 결코 한번 이상 경험할 수 없을 것이라는 것을 함축할 것이다. 내가 대상을 새롭게 지각하는 매순간, 그 대상은 새로운 지각에 의해 이제 새로운 대상이 되어버릴 것이기 때문이다. 그뿐 아니라 이와 똑같은 이유에 의해, 서로 다른 주관이 동일한 대상을 경험하는 것 또한 불가능한 일이 될 것이다. 지향성에 대한 이러한 두 번째 오해는 그야말로 우리가 이미 「서설」에서 보았던 동일한 오류의 다른 버전일 뿐이다. 심리학주의는 인식이라는 시간적 작용과 인식의 이념적 대상 사이의 구분을 무시하고 후자를 전자로 환원하고자 했다. 이러한 방식으로 주관주의(주관적 관념론)는 지향적 대상을 마음의 내용으로 환원하고자 한다.

　둘째로, 후설은 우리의 작용들의 소여 방식과 우리의 대상들의 소여 방식 사이의 차이를 끊임없이 강조한다. 만약 우리가 나의 펜과 같은 하나의 물리적 대상을 취한다면, 이러한 대상은 그것의 관점적 현출Hua 3/86-89에 의해 특징지어진다. 우리가 어떤 대상을 지각할 때, 우리는 나타난 것대상과 그것의 현출그 대상의 나타난 모습을 구분해야 한다. 왜냐하면 이러한 물리적 대상은 결코 총체적인 모습으로 나타나는 것이 아니라 언제나 어떤 제한된 관점으로부터 나타나기 때문이다(우리가 그러한 어떤 물리적 대상에 대해 생각할 때도 이와 유사한 데, 그것은 우리는 이때 대상을 언제나 어떤 묘사나 상상을 통해 생각할 것이기 때문이다). 따라서 어떠한 단일한 현출도 대상 전체를 담아낼 수 없다. 왜냐하면 대상은 결코 단일한 소여 속에서 다 주어질 수 없고, 언제나 그것을 초월하기 때문이다. 그것은 대상이 왜인지는 모르겠지만 (불가지적인 칸트의 물자체로서) 현출들 뒤로 숨는다는 의미도 아니고 대상이 모든 현출들의 단순한 총합이라는 의미도 아니다. 그것은 대상이 모든 상이한 현출들을 연결하는 하나의 동일성이라는 것을 의미한다.

살펴본 바와 같이, 현재 주어진 것과 다른 관점에서 대상을 경험하는 것이 언제나 가능한 반면, 우리가 의식의 소여를 문제 삼게 되면 상황은 달라진다. 만약 내가 나의 시지각을 반성 속에서 주제화하고자 시도한다면, 이러한 지각은 관점적으로 주어지지 않을 것이다. 말하자면, 그것은 숨겨진 후면을 갖지 않는다(사실, 작용도 시간적으로 연장되어 있고, 이러한 의미에서 작용 역시 결코 시간적 전체성 속에서 반성 속에 주어질 수 없다. 그러나 후설이 지적하고 있듯이, 이러한 종류의 불완전함은 물리적 대상의 관점적 소여를 특징짓는 것과는 완전히 다른 종류의 것이다Hua 3/94). 그러나 만약 의식의 모든 지향적 대상이 실제로 마음 내부의 것이라면, 즉 그것이 실제로 의식 속에 포함되어 있으며 의식 흐름의 일부를 이루고 있는 것이라면, 그것은 작용이 가진 무관점적 소여라는 특징을 공유해야만 할 것인데, 이는 사실이 아니다. 그리고 이것은 실제로 존재하는 대상으로의 향함뿐만 아니라 '실재하지 않는' 대상으로의 향함에도 적용된다. 이러한 실재하지 않는 대상으로의 향함이 지닌 특징도 마찬가지로 초월적[6]

6 [옮긴이 주] 이 용어는 transcendent의 번역어인데, '내재적'(immanent)이라는

대상으로의 향함이다.

만약 내가 2003년에 있을 아버지의 팔순 잔치에 2002년산 보졸레 지방의 와인을 선물로 가져가기로 2000년 1월에 약속한다면, 이 약속은 2003년에 내가 진짜 물리적인 와인 한 병을 선물로 드릴 때 완수될 것이다. 약속을 할 당시에는 존재하지 않았던 그 약속의 대상이 만일 심적 대상이었다면, 나는 결코 이러한 방식으로 약속을 완수할 수 없었을 것이다. 심적 대상과 관계하는 약속은 마음 바깥의 대상을 선물하는 것으로 충족될 수는 없기 때문이다. 만약 내가 처음에 나의 지향의 대상을 내재적 심적 대상과 동일시했다면, 그것이 이후에 바뀌어 마음 바깥의 초월적 대상과 동일하게 될 수는 없다.

만약 내가 플루트를 불고 있는 파우누스고대 로마 신화의 숲의 신에 대해 생각한다면, 우리는 분명 파우누스를 지향하는 구조를 가진 지향적 작용과 마주치게 된다. 그러나 이러한 파우누스는 의식 작용 속에 내재적으로 포함되어 있는 것이 아니다. 아무리 주의 깊게 분석해보아도, 우리는 결코 파우누스가 그러한 의식 작용 속에 들어 있는 일부라고 생각할 수 없다. 파우누스는 가령 뜀박질하거나 플루트를 부는 등, 나의 의식이 갖지 못하는 수많은 성질을 지니고 있다. 뿐만 아니라, 상상의 산물인 파우누스 또한 의식작용과는 대조적으로 관점적으로 현출한다. 더욱이 환각이나 환상의 대상이 정신 속에 실재한다고 주장하는 것 또한 터무니없는 결과를 가져올 것이다. 그것은 내가 상상하거나 환각하는 핑크색 코끼리, 황금산 등과 같은 것들이 상상

용어와 대비하여 '초재적'이라고 번역되기도 한다. 후설은 우리의 의식 체험에 속하는 것을 '내재적'인 것, 내지 '내재'라고 하고, 이에 속하지 않는 것을 '초월적'(초재적)인 것, 혹은 초월(초재)이라고 부른다.

작용 자체만큼이나 참되게 그리고 실제로 존재한다고 주장하는 것이나 다름없다. 그러나 만약 그러하다면 '황금산은 존재하지 않는다'와 같은 보편적 주장은 거짓이 되어버릴 것이다Hua 22/310, 3/49.

만약 이른바 '실재하지 않는' 대상이 마음의 내부에도 외부에도 존재하지 않고, 그런 이유로 전혀 존재하지 않는다는 것을 받아들인다고 한다면, 환각이나 상상, 오인과 같은 것은 지향적인 것이 아니라는 결론이 도출되는 게 아닌가? 그러나 이에 대한 답은 '아니요'다. 후설이 말하고자 하는 핵심은, 문제시되는 작용은 그 작용의 지향적 대상이 실재하느냐 실재하지 않느냐 하는 것과는 관계없이 지향적이며, 따라서 우리가 작용들의 지향성을 구제하기 위해 '실재하지 않는' 대상에 일종의 심적 실존(또는 브렌타노의 용어를 빌리자면, '지향적 내존'intentional inexistence)을 귀속시킬 필요가 없다는 것이다.

III. 지금까지 지향적 대상에 대해 여러 차례 언급했다. 그러나 이것을 그 어떤 심적 구성물과 동일시해서는 안 된다. 지향적 대상이란 그야말로 나의 지향의 대상이다. 만일 내가 나의 만년필을 보고 있다면, 이때 나의 지향적 대상은 진짜 이 만년필이지 이 만년필의 그 어떤 심적 그림이나 복사물, 표상이 아니다Hua 3/207-208, 22/305. 실제로, 후설은 지각의 경우 우리가 문제의 대상을 직접적이고 무매개적으로 인식한다고 주장했다. 이렇게 주장함으로써 후설은 일종의 직접적 지각의 실재론의 형태를 옹호하고 있으며, 여전히 인기 있는 이론인 지각에 대한 표상 이론representative theory of perception과 충돌하고 있다.

지각에 대한 표상 이론은 지각 주체와 지각 대상 사이의 관계를 어떻게 설정할 것인가 하는 순수한 물음에서 출발한다. 만일 내가 붉은 장미 한 송이를 보고 있다고 가정해보자. 이때, 나는 그 장미에 대한 경험을 갖는다. 그러나 물론 이것이 물리적 대상으로서의 장미가 나의 의식 속에 존재하게 된다는 것을 의미하는 것은 아니다. 지각의 표상 이론은 따라서 이 경우 장미가 나의 감각기관에 영향을 미쳐서 장미의 심적 표상을 만들어내고 이로써 장미에 대한 의식이 발생하게 된다고 주장한다. 결국 모든 지각은 마음 밖에 있는 대상과 마음 안에 있는 표상이라는 두 개의 서로 다른 실체를 암시한다는 것이다.

이와 대조적으로 후설은, 대상이 의식 바깥에 있고 그 대상의 표상은 의식 안에 있다고 주장함으로써 의식과 대상 사이의 지향적 관계를 설명하는 것은 오류라고 주장한다Hua 19/436. 그러한 이론은, 심적 표상이라는 것은 그 정의상 대상과는 다른 것인데, 그럼에도 그것이 왜 우리를 대상으로 이끄는지를 설명해야 하는 결정적 문제를 남긴다. 후설의 비판은 주로 이러한 난점에 근거하고 있지만, 실상 두 개의 서로 다른 실체를 가정하는 것은 경험에 충실하지 못한 것이므로 이미 배격되어야 마땅하다. 내가 한 송이 장미꽃을 지각할 때, 나의 지각의 대상은 바로 이 장미꽃이지 그 밖의 어떠한 것도 아니다. 내재적인 장미, 즉 그 장미에 대한 마음 내부의 그림이나 표상이 있다고 주장하는 것은, 후설이 올바르게 강조하듯이, 그 어떤 것도 설명하지 못하는 순전한 가정일 뿐이다Hua 3/207-208.

지각의 표상 이론에 반대하는 후설의 주된 논거는 표상과 표상적 의식에 대한 지향적 분석에 있다. 그러나 비록 그의 비판이 주로 지각에 대한 표상 이론의 상image 버전(심적 표상이 유사성대상과 닮음에 의해 실제 대상을 나타낸다고 주장하는 버전)을 향하고 있는데도 그의 논거들은 본성상 더욱 근본적이다. 후설의 논거들은 우리의 지각이 간접적이며, 지각적 대상 자체와는 다른 그 무언가에 의해 매개된다고 주장하는 모든 이론들에 타격을 줄 수 있기 때문이다.

무언가가 다른 무언가를 표상한다는 것X가 Y를 표상한다는 것은, 후설에 따르면, 문제의 대상이 갖는 본성적 속성이 아니다. 대상은, 그것이 붉고 연장성을 가지고 금속이라는 속성을 가질 때와 같은 방식으로 표상적이라는 속성을 갖게 되는 것이 아니다. 두 개의 사물이 얼마나 닮았는가 하는 것과 상관없이 닮음은 하나의 사물을 다른 사물의 그림이나 상으로 만들지 못한다. 가령 똑같은 책의 두 복사본은 닮았을지 모르지만 이러한 사실이 하나를 다른 하나의 표상으로 만들지는 못한다. 왜냐하면 닮음은 상호적 관계이지만, 표상의 경우는 그렇지 않기 때문이다.[7] 이와는 반대로 만약 X가 Y를 표상하려면, X는 Y의 표상이라고 해석될 필요가 있다. 즉 X에 표상적 기능을 부여하는 것은 바로 해석이다. 만약 막시밀리언 황제를 그린 뒤러의 초상화를 예로 들어본다면, 이 그림은 무엇보다 특정한 외관을 지닌 물리적 사물이다. 즉 그것은 캔버스 위에 여러 색채의 물감들이 겹겹이 칠해진 파란 액자다. 그런데 그것이 우선 막시밀리언의 초상화가 되는 것은 해석 때문이며, 이 그림이 막시밀리언을 가리키고 표상하는 것 역시 오직 바로 이러한 해석에 의해서다. 후설은 다음과 같이 기술한다.

> 회화는 닮음을 구성하는 의식에 대해서만 닮음이다. 이 의식에서 일어나는 상상적 통각은 지각에 토대를 두고 있으며, 이러한 상상적 통각이 비로소 지각적으로 현전하는 일차적 대상에게 상이라는 지위와 의미를 부여한다. 어떤 것을 상으로 해석하기 위해서는 의식에 지향적으로 주어진 대상이 전제되어야 한다. 그래서 우리가 이 후자의 대상[의식에 지향적으로 주어진 대상]을 또 다시 그 자체가 상을 통해서 구성된 것으로 만든다면, 혹은 단순한 지각

---

7 cf. Sokolowski 1992, 5.

에 '지각적 상'이 내재하며 이 상을 통해 지각이 '사물 자체'를 지시한다고 진지하게 말한다면, 우리는 한마디로 무한소급*unendlicher Regreß*을 가질 것이다(Hua 19/437 cf. Hua 19/398).

후설의 분석은 표상적 지시가 기생적이라는 것을 보여준다. 표상이라고 해석되는 대상은 우선 지각되어야만 한다. 그러나 이 경우에, 지각에 대한 표상 이론은 명백히 거부될 수밖에 없다. 왜냐하면 표상 이론의 주장은 지각 그 자체가 표상을 통해 가능하게 된다고 주장하고 있기 때문이다. 만약 표상이 지각을, 더 일반적으로 말하자면 지향성을 전제한다면, 표상 이론은 무너지게 된다.[8]

후설에 따르면, 우리는 '우선 그리고 대개'*zunächst und zumeist* 세계 속의 실제 사물로 향한다. 이러한 향함은 직접적이며, 다시 말해 어떠한 심적 표상에 의해서도 매개되지 않는다. 그래서 우리는 우리

---

8 지각에 대한 표상 이론은 수많은 추가적 난점들의 부담을 지고 있다. 그중 한 가지만 언급해보도록 하겠다. 만일 내가 마음 외부의 대상과 그 대상의 마음 내부의 표상을 구분한다면, 다음의 의문을 피하기 어려워진다. 즉 우리는 마음속 표상이 실제로 마음 바깥의 무언가에 대응한다는 사실을 어떻게 알 수 있는가? 우리는 이 양자를 비교할 수 있는 중립적 위치에 전혀 접근할 수 없을 뿐 아니라, 세기가 바뀌면서 수많은 인식론자들이 결론지었듯이, 그것들은 전혀 유사하지 않다고 믿을만한 충분한 근거가 있다. 브렌타노(Brentano)가 이야기하듯이, 우리의 감각기관이 인과적으로 영향을 받을 때 산출된 물리적 현상들은 실재하는 무언가의 표시들(signs), 즉 분자적 진동들이다(Brentano 1924-1925, 13-14, 28, 66-67). 그러나 그 현상들은 명백하게도 이러한 진동들과 아무런 공통점을 갖지 않기 때문에, 브렌타노는 그 물리적 현상들은 그 원인을 전혀 진짜 현실적인 방식으로 표상하는 것이 아니며, 이러한 이유로 감각적 경험은 우리를 오도한다는 비판을 받아야 한다고 결론 내렸다. 다른 말로 하자면, 우리는 실재를 그 자체로, 있는 그대로 경험하지 않는다(Brentano 1924-1925, 14, 86-87, 128).

가 표상들을 경험하고 있다고 말하기보다는, 우리의 경험은 제시적 presentational이며 세계를 어떠한 모습들을 지닌 것으로 드러내준다 present라고 말할 수 있다.

*

이제까지의 설명으로 1) 후설은 지향성이 단순히 실재하는 대상에 대한 의식의 특성일 뿐 아니라 상상, 예측, 회상 등과 같은 의식들까지도 특징짓는 그 어떤 것이라고 주장하고 있다는 사실과 2) 후설은 지향된 대상이 그 자체로 의식의 일부이거나 의식 속에 포함된 것이 아니라고 주장했다는 사실이 분명히 밝혀졌을 것이다Hua 19/385.

지금까지의 설명에 바탕을 두고 우리가 시들어가는 떡갈나무에 대한 지각과 플루트를 불고 있는 파우누스에 대한 상상을 비교해본다면, 우선 1) 지각의 경우 우리는 대상과 지향적으로 관계 맺는 반면, 상상의 경우는 그렇지 않다고 말하는 것은 오류다. 또한 2) 두 경우 모두 우리가 마음 내부의 실재하는 대상과 지향적으로 관계 맺는다고 주장하는 것도 틀렸다. 또 3) 우리가 지각할 때는 마음 외부 대상 혹은 초월적 대상을 지향하는 반면, 상상할 때는 마음 내부 대상 혹은 내재적 대상을 지향한다고 말하는 것도 틀렸다. 뿐만 아니라 4) 지각의 경우, 내재적으로 존재하기도 하고 초월적으로 존재하기도 하는 대상을 지향하는 반면, 상상의 경우에는 내재적으로만 존재하는 대상을 지향한다고 말하는 것 역시 잘못된 설명이다. 이제 올바른 답은 바로 5) 지각과 상상 모두에서, 마음 외부의 초월적 대상을 지향하고 그것들과 관계 맺는다는 것이다. 이때 양자의 차이는 지각의 경우에는 지시 대상이 실재하지만, 상상의 경우에는 그렇지 않다는 것뿐이다. 이상의 설명을 표로 도식화해보면 아래와 같다.

표1 다양한 지향성 이론들의 차이

	지각	상상
이론1	작용은 대상을 지향한다.	작용은 대상을 지향하지 않는다.
이론2	작용은 내재적으로 존재하는 대상을 지향한다.	작용은 내재적으로 존재하는 대상을 지향한다.
이론3	작용은 초월적으로 존재하는 대상을 지향한다.	작용은 내재적으로 존재하는 대상을 지향한다.
이론4	작용은 초월적으로 존재할 뿐 아니라 내재적으로 존재하는 대상을 지향한다.	작용은 내재적으로 존재하는 대상을 지향한다.
이론5	작용은 초월적 대상을 지향하고, 그 대상은 실제로 존재한다.	작용은 실재하지 않는 초월적 대상을 지향한다. 즉 작용은 지시 관계를 포함하지만, 지시 대상이 실제로 존재하지 않는다.

이러한 배경에서 '실재하지 않는 대상'을 향하는 지향들 역시 일상적 지각 못지않게 '초월적 대상을 지시함reference' '초월적 대상을 향함directedness'이라는 특징을 갖는다고 주장할 수 있다. 그러나 보통의 지각과는 대조적으로 지시대상이 마음 안이나 바깥 어디에도 실존하지 않을 뿐이다. 환각의 경우, 핑크색 코끼리는 의식의 안쪽에도 바깥쪽에도 존재하지 않는다. 그러나 환각 작용은 여전히 의식 바깥의 초월적 대상에 대한 지시 관계를 가진다Hua 19/206. 이에 대해 후설은 다음과 같이 기술하고 있다.

만일 내가 신이나 천사, 혹은 가지적 존재 자체, 물리적 사물, 둥근 사각형 등등을 표상한다면, 여기서 이렇게 명명된 것, 그리고 초월적인 것이 사념된다. 따라서 (그저 다른 말로 하자면) 지향적 대상이 사념된다. 이때, 이러한 대상이 존재하는 것인가 상상의 것인가 모순적인 것인가 하는 것은 아무런 차이도 낳지 않는다. 물론 '대상이 그저 지향적이다'라고 하는 것은 그 대상이 존재하되 (오직 지향의 내실적*reell* 일부로서) 지향 속에서 존재한다거나 그 대상의 어떤 그림자가 존재한다는 것을 뜻하는 것이 아니다. 그것은 오히려 지향이, 즉 그러한 성질의 대상을 사념함이 존재한다는 것을 의미하지, 그 대상이 존재한다는 것을 의미하지는 않는다. 다른 한편, 지향적 대상이 실제로 존재한다면, 지향 즉 사념뿐만 아니라 사념된 것도 존재한다(Hua 19/439).

이른바 자연적 관계와 대조적으로, 지향성은 그것이 두 관계항의 실재를 전제하지 않는다는 특징이 있다(그래서 우리는 지향성을 관계라고 부르지 않는 것이 나을지도 모른다). A가 B에 인과적으로 영향을 끼칠 수 있으려면, A와 B가 둘 다 실제로 존재해야 한다. 이에 비해 A가 B를 지향한다고 할 때는, A만 존재해도 된다. 만약 내가 어떤 말 위에 앉아 있다는 것이 참이라고 한다면, 말과 내가 둘 다 존재해야 한다. 그러나 내가 어떤 말을 지향하는 것이 참이라고 한다면, 말은 꼭 실제로 존재해야 할 필요가 없다. 그래서 지향성의 중요한 특성 중 하나는 바로 그것의 존재 독립성이라 할 수 있다.

지각이든 환각이든 그러한 작용을 지향적이게끔 하는 것은 결코 지향적 대상의 실재가 아니다. 우리의 의식은 외부의 영향을 통해서 지향적으로 되는 것이 아니고, 그래서 의식의 대상이 더 이상 실재하지 않는다고 해서 의식이 지향성을 상실하게 되는 것도 아니다. 즉 지향성은 의식이 어떤 대상에 의해 영향을 받을 때 야기되는 외적 관계가 아니라, 의식의 고유한 본질적 특성이다. 의식이 지향적으로 열려 있다는 것은 의식의 존재를 이루는 필요불가결한 한 부분이지, 외부에서 덧붙여야만 하는 그 어떤 것이 아니다. 그래서 지향성은 두 개의 서로 다른 실체, 즉 의식과 대상의 실재를 전제하지 않는다. 지향성이 발생하기 위해 필요한 모든 것은 다만 대상을 향하는 적절한 내적 구조를 가진 경험이 존재하고 있다는 것뿐이다Hua 19/386, 427.

> 하나의 표상작용이 특정한 대상과 특정한 방식으로 관계 맺는 것은, 표상작용 외부에 독립적으로 존재하는 대상에 표상작용이 작용하기 때문이 아니다. 즉 말 그대로 그 대상으로 '향하기' 때문이 아니고, 그 대상에 대해서 무엇을 하거나, 마치 손이 펜을 가지고 쓰듯이 그 대상을 가지고 무엇을 하기 때문이 아니다. 표상작용은 그 외부에 머무르는 것 덕분이 아니라, 오로지 표상작용에 고유한 특성 덕분에 일어난다(Hua 19/451).

이러한 배경에서, 우리는 후설의 지향성 분석을, 마치 후설이 의식이 향할 수 있는 의식독립적인 그 무언가가 있을 경우에만 의식에 대해 이야기할 수 있다고 주장하기라도 하는 것처럼, 형이상학적 실재론을 지지하는 것으로 간주할 수는 없다는 것이 명백하다.[9] 후설의 지향성 분석은, '단지' 그 자신의 본성 때문에 초월적 대상으로 향하는 의식 작용이 있다는 것을 보여줄 뿐이다. 그러나 이러한 설명은 전통적 인식론의 문제, 즉 어떻게 주체와 대상이 만날 수 있는가 하는 문제를 극복하기에 충분하다. 즉 주체는 그 자체로 스스로 초월하며, 그 자체로 자신과는 다른 그 무언가로 향하기 때문에, 주체가 대상에

---

9 『존재와 무』(*L'être et le néant*)에서 사르트르는 주관이 주관과 다른 무언가를 향하고 있으며, 따라서 지향성 이론은 마음으로부터 독립적인 실재가 존재한다는 존재론적 증거를 포함한다고 주장한다(1943, 28-29). 그러나 어떤 것과 다르다는 것과 어떤 것으로부터 독립적이라는 것은 동일한 것이 아니다. 이것은 사르트르의 '증거'의 타당성을 의심스럽게 만든다.

어떻게 이르는가 하는 것은 더 이상 문제가 되지 않는다. 지각의 경우, 지각이 향하는 이러한 그 무언가는 정확히 대상 자체이지 그것의 그 어떤 상이나 모사물이 아니다.

그래서 지향성에 대한 후설의 이론과 후설이 영향을 받았던 이론들(예를 들어, 브렌타노와 트바르돕스키Kazimierz Twardowski의 지향성 이론)과의 결정적 차이는, 후설은 지향적 대상을, 기껏해야 우리를 실제의 의식 초월적 대상에 접근할 수 있게 하는 매개체 노릇을 하는 마음 내부적 내용물로 이해하는 것을 완강히 부인한다는 데 있다. 후설이 강조하고 있듯이, 만약 무언가가 우리의 지향의 대상, 즉 지향적 대상이라면, 우리는 바로 그 대상을 지향할 수 있을 뿐이다.

> 표상작용의 지향적 대상은 그것의 실제 대상, 아마도 그것 외부의 대상과 동일하며, 따라서 양자를 구분하는 것은 불합리하다는 것을 말할 필요가 있고, 또 그것을 누구나 인정해야만 한다. 초월적 대상이 표상작용의 지향적 대상이 아니라면, 초월적 대상은 이러한 표상작용의 대상이 아닐 것이다. 이것은 명백히 그저 분석적 명제다. 표상작용의 대상, 지향의 대상은 표상된 대상, 지향된 대상이고 그것을 의미한다(Hua 19/439).[10]

따라서 후설은 지향적 대상과 실제 대상을 구분하는 것은 무의미하다고 주장한다. 이는 모든 지향적 대상이 실제로 존재한다는 뜻이 아니라, 만약 지향된 대상이 실제로 존재한다면 우리의 지향적 대상

---

10 이 구절은 종종 『논리연구』에서 후설이 형이상학적 실재론 입장을 지녔다는 증거로 취해졌다. 후에 이러한 잘못된 해석의 문제로 돌아가겠다(cf. 74쪽).

은 바로 이 실제 대상이지 다른 그 무언가가 아니라는 바로 그러한 뜻이다.

이제 결정적 문제는 그저 지향되기만 한 대상과 실제로 존재하는 대상이 어떻게 구분되는가 하는 것을 『논리연구』가 현상학적으로 설명해줄 수 있는가 하는 것이다. 어떤 대상을 실제 대상으로 부르는 것이 정당할 때는 언제인가? 대상이 실재한다는 것은 무엇을 의미하는가? 이 질문에 답하기 위해서는 지향성을 둘러싼 다양한 오해에 대한 후설의 비판에 머무르지 말고, 후설 자신의 적극적 설명을 좀더 면밀히 고찰해볼 필요가 있다.

작용, 의미, 대상

후설에 따르면, 우리는 모든 지향적 체험을 서로 다른 세 가지 관점에서 분석할 수 있다. 먼저 우리는 심리적 과정에 초점을 맞추고, 작용의 내재적내실적 내용을 분석할 수 있다. 둘째, 우리는 체험의 의미를 분석함으로써 그것의 지향적 내용을 탐구할 수 있다. 마지막으로, 우리는 지향된 것, 즉 작용이 의식하는 지향적 대상에 초점을 맞출 수 있다cf. Hua 19/129. 나는 앞서 지향적 대상이란 그 어떤 신비스러운 유사 실재적 실체가 아니라, 지향된 대상과 동일하다는 것을 이야기했다. 그러나 지향적 내용은 어떠한가? 이미 언급했다시피, 의식의 지향성은 외부적 영향에 의해 인과적으로 야기되는 것이 아니라, 체험 자체의 내적 요소들에 기인한다. 지향적 내용이란, 간단히 말하자면, 작용에게 '무엇으로의 향함'이라는 성질을 공급함으로써 의식을 지향적으로 만드는 것이다.

여러 가지 서로 다른 유형의 의식이 존재한다는 것은 명백하다. 즉

달을 보는 것과 '백조의 호수'를 보는 것 사이에 차이가 있는 것과 꼭 마찬가지로, 사해에서 수영하는 것이 건강에 좋다고 믿는 것과 이를 바라는 것, 혹은 의심하는 것 사이에는 차이가 존재한다Hua 19/381. 후설에 따르면 모든 작용은, 상이하지만 서로 분리될 수 없는 두 가지 요소를 지닌 지향적 내용을 가지기 때문에, 이러한 차이는 더 체계적으로 분류될 수 있다.

　모든 지향적 체험은, 희망함이든 바람이든 기억함이든 긍정함이든 의심함이든 두려워함이든 혹은 그 어떠한 체험이든, 언제나 특수한 유형을 지닌 체험이다. 후설은 체험의 이러한 측면을 체험의 지향적 성질intentional quality이라고 부른다. 그런데 모든 지향적 체험은 또한, 그것이 사슴에 대한 경험이든 고양이에 대한 경험이든 혹은 수학적 사실에 대한 경험이든 언제나 그 무언가를 향하고 있으며, 그 무언가에 대한 것이다. 후설은 체험이 무엇에 대한 것인지를 지정해주는 구성요소를 체험의 지향적 질료intentional matter라고 부른다Hua 19/425-426. 그리고 이때, 동일한 성질이 서로 다른 질료들과 결합될 수 있고, 동일한 질료가 서로 다른 성질들과 결합될 수 있다는 것은 자명하다. '백합은 희다'는 것을 부인할 수도 있고, 판단할 수도 있고, 혹은 의문시할 수도 있는 것과 꼭 마찬가지로 우리는 '인플레이션이 계속될 것이다'라는 것을 의심할 수도 있고, '선거가 공정했다'라는 것을 의심할 수도 있고, 혹은 '누군가의 다음 작품은 세계적 베스트셀러가 될 것이다'라는 것을 의심할 수도 있는 것이다. 지향적 질료와 지향적 성질에 대한 후설의 이러한 구분은 따라서 오늘날 명제적 내용과 명제적 태도에 대한 구분과 유사성을 띤다(후설은 결코 모든 지향적 체험을 명제적인 것으로 간주한 것은 아니라는 점이 강조되어야 하겠지만 말이다).

작용의 성질과 작용의 질료는 각자 독립적으로는 존재할 수 없는 추상적 구성요소들임에도 불구하고Hua 19/430, 후설은 질료에 중점을 두는 경향이 있다. 그에 따르면, 작용에게 '대상으로의 향함'이라는 성격을 부여하는 것이 작용 질료인 반면, 작용 성질은 다만 이러한 지시의 성격을 한정 지을 뿐, 그것을 설립하지는 않는다Hua 19/452.[11] 또한 후설은 가끔 작용의 질료를 작용의 이념적 의미로 규정한다.[12] 여기서 그의 핵심은 바로 우리는 어떤 대상에 대해 무언가를 의미함으로써 그 대상을 지향하게 된다는 것이다Hua 19/54, 24/53, 150.

의미 속에서 대상과의 관계가 구성된다. 의미를 가지고 어떤 표현을 사용하는 것과 표현을 통해 대상과 관계하는 것(대상을 표상하

---

11 후설이 객관화하는 작용과 비객관화하는 작용의 구분을 도입하는 것은 이러한 맥락에서. 첫 번째 작용 유형들은 대상 자체에 대한 지시를 포함하는 것들이다. 그러한 작용들의 예는 지각이나 판단일 수 있다. 그러나 또한 미적 평가, 사랑이나 증오의 감정과 같은 지향적 작용들도 있다. 이것들은 비록 대상을 지시하기는 하지만('저 꽃병은 아름답다' '나는 파리를 사랑한다'), 오직 (다른 작용에 의해) 정초되는 방식으로 그러하다. 이것들은 그 밑에 놓인 객관화하는 작용에 의해 지지되는 것이다. "기쁨이 혼자서 하나의 구체적 작용이고 판단은 그 옆에 있는 작용인 것이 아니다. 판단은 기쁨에 대해 정초하는 작용이다. 판단은 기쁨의 내용을 규정하고, 기쁨의 추상적 가능성을 현실화한다. 왜냐하면 그러한 정초 지움이 없다면 기쁨은 도대체 존재할 수 없기 때문이다."(Hua 19/418) 다른 말로 하면, 모든 지향적 체험은 객관화 작용이거나 자신의 정초 토대로서 그러한 객관화 작용을 갖고 있다(Hua 19/514). 객관화 작용과 비객관화 작용에 대해 이야기하면서 후설은 일차적 지향과 이차적 지향도 이야기한다.

12 『논리연구』에서 후설은 아직 말뜻(Bedeutung)과 의미(Sinn)를 구분하지 않았다. 그러나 나중에 후설은 Bedeutung은 언어적 의미로 좁게 이해하고, Sinn은 선술어적이고 지각적인 의미까지 포함하는 더욱 포괄적인 개념으로 이해한다 (Hua 3/285).

는 것)은 동일한 것이다.(Hua 19/59)

의식에게 '대상으로의 향함'이라는 성격을 부여하는 것은 바로 의미다(물론 이 맥락에서의 대상은 반드시 실재하는 대상일 필요가 없고, 다만 지향된 대상, 즉 지향적 대상이면 된다). 더 구체적으로 말하면, 질료는 어떠한 대상이 지향되고 있는가를 규정할 뿐 아니라, 대상이 무엇으로서 파악되고 생각되는지를 규정한다. 따라서 지향적 '관계'는 통상적으로 개념 의존적이라고 이야기된다. 우리는 대상을 그저 의식하기만 하는 것이 아니라 언제나 어떤 특정한 방식으로 의식한다. 즉 무언가에 지향적으로 향한다는 것은 곧 무언가를 무언가로서 지향한다는 것이다. 우리는 어떤 대상을 무언가로서 지향한다(지각한다, 판단한다, 상상한다). 즉 우리는 대상을 어떤 개념이나 기술혹은 어떤 관점을 가지고 지향한다. 덴마크의 수도에 대해 생각하는것과 닐스 보어가 태어난 도시에 대해 생각하는 것, 힐러리 클링턴의남편에 대해 생각하는 것과 20세기 미국의 마지막 대통령에 대해 생각하는 것, 또 2더하기 4의 합계에 대해 생각하는 것과 5+1의 합계에대해 생각하는 것, 스위스의 별장을 아래에서 보는 것과 위에서 보는것, 이 네 가지 경우의 각각에서 우리가 생각하는 대상은 동일하지만,그 대상에 대한 기술, 개념, 관점은 상이하며, 작용의 질료는 상이하다. 이때, 하나의 동일한 작용 질료는 결코 서로 다른 대상을 지향(지시)할 수 없는 반면, 서로 다른 작용 질료는 곧잘 동일한 대상을 지향할 수 있다Hua 19/430.

비록 우리는 언제나 의미를 통해 대상을 지향함에도 불구하고, 작용, 의미, 대상의 차이를 주장하는 것은 매우 중요하다. 대상은 (그것이 6이라는 수와 같은 이념적 대상이든 나의 골동품 시계와 같은 실

재적 대상이든) 작용(무언가를 의미함의 바로 그 과정)과 혼동되어
서도 안 되고 우리로 하여금 대상을 파악할 수 있게 만드는 이념적 의
미와 혼동되어서도 안 된다Hua 19/211. 보통의 경우, 우리는 의미를 향
하는 것이 아니라 대상을 향한다. 즉 '우리의 관심과 지향과 사고(이
들은 아주 광범위한 의미로는 동의어들이다)는 오로지 의미부여 작
용 속에서 의미된 것을 가리킨다'Hua 19/47. cf. Hua 19/108. 상이한 작용
들이 상이한 작용 질료들을 갖되 동일한 대상을 갖는 경우들을 보면
우리는 의미와 대상이 동일시되어서는 안 된다는 것을 더욱 분명히
알 수 있다.[13]

    후설이 비록 의미함을 통해 지시 관계가 결정된다고 주장하고 있
을지라도, 우리는 그의 이론이 오직 명확한 기술을 통해 보통 언어적
으로 표현되는 유형의 지시 관계, 즉 다시 말해 작용의 질료가 어떤
대상의 속성을 기술적으로 상세히 열거함으로써 대상을 규정하는 경
우들을 다루는 것에만 맞추어져 있다고 오해해서는 안 된다. 반대로,
후설은 이미 초기에 '이것'이 속성을 나타내는 식으로가 아니라 직
접적 방식으로 대상을 지시한다는 것을 알고 있었으며, 훨씬 더 중요
한 것은 그가 또한 어느 정도까지는 지각이 지시적 구성요소를 포함
한다는 것을 깨닫고 있었다는 것이다. 가령 내가 어떤 대상을 지각할
때, 나는 바로 이 대상을 지향하는 것이지, 단지 유사한 속성들을 지닌
그 어떤 대상을 지향하는 것이 아니다Hua 19/553-554.[14]

    이미 언급되었다시피, 후설은 또한 작용의 내재적 내용에 대해 이
야기한다. 그런데 이것은 무엇인가? 내가 지금 앉아서 나의 펜을 관

---

13 일찍이 트바르돕스키(Twardowski)와 프레게(Frege)가 관련된 주장을 한 바 있다.
14 이와 관련된 흥미로운 서술은 Smith 1981, 1982a, 1982b, 1984를 참조하라.

찰하고 있다고 가정해보자. 나는 잠시 다른 곳을 보다가 다시 이 펜으로 시선을 향한다. 이 경우에 나는 동일한 펜에 대해 서로 구별되는 두 개의 지각(그리고 두 개의 현출)을 갖게 된다Hua 10/8. 그러나 우리는 이 둘의 차이를 어떻게 파악해야 할까? 그 지향적 대상과 지향적 내용은 동일하지만 그것들은 수적으로 구분되는 두 개의 지각이며, 각자 독립된 그들 자신의 내재적 내용을 갖는 심적 과정들이다. 지각은 하나의 체험이자 시간의 흐름 속에 놓인 의식의 과정이다. 그리고 그것의 내재적 내용은 심리적 과정들로서 함께 하나의 구체적 작용을 형성시키는 요소들 내지 국면들이다Hua 19/411. 지향적 대상과 지향적 내용이 작용을 초월하는 반면(결국 서로 다른 사람들의 서로 다른 작용들 속에서, 완전히 동일한 대상이 완전히 동일한 이념적 의미를 통해 지향되는 것이 가능하다), 내재적 내용은 엄밀한 의미에서 마음 내부적인 것이고 사적인 것이다. 따라서 수적으로 서로 다른 작용들 속에서 동일한 내재적 내용이 일어난다고 이야기하는 것은 말이 되지 않는다.

그렇다면 이러한 내재적 내용이란 정확히 무엇을 뜻하는가? 모든 작용은 현재 일어나고 있는 주관적 지향이라는 의미에서 내재적 내용을 갖는다. 게다가 어떤 작용들에는 추가적인 내재적 요소, 즉 감각적 구성요소가 포함되어 있다Hua 19/362, 391, 527-528.

잠시 후에 나는 감각Empfindung에 대한 설명으로 돌아갈 것이다. 그러나 후설이 지향을 내재적 내용과 관련하여 기술하고 있는 이러한 대목은 어떤 설명을 요한다. 지향은 다름 아닌 질료와 성질의 복합체다. 그러나 후설은 이전에는 그것을 이념적인 지향적 내용으로 기술해놓고 어떻게 갑자기 이러한 복합체가 작용의 시간적 흐름에 내재적이라고 주장할 수 있는가? 우리는 이에 대한 해답을 『논리연구』에서 후설이 주장하고 있는 의미 이론에서 찾을 수 있다. 당시 후설은 이념적 의미(그것의 동일성을 잃지 않고서 나에 의해 반복될 수 있고 타인과 공유될 수 있는 것)와 의미함이라는 구체적 작용(무언가를 지향하는 주관적 과정) 사이의 관계를 이념성과 그것의 구체적 예화 instantiation 의 관계로 이해했다.

후설이 이야기하고 있듯이, 이념적 의미란 구체적 지향의 본질이다. 즉 "의미는 다양한 의미작용과 관계한다. …그것은 종으로서의 in specie 붉음과 모두 똑같은 붉음을 '소유하고 있는' 여기 놓인 종잇조각들의 관계와 같다" Hua 10/106. [15] 따라서 작용의 내재적 내용은 동일한 유형을 가진 다른 작용들 속에서 똑같이 사례화 될 수 있는, 이념적인 지향적 내용의 예화다. 내재적 내용은 작용의 구성요소를 이루므로 문자 그대로 작용 속에 포함되어 있는 반면, 이념적인 지향적 내용은 구체적 작용에 대해 어떤 독립성을 유지한다.

이제 후설에게 감각이 무엇을 뜻하는지를 이해하기 위해 앞서 들었던 예로 돌아가보자. 나는 손에 펜을 들고 앉아서 그것을 주의 깊게 관찰하기 위해 펜을 이리저리 돌려본다. 이 과정에서 나는 언제나 동일한 대상을 향하고 있고, 계속해서 동일한 펜을 의식한다. 그러나 하나의 동일한 대상에 대한 이러한 의식은 말하자면 어떤 다양한 감각들을 가로질러 설립된다. 시간적 과정으로서의 나의 지각이 매순간 변하고 있을 뿐 아니라, 나는 또한 변화하는 다양한 시각적 감각들과 촉각적 감각들을 부단히 겪으며 살아간다 Hua 19/396, 3/84.

---

15 1908년경 후설이 이런 관념을 포기하고 그 대신 의미를 작용의 상관자 (correlate)로 이해하는 이론을 받아들인 이유에 대한 간결한 분석은 Bernet 1979를 참조하라.

이러한 감각들은 심적 대상들도 아니고 지각적 대상들도 아니다. 후설은 갑자기 지각에 대한 표상 이론의 또 다른 버전, 이를테면 우리의 지각의 직접적 대상이 외부 대상을 표상하는 마음 내부의 감각자료라고 주장하는 것이 아니다. 오히려 후설은 비지향적인 체험적 요소, 지각 작용의 일부를 형성하는 의식 체험의 요소가 있다고 주장하고 있다. 그것들은 체험의 일부이지 지각된 것의 일부가 아니다. 하나의 동일한 대상이 지향되고 있더라도 우리가 상이한 감각 내용을 겪을 수 있기 때문에, 다시 말해 동일한 대상이 서로 다른 감각들을 거치면서 지향될 수 있기 때문에, 이 둘은 구별되어야 하며, 대상은 결코 감각들의 복합물로 환원될 수 없다는 것을 우리는 분명히 알 수 있다.

반복해서 말하건대, 후설에 따르면 우리는 이러한 마음 내부의 내용을 향하고 있는 것이 아니다. 감각들은 작용을 구성하지만 그것들은 지향된 것, 즉 작용이 그것에 대해 의식하고 있는 무엇이 아니다. 만약 내가 엠파이어스테이트 빌딩을 보고 있다면, 내가 지각하고 있는 것은 바로 이 빌딩이지 나의 시각적 작용이 아니다. 작용과 그것의 내재적 구성요소들은 단지 비주제적이며 선반성적으로 체험될 뿐이다Hua 19/165, 387, 424. 따라서 어떤 흥미로운 이질성이 드러난다. 즉 작용에 포함된 것은 우리가 지향하는 것이 아니며, 우리가 지향하는 것은 작용에 포함되어 있지 않다Hua 10/89.

여기서 결정적 문제는 다음과 같다. 지속하는 하나의 자기 동일적 대상에 대한 지각을 가능하게 만드는 것은 도대체 무엇인가? 그것은 그저 감각 다양의 존재일리는 없다. 실제로 후설은, 감각들은 특정한 의미를 통해 해석되고 파악되며, 나에게 대상에 대한 의식을 가져다주는 것은 바로 이러한 객관화하는 파악 작용임을 암시하고 있다Hua 19/397. 물론 이러한 의미는 작용–질료이고, 지각적 대상은 바로 감각들을 포착하여 해석함에 의해 현출되게 된다. 그리고 우리가 체험된 감각들(지각의 경우)을 초월하여 대상에 향할 수 있는 것은 바로 이러한 객관화하는 해석 작용 때문에 가능하다. 다른 말로 하면, 대상의 현출appearance이 구성되는 것은 감각들과 해석, 양자 간의 상호작용에 놓여 있다. 하나의 펜을 본다는 것은 객관화하고 종합하는 해석 작용을 가지고서 감각 다양을 붙잡아 파악하는 것이다. 바이올린 소리를 듣는 것은 체험된 감각 다양을 파악하고 구별하는 것이다.

> 가공되지 않은 감각 존재와는 대조적으로, 그것의 기술적 내용에 있어서, 통각은 체험 자체에 존재하는 잉여다. 즉 그것은, 말하자면, 감각에 혼을 불어 넣는 작용-성격이며, 가령 이 나무를 본다거나, 울려 퍼지는 이 소리를 듣는다거나 꽃들의 이 향기를 맡는다거나 하는 것처럼 본질적으로 우리로 하여금 이러저러한 대상을 지각할 수 있도록 해주는 그러한 것이다. 감각들과 그것들을 '해석하고' 통각하는 작용들은 여기서 함께 체험된다. 하지만 그들은 대상적으로 현출하지 않는다. 즉 그것들은 어떤 의미를 갖고서 보이거나 들리지 않으며 지각되지 않는다. 다른 한편, 대상들은 현출하고 지각되나, 그들은 체험되지 않는다.(Hua 19/399)

감각들이 지향적 지시를 획득하는 것은 바로 해석됨을 통해서다. 오직 그러할 때에만 우리는 대상을 향하는 지각을 갖게 된다. 감각들이 여러 가지 방식으로 해석될 수 있는 이유는 그것들이 그 자체로 비지향적이라는 사실, 다시 말해 그것들에는 고유한 대상 지시가 결여되어 있다는 사실에 있다Hua 10/89, 3/92. 브렌타노와는 대조적으로 후설은 따라서 지향성이 의식의 본질적 특성이라는 주장을 거부한다.

비록 지향적 작용들이 체험의 절대적으로 중심적인 그룹을 구성하고 있을지라도Hua 19/392, 또한 후설은 후에 모든 체험들이 어떤 방식으로든 지향성에 관여하고 있는 한Hua 3/187, 지향성은 무엇보다 중요한 개념이라고 기술하고 있을지라도, 모든 유형의 의식이 지향적 의식은 아니라는 사실은 분명하다. 비지향적 감각들과는 별개로, 우리는 또한 지향적 대상이 결여된 다양한 여타의 체험들을 가리켜 보일 수 있는데, 그런 것들에는 이를테면 행복, 어지러움, 메스꺼움, 불안 등이 있다.

우리는 지향성의 핵심은 무언가를 무언가로서 해석하는 작용으로 이루어진다는 것을 알게 되었다. 이에 대해 후설은 다음과 같이 말한다. "우리가 '의식하는' 대상은 우리가 그저 그것들을 발견해서 낚아챌 수 있도록 상자 속에 존재하듯이 우리의 의식 속에 존재하는 것이 아니다. 그것들은 우선 우리에 대해 존재하는 것으로 구성되고 다양한 대상적 지향의 형식 속에서 그것들이 우리에게 그것으로 여겨지는 그 무엇으로서 구성된다Hua 19/169 cf. Hua 2/71-75."

기호적 소여와 직관적 소여

후설에 따르면, 어떠한 지향적 체험에도 성질과 질료라는 구성요소가 결여되어 있을 수는 없다. 이러한 이유로 후설은 이러한 복합물을 작용의 지향적 본질intentional essence이라고 부른다. 이처럼 비록 이러한 지향적 본질이라는 것이, 어떠한 대상이 지향되는지, 그것이 (어떤 속성들을 가진) 무엇으로 파악되는지, 그리고 (판단됨, 의문시됨, 의심됨 등과 같이) 어떤 방식으로 지향되는지 하는 것들을 규정할지라도, 우리는 여전히 그것만으로는 대상이 지향될 수 있는 여러 가지 방식들을 다 설명해내지 못한다. 우리가 무언가를 지향하거나 의미하는 능력에만 초점을 맞춘다면, 우리는 그럭저럭 지향적 본질만으로, 혹은 후설의 표현으로, 의미지향만으로 만족할 수 있을 것이다Hua 19/432.

그러나 우리가 대상의 소여에 대한 설명, 즉 대상의 다양한 현출 방식에 대한 설명을 요구하는 순간, 우리는 성질-질료라는 쌍을 넘어서야만 한다. 구체적인 예를 들어보도록 하자. 만일 내가 공책이 내 앞에 없는 상태에서 '그것은 파랗다'라고 판단하는 경우와 공책이 내 앞에 있어서 내가 그것을 보면서 '그것은 파랗다'라고 판단하는 경우를 비교해본다면, 우리는 동일한 성질과 동일한 질료를 가진 서로 다른 두 개의 판단 작용을 다루고 있음을 알게 된다. 그러나 이 두 작용 사이에는 여전히 매우 중요한 차이가 있으며, 이 차이는 지향적 본질을 넘어서는 그 무엇임에 틀림없다.

이 두 경우에 나는 하나의 동일한 대상, 즉 공책에 대해서 판단하고 있다. 그러나 첫 번째 상황에서 나는, 공허한, 후설 표현으로는 기호적signitive 지향을 갖고 있을 뿐이지만, 두 번째 상황에서는 나는 직관적intuitive 지향을, 또는 더 구체적으로 말하자면, 공책이 생생하게 leibhaftig, 자신의 고유한 모습으로in propria persona 직관적으로 주어지는 지각적 지향을 갖게 된다Hua 19/434. 따라서 우리가 이처럼 작용이 대상을 지향할 수 있게 되는 방식을 탐구하고자 할 때, 작용의 성질과 질료 뿐 아니라 지향적 대상의 소여 방식mode of givenness에 변화를 주는 것이 가능하다.

이러한 견지에서 볼 때, 대상으로의 (규정된) 향함을 가능하게 하는 작용의 부분, 즉 지향적 본질과, 대상이 어떻게 소여 되는가를 규정하는 작용의 부분을 구분하는 것이 필수적이라는 사실이 드러난다. 『논리연구』에서 후설은 주로 기호적 소여와 상적imaginative 그림의 pictorial 소여 그리고 지각적 소여를 구분한다(나는 이 세 가지 형태에 초점을 맞출 것이지만, '상상' '회상'과 같은 또 다른 중요한 형태들이 있다).[16] 나는 내가 결코 본 적은 없지만, 누군가에게 뜰에 시들어가는 떡갈나무가 있다는 것을 듣고서 그러한 떡갈나무에 대해 이야기할 수 있다. 또한 나는 세밀하게 그린 그 떡갈나무에 대한 그림을 볼 수도 있을 것이며, 혹은 그 떡갈나무를 직접 지각할 수도 있을 것이다. 이와 유사하게 나는 노숙자가 되어 길거리에서 잠잔다는 것이 얼마나 끔찍한가에 대해 이야기할 수도 있고, 그러한 광경을 TV를 통해 볼 수도 있으며, 그것을 몸소 체험해볼 수도 있을 것이다.

이때 대상을 지향하는 이러한 상이한 방식들은 서로 무관하지 않다. 후설에 따르면, 이들 사이에는 엄격한 위계적 관계가 존재한다. 그리고 이 세 가지 소여 방식은 우리에게 가능한 한, 얼마나 대상을 직접적으로, 원본적으로, 최적으로 제시해줄 수 있는가 하는 그들의 능력에 따라 서열이 매겨지게 된다. 대상은 그것이 직접적으로 주어지는 데 정도의 차이를 가질 수 있다. 즉 대상은 정도의 차이를 갖고서 제시present될 수 있다. 또한 우리는 다양한 인식적 단계에 대해 이야기할 수 있다. 대상이 현출하는 가장 낮고 공허한 방식은 기호적

---

16 그림 의식(이미지 의식)과 상상도 모두 존재하지 않는 무언가에 대한 의식을 의미하지만, 이 양자 사이에는 명백한 차이가 남아 있다. 그림 의식에서 나는 다른 무언가를 경유해서 무언가를 지향한다. 이러한 표상(representative) 기능은 상상의 일부가 아니다. 만일 내가 춤추는 파우누스를 생각한다면, 이러한 파우누스는 진짜 파우누스의 표상으로 간주되는 것이 아니다. 오히려 우리는 진짜로 여겨지지는 않지만, 단순히 '마치' 진짜인 것 '처럼' 현출하는 지향적 대상과 관계하고 있다(Hua 8/112-113).

의미지향 작용 속에 있다. 이러한 (언어적인) 작용들은 분명히 무언가를 지시하지만, 대상이 구체적인 방식으로 주어지지 않는다. 상적 (그림) 작용들은 어떤 직관적 내용을 갖지만, 기호적 작용과 마찬가지로 대상을 간접적으로 지향할 뿐이다. 그러나 기호적 작용이 대상을 우연적 표상(언어적 기호)을 통해 지향하는 반면, 그림 작용들은 대상과의 어떤 유사성을 지닌 표상(그림)을 통해 대상을 지향한다.

우리에게 대상을 직접적으로 부여해주는 것은 오직 실제 지각뿐이다. 지각은 우리에게 대상을 생생한 현전 속에서 제시해주는 유일한 지향의 유형이다Hua 19/646, 3/90-91. 후설이 말하고 있듯이, 모든 유형의 현전화작용Vergegenwärtigung은 대상이 직접적으로, 원본적으로, 최적으로 주어지는 소여 방식인, 엄밀한 의미의 현전작용Gegenwärtigung으로부터 파생된 작용이다.

이상에서 살펴본 바와 같이, 후설은 명백히, 언어적 지향들이 지각적 지향들보다 덜 원본적이고, 덜 근본적이라고 생각한다. 전문 용어로 말하자면, 언어적 지향들은 정초된 지향들이다. X가 Y에 정초되어 있다는 것은 단순히 X가 Y로부터 파생되었다거나 Y로 환원된다는 것을 뜻하는 것이 아니다. 그것은 X는 Y에 의해 조건 지워지고, Y와 관계 맺지 않고서는 존재할 수 없다는 것을 뜻한다Hua 19/281-282.[17] 따라서 후설은 언어적 의미는, 세계와의 언어 이전의 선술어적 만남 속에 뿌리내리고 있다고 주장할 것이다. 이 맥락에서 '선'pre이라는 접두어를 사용하는 것은 문제의 체험들이 시간적으로 언어 (또는 언어 지식)에 앞선다는 사실을 지시할 뿐 아니라, 세계에 대한 우리의 지각적 지식은 언어적 의미의 영원한 조건이자 근원이라는 사실을

17 후설의 정초 개념은 현대의 수반(supervenience) 개념과 어떤 유사성을 지닌다.

지시한다. 누군가가 '진홍색' '다홍색' '선홍색'이라는 말을 알고 있을지라도, 만약 그가 시각장애인이라서 이러한 색들을 볼 수 없다면, 그는 이와 관련된 개념들에 대한 올바른 지식을 가질 수 없을 것이다.

선술어적 경험이라는 후설의 개념은, 모든 의미가 본성상 언어적이라는 언어철학적 가정에 대한 비판을 수반한다.[18] (메를로퐁티에게서와 마찬가지로) 후설에게서도 이러한 언어철학적 가정은, 지각된 것이 어떻게 언어적 기술에 대한 길잡이로 기능할 수 있는지를 이해할 수 없도록 만드는 지성주의적인 추상적 관념의 산물일 뿐이다. 의미*Sinn*와 감성*Sinnlichkeit*을 분리하는 것, 대상의 지각적 소여와 그것의 술어적 표현 사이의 연속성을 부정하는 것은 개념적 사유와 지각 사이의 관계를 이해할 수 없는 것으로, 우연적인 것으로 만든다.[19] 선언어적인 인지 기능의 존재, 동일화하는 선언어적인 종합의 존재를 부정하는 것과, 무언가를 무언가로 파악하는 모든 파악들이 언어 사용을 전제한다는 주장은 언어 사용자가 어떻게 언어를 처음 배울 수 있었는지를 이해하지 못하게 할 뿐 아니라, 오늘날의 발달심리학의 연구결과와도 상충한다.[20]

후설은 선언어적 경험의 차원에 관심을 기울인다(『수동적 종합』

---

18 후설이 선언어적 경험에 대한 그의 테제에서, 모든 해석 작용에 앞서는 직접적 경험의 층을 발견하려고 했으며, 따라서 그가 모든 경험이 해석 작용과 관련되어 있다는 사실을 간과했다는 주장이 있다. 이러한 해석학적 비판은 모든 해석 작용이 언어적이라는 잘못된 생각을 하고 있다. 그러나 후설과 하이데거 모두가 보여주었듯이, 선언어적 유형의 해석 작용도 있는 것이다(다음을 참조. Heidegger 1976, 144–145).

19 이러한 입장은 쉽사리 상대주의로 이끌 수 있다. 실재적인 것은 우리들의 현재의 언어 게임에 의해 완전히 규정된다는 것이다.

20 cf. Stern 1985.

*Analysen zur passiven Synthesis*이나 『경험과 판단』*Erfahrung und Urteil*과 같은 후기 저작에서 수행된 분석들). 그러나 그렇다고 해서 그가 언어의 기능을 완전히 등한시하고 있다는 것은 아니다. 오히려 후설은 언어를 고려하지 않고서는 학문적 지식의 가능성을 이해할 수 없다는 사실을 기꺼이 인정한다Hua 19/7-8, 그리고 이 책의 236쪽 이하. 그러나 후설에 있어서 언어의 기여에 대한 분석은 어디까지나 정초된 무언가에 대한 분석이다.[21]

공책에 대한 예로 다시 돌아가 보자. 만일 내가 공책을 찾고 있다가 그것을 실제로 찾았다고 한다면, 이 상황은 공책, 더 정확히는 지각적으로 주어진 공책이 나의 지향을 만족시키고 충족시키는fulfill 상황이라고 할 수 있다. 여기서 나는 처음에는 그저 기호적 지향을 가지고 있었을 뿐이었지만, 이제는 그것이 새로운 지향, 즉 동일한 대상이 직관적으로 주어지는 새로운 지향에 의해 충족되고 있다. 처음에 그저 생각만 되었던 것을 이제는 직접 보게 된다. 의미 지향과, 직관 속에서의 그것의 충족 사이의 관계는, 개념/사고와 직관 사이의 고전적 관계에 비유될 수 있다Hua 19/552, 538-539.

지향의 비어 있음과 채워짐에 대해 이야기하는 대신에, 우리는 또한 지향된 대상의 부재나 실재에 대해 이야기할 수도 있을 것이다cf. Hua 19/567. 그래서 대상이 지각 속에서 생생하게 현전한다는 사실, 다시 말해 지각은 우리에게 실제 대상 자체를 준다는 사실을 후설이 주장할 때, 후설은 자신이 일찍이 지향성의 중요한 특성으로 강조했던 존재 독립성의 원리를 어기는 것이 아니다. 후설이 이 맥락에서 실제

---

21 언어에 대한 후설의 관점의 더욱 상세한 분석은 Mohanty 1964, Sokolowski 1974, Derrida 1989, Cobb-Stevens 1990, Klausen 1994에서 발견할 수 있다.

대상에 대해서 이야기할 때, 그는 지향적 대상 이외의 어떤 다른 대상을 도입하려는 것이 아니라 단지 특정한 소여 방식 속의 지향적 대상, 즉 직관적으로 현전하는 지향적 대상에 대해 이야기하는 것이다. 따라서 후설은 소박한 존재 개념을 떨치려고 애쓴다. 칸트와 마찬가지로 후설은 대상의 존재가 푸르다거나 무겁다는 것과 같은 대상이 가진 하나의 속성이라는 주장을 부정한다. 그러나 칸트와 달리 후설은 사물 자체das Ding an sich를 우리의 경험을 가능하게 하는 미지의 원인과 동일시하지 않고, 우리의 기호적 지향을 충족시켜주는 그 무엇과 일치시킨다. 요약하자면, 현상학적으로 존재는 특정한 소여 방식으로 해석된다. 지각적 소여는 대상의 자기현전과 동일시된다Hua 19/614, 646, 666. 랑Bernhard Rang은 다음과 같이 기술한다.

동일한 대상을 향하고 있는 두 개의 지향이 충족 관계 속에서 서로 일치하는데, 이러한 일치는 순수하게 기호적이고 개념적인 지향이 동일한 대상을 향하는 다른 직관적 지향 속에서 '스스로를' 충족시키는 것과 같은 방식으로 일어난다. 이전에 '그저' 의미되었던 것이 이제 직관적 충만 속에서 '그것 자체'로 존재하게 된다. 한낱 지향적 대상과 실제 대상은 여전히 차이가 있다. 그러나 이러한 차이는 '실제적인' 것이 아니라 '소여 방식'과 관계하는 것이다. 즉 대상은 그 소여 방식how of its giveness에 있어서, '비어 있는' 개념과 직관적으로 '채워진' 개념의 차이를 가진다. 그러나 비어 있음이라는 지향적 양상으로 주어지는 대상과 채워져 있음이라는 지향적 양상으로 주어지는 대상은 여전히 하나의 동일한 대상이다.[22]

---

22 Rang 1973, 23. cf. Hua 19/56-57

나의 공책에 대해 이야기할 때와 그 공책의 사진을 볼 때, 그리고 실제로 나의 공책을 사용할 때, 이 세 경우에 우리는 세 개의 서로 다른 공책이 아니라 서로 다른 세 가지 방식 속에서 주어지는 하나의 동일한 공책과 관계한다. 비록 빈 기호적 지향과 직관이 동일한 지향적 본질을 갖고 있을지라도, 후자는 대상의 직관적 충만*Fülle*을 더한다. 작용의 성질과 질료와는 별도로, 충만 또한 지향성이 가질 수 있는 중요한 한 측면이다. 직관적 작용 속에서 대상은 현전하고 기호적 작용 속에서 대상은 부재한다Hua 19/600, 607-608.

명증

후설은 이제 이러한 충족 모델에 기반을 두고, 인식, 정당화, 진리가 무엇인지를 해명하고자 시도한다. 우리가 기호적 주장에 머물러 있는 한, 우리는 그저 하나의 가정을 다루는 셈일 뿐이다. 그러나 이러한 가정은 오직 우리의 지향이 충족되는 경우에 한해 확증될 수 있다. 즉 나는 가령 나의 공책의 색깔을 기억하지 못하면서 다만 그것이 파랗다고 생각할 수 있다. 이제 내가 공책을 찾아서 내 생각이 맞았다는 것을 깨닫게 될 때, 즉 내가 이제 더 이상 그저 공책이 파랗다고 생각하는 것에 그치지 않고 그것을 직관하게 될 때, 나의 믿음은 확증된다. 대상이 내가 지향한 대로 직관적으로 주어질 때, 나의 믿음은 정당화되고 참이 된다. 그리고 나는 지식을 소유하게 된다. 더 구체적으로 말하자면, 인식은 지향된 것과 주어진 것 사이의 동일화 또는 종합으로, 그리고 진리는 의미된 것과 주어진 것 사이의 동일성으로 특징지을 수 있다Hua19/539, 566.

그러나 우리는 의식과 마음 독립적 대상 사이의 일치가 아니라 두

60

개의 서로 다른 작용 속에서 지향된 것 사이의 일치*Deckung* 종합에 대해 이야기하고 있다는 사실을 강조해야 한다. 즉 우리는 고전적인 진리대응설에 대해 이야기하고 있는 것이 아니다. 우리가 문제 삼고 있는 일치란 존재론적으로 독립된 두 개의 영역 사이에 존재하는 일치가 아니라 두 개의 지향들 사이에 존재하는 일치이기 때문이다.

「서설」에서, 후설은 수학적 진리는 인간의 세계가 존재하건 존재하지 않건 상관없이 타당하다고 주장했다. 이제 그는 그와 반대되는 이야기, 즉 진리는 오직 일치 종합 속에서만 존재할 수 있고, 언제나 인식 주체에게 인식된 진리라고 이야기하는 것처럼 보인다. 그러나 이러한 대조는 실제 이상으로 부각되어 보이는 것이다. 후설이 진리를 인식과 연결지으려고 했던 것은 사실이다. 그러나 그는 사실적 지식에 관심이 있었던 것이 아니라 지식의 가능성에 관심이 있었다. 즉 어떤 주장은 그것이 직관적으로 충족될 수 있다면 참인 것이지, 반드시 실제로 충족되어야만 참인 것은 아니다.

후설이 명증evidence이라는 개념을 도입하는 것은 이러한 맥락에서다. 만일 내가 나의 공책이 파랗다고 생각하고, 실제로 나의 파란 공책을 보고 있다면, 나는 나의 믿음이 참이라는 것을 명증하게 깨닫는다. 그런데 이러한 명증은 나의 믿음에 수반되는, 독특하지만 어떤 불가해하고 신비로운 확실성의 감정이 아닌가? 즉 후설은 진리의 기준이 오류 불가능한 사적인 감정에 있다고 주장하고 있는 것이 아닌가?

이에 대한 대답은 '아니요'다. 후설은 이른바 명증 감정은 심리적 허구에 지나지 않으며 곧장 상대주의로 빠지게 될 수밖에 없다고 그 스스로 분명하게 비판한다Hua3/46, 334. 우리는 실제로 모든 것들에 대해 확실성의 감정을 가질 수 있으며, 그 때문에 확실성의 감정을 언급하는 것은 진리의 기준 또는 정의로 아무 쓸모가 없다Hua 24/156, 2/59,

18/183. 반대로 후설에게서, 용어상 엄밀한 의미에서의 명증은 기호적으로 존재를 정립하는 지향(그 전형적 사례는 주장이다)이 상응하는 지각에 의해 충전적으로 충족되어 우리에게 대상의 자기소여를 제공해주는 완전한 충족 종합의 이상을 지시한다. 따라서 대상이 더 이상 그저 지향되기만 하는 것이 아니라 (지향된 대로) 직관적으로 주어질 때, 대상은 명증적으로 주어진다고 이야기될 수 있다Hua 19/651, 17/166.

따라서 후설의 명증 개념은 주관의 사적인 견해를 절대화하거나 그것에 면역력을 주려는 시도가 아니다. 명증은 그 어떤 사적인 것이 아니다. 오히려 후설의 명증 개념에는 상호주관적 타당성에 대한 주장이 수반되어 있으며(이에 대해서는 나중에 따로 논의할 것이다cf. 203쪽), 따라서 후설에 있어서 명증이란 언제나 타인의 비판에 열려 있는 것이다. 더욱이 오류 가능성은 경험적 명증의 성격을 이루는 한 부분이다Hua 17/130. 하지만 이러한 사실은 회의주의로 이끄는 것도 아니요, 명증의 작동을 무효화시키는 것도 아니다. 왜냐하면 특정한 명증을 물리칠 수 있는 유일한 것은 오직 새로운 더 강한 명증이기 때문이다Hua 17/164. 명증에 대한 이러한 후설의 논의는 오늘날의 반증 가능성 논의와 유사성을 띤다.

『형식 논리학과 초월 논리학』*Formale und Transzendentale Logik*, 1929에서 후설은 명증을 두 가지 개념으로 구분한다. 명증이라는 용어는 한편으로는, 지향된 대상의 최적의 조건 속에서의 원본적인 본래적originary 소여를 지시하기 위해 사용된다. 그리고 또 다른 한편으로는, 실제적 일치 종합의 존재를 지시하기 위해 사용된다. 어떤 주장은 그것이 첫 번째 유형의 명증과 일치할 때 명증적으로 정당화된다Hua 17/151-152. 그런데 후설은 또한 진리를 명증의 상관자라고 이야기하기 때문에, 우리는 두 가지 종류의 서로 다른 진리 개념을 구분해볼 수 있다. 즉 그것은 개시로서의 진리와 올바름으로서의 진리다.[23] 그러나 후설이 이미 선술어적 차원에 있는 진리의 유형에 대해 이야기하고 있을지라도(대상이 스스로를 스스로의 모습대로 보여준다는 사실이 이미 일종의 존재론적으로 정초된 진리라고 할지라도), 참된 지식은 직관의 단순한 현존과 동일시될 수는 없다. 직관은, 그것 홀로 있을 때에는, 인식론적으로 지식과 무관하다. 우리가 지식을 획득하게 되는 때는 오직 직관이 기호적 지향을 충족시키는 기능을 수행할 때다. 따라서 지식의 고유한 장소는 판단이다.[24]

기호적 지향이 상응하는 직관에 의해 완전히 충족될 때, 대상은 지향된 것과 완전히 똑같게 주어진다. 그러나 이러한 경우는 매우 드물다. 나는 이미 물리적 대상들은 관점적으로 주어진다고 언급한 바 있다. 이러한 사실은 물리적 대상들이 인식될 수 있는 방법이 무엇인지를 간접적으로 함축한다. 후설이 말하고 있듯이, 물리적 대상에 대한 우리의 지식은 지향된 것과 소여된 것 사이의 일치의 결여로 특징지어진다. 우리는 결코 대상을 완전한 전체성 속에서 지각할 수 없고 언제나 특정한 관점으로부터만 지각할 수 있다(이것은 명백히 3차원적 대상뿐 아니라 2차원적 평면에도 적용된다). 그러나 엄밀히 말해서 우리에게 대상의 음영[25]이 제시되더라도, 이것은 우리가 지향하고 있

---

23 이러한 적절한 구절에 대해서는 Sokolowski 2000, 158을 참조하라.

24 cf. Rosen 1977, §19.

25 [옮긴이 주] 자하비가 profile로 번역하고 있는 이 용어의 독일어 표현은 'Abschattung'인데 현상학적으로 매우 특수한 뜻을 지니고 있어서 우리말 번역이 쉽지 않다. 이 용어를 '음영'으로 번역하는 것은 '그림자'를 연상시켜서 부적절하다고 생각되지만 다른 대안을 찾기 어려워서 관례대로 '음영'이라고 번역하기로 한다. 음영은 사물이 직관될 때의 특유한 소여방식을 나타낸다. 우리는 이 용어를 사물의 측면(Seite), 면모(Aspekt)와 구별하여 이해해볼 수 있

는 그것은 아니다.

  반대로, 우리는 대상 그 자체를 지향한다. 후설이 기술하고 있듯이, "내가 이 책을 위에서 보든 아래에서 보든, 안에서 보든 밖에서 보든, 나는 언제나 이 책을 보고 있다. 그것은 그저 어떤 순수하게 물리적 의미에서가 아니라, 우리들의 지각 그 자체의 관점에서 언제나 하나의 동일한 사물이다"Hua 19/677. 나는 의자를 지향하고 있는 것이지 관점적으로 주어진 의자의 앞이나 뒤의 표면, 또는 의자 시트나 의자 다리를 지향하고 있는 것이 아니다. 물론 나는 지향의 초점을 바꿔서, (의자 전체 대신) 의자 다리의 표면을 지향할 수도 있다. 그러나 그것 역시 그 어떤 음영 속에서 주어지게 될 것이다. 따라서 시-공간적 사물로의 우리의 지향적 향함은, 대상 자체를 파악하기 위해 우리가 주어진 것을 끊임없이 초월한다는 사실에 의해 특징지어진다. 비록 지각이, 지향된 대상의 완전한 현출을 부여하는 것을 목표로 하는, 다시 말해 대상으로 하여금 스스로를 있는 그대로 완전하게 보여주게끔 하는 것을 목표로 하는 지향적 작용으로 정의된다 할지라도, 물리적

다. 가령 주사위는 6개의 측면을 지닌다. 이때 우리는 하나의 측면을 다양한 관점에서 바라볼 수 있으며, 우리가 어떠한 관점에서 바라보는가에 따라 동일한 측면은 서로 다른 모습으로 나타난다(정면에서 정사각형으로 보이는 측면이 옆에서 바라봤을 때는 선으로 보일 수 있다). 이렇게 보는 관점에 따라 서로 다르게 나타나는 사물의 서로 다른 모습을 면모(Aspekt)라고 한다. 그런데 사물의 동일한 면모는 그것을 바라보는 주관이 언제 어떠한 상황 속에서 보는가에 따라서, 또다시 시시각각 변하는 모습 속에서 주어진다(가령 날이 흐리거나 안경을 벗은 상태에서 바라본다면 사물의 동일한 면모가 흐리게 보인다). 이렇게 바라보는 주관이 처한 특수한 상황 속에서 사물이 시시각각으로 변하며 주어지는 모습을 우리는 음영(Abschattung)이라고 한다. Robert Sokolowski, *Introduction to phenomenology*, Cambridge University Press, 2000, pp.17~21 참조.

대상의 경우에는 이것은 다만 하나의 이상으로 남을 뿐이다.

여기에는 언제나 직관적으로 소여되지 않는 대상의 음영이 남아 있게 된다. 따라서 지각을 통해 이러한 대상을 파악하는 것은 언제나 비충전적inadequate인 것으로 남게 된다. 그러나 이것이 곧 지각의 경우에는 명증이 들어설 여지가 없다는 것을 말하는 것은 결코 아니다. 후설은 서로 다른 유형의 명증을 구분한다. 즉 명증에는 필증적apodictic, 의심할 여지가 없는 명증과 충전적adaquate, 완전하게 주어지는 명증, 비충전적inadaquate, 부분적으로 주어지는 명증이 있다. 그가 지적하고 있듯이, 우리가 특정한 영역의 명증에 부과하는 요구를, 이러한 요구가 원리적으로 실현될 수 없는 다른 영역에 이전시키고자 하는 것은 받아들여질 수 없다.

어떤 수학적 관계식들에 대한 우리의 통찰(가령 3은 2보다 크다)은 완전하게, 의심할 여지없이 생각되는 것이지만, 물리적 대상에 대한 지각의 경우는 그렇지 않다. 물리적 대상에 대한 지각은 잠정적이고 교정될 수 있는 것으로 남는다. 그러나 명증이냐 아니냐를 결정할 수 있는 유일한 결정권자가 수학이라고 생각한다면 그것은 엄청난 오류를 범하는 셈이다Hua 3/321. 완전하게 주어지는 방식 속에서 현출하는 경우에만 물리적 대상들이 명증적으로 주어진다고 주장하는 것은 곧, 물리적 대상은 그것들이 물리적 대상으로서 현출하기를, 즉 관점적으로 현출하기를 멈추는 순간에만 명증적으로 현출할 수 있다고 주장하는 것과 매한가지이기 때문이다. 결국, 임의의 대상을 두고 그것이 언제 명증하게 주어지는지, 즉 언제 최적의 상태로 원본적으로 현출하는지 절대적 기준을 작성하는 것은 가능하지 않다. 대상 유형(가령 물리적 대상, 수학적 관계식 등)에 따라 다양한 본래적 현출 방식이 존재한다.

따라서 후설이 주장하고 있듯이, 물리적 대상의 관점적 소여는 그저 우리의 유한한 지성을 반영하는 것이거나 우리의 감각 기관의 물리적 구조를 반영하는 것이 아니다. 오히려 그것은 사물 그 자체에 뿌리박고 있다. 후설이 기술하고 있듯이, 심지어 절대적 지식의 이상으로서의 신조차도 물리적 대상은 똑같은 관점적 방식으로 경험할 수밖에 없을 것이다. 그렇지 않다면 그가 경험하고 있는 것은 더 이상 물리적 대상이라고 할 수 없다Hua 3/351.

그러나 첨언할 것은, 명백하게도 단일한 지각이 우리에게 제시하는 것에 우리가 만족한 채로 머물러 있을 이유는 없다는 것이다. 직관적으로 소여된 것이 우리의 기호적 지향을 충족시키는 한에서 우리는 이미 이러한 단계의 지식을 인정할 수 있게 되었지만, 대상에 대한 우리의 지식은 더 많은 대상의 음영들이 직관적으로 주어진다면 계속해서 증가하게 될 것이다. 지식은 기호적 지향과 직관 사이의 한갓 정적 관계가 아니라 대상의 모든 음영이 직관적으로 주어질 때야 비로소 끝나게 되는 하나의 동적 과정이다(우리가 문제 삼고 있는 음영이라는 것은 단순히 외형적으로 나타나는 대상의 표면만을 지칭하는 것이 아니라, 대상의 내부에 속한 속성들이건 가용성처럼 대상이 다른 대상들과 상호작용할 때만 드러나는 속성들이건, 대상의 그 모든 속성들의 소여를 지시한다는 것이 여기서 또한 강조되어야 하겠다).

충족 개념은 따라서 광범위한 개념이다. 즉 그것은 (절대적) 충족이 있거나, 충족이 존재하지 않거나 하는, 이것 아니면 저것의 이분법적 개념이 아니다. 반대로 충족의 다양한 등급이 있을 수 있다. 또한 충족의 범위가 달라지면 그것의 명료성의 정도도 변화할 수 있다. 만약 내가 멀리서 시들어가는 떡갈나무를 본다면, 나는 분명히 떡갈나무 자체와 마주하고 있고, 떡갈나무는 직관적으로 현전하게 된다. 그러나 그것은 내가 더 가까이에 서서 더 상세하게 나무를 식별해볼 때 만큼 최적의 상태로 주어지는 것은 아니다Hua 19/614, 3/143-144. 또한 후설은 최적의 소여를 빛이나 공간적 현존과 같은 것을 기준으로 정의하는 것은 아니라는 점이 함께 강조되어야겠다. 별은 어두울 때 가장 잘 보인다. 그래서 후설은 언제나 최적의 소여를, 가능한 한 차별화된 방식 속에서 가능한 한 많은 정보를 가지고 우리에게 대상을 제공해주는 소여의 종류로 이해한다Hua 11/205.

범주적 대상과 본질직관

지금까지의 설명에서는 후설 현상학의 중요한 측면이 아직 다루어지지 않았다. 나는 지금까지 간단한 지향들과 이것들의 충족에 대해서만 논의했다. 그러나 후설의 대상 개념은 매우 광범위하다(그것에 대해 어떤 술어를 부여할 수 있는 것은 기본적으로 모두 대상이다). 기본적으로, 후설은 대상들을 두 가지 유형으로 구분한다. 그것은 실재적 (지각적) 대상들과 이념적 (범주적) 대상들이다. 결국 배나무나 엠파이어스테이트 빌딩에 대해서 생각하는 것뿐 아니라 정의justice, 숫자 3, 무모순율 또는 '그 푸른 책은 책상 위 서류들 아래에 놓여 있다'와 같은 사태Sachverhalte에 대해서 생각하는 것도 가능하다. 요약하자면, 단순한 지향들 외에도, 이러한 단순 지향들에 정초된 복합 지향들 혹은 범주적 지향들이 있다. 그리고 후설은 (개별적이고 우연적인 것과 대조되는) 보편적이고 본질적인 것으로의 향함뿐만 아니라 모든 형태의 술어화, 동사 활용, 종합과 같은 것들에 대해서도 생각한다. 단순한 지향들로부터 복합적 지향들로의 이러한 전진은 지각에서 사고로의 전진을 의미한다. 나는 의자를 보고 만질 수 있으며 파란 색깔을 볼 수 있다. 그러나 내가 그 의자가 파랗다는 것that the chair is blue을 파악하고 이해할 수 있을지라도, 그것은 내가 문자 그대로 보고 만질 수 있는 것은 아니다. 왜냐하면 그것은 물리적 공간 속의 위치를 점유하지 않는 하나의 사태이기 때문이다.

우리가 범주적 사고를 작동시킬 때, 우리는 감각의 영역을 초월한다. [『논리연구』 제2권의] 6연구의 48절에서 후설은 이러한 이동을 다음과 같은 방식으로 보여준다. 원래 우리는 지각적으로 가령 의자와 같은 하나의 대상에 향해 있다. 이 단계에서 대상은 우리에게 단순히 그것의 규정성들(그것의 색깔, 크기, 형태, 질료적 구성 등)만을 가지고 주어진다. 그러나 이러한 특징들 중 어느 것도 강조되지 않는다. 다음으로, 우리는 가령 의자의 색깔에 초점을 맞추면서 의자의 한 속성에 주의를 기울인다. 마지막으로, (이 단계에서 범주적 분절작용이 작동하게 되는데) 우리는 앞선 두 단계를 결부시킨다. 그 대상을 전체로서 취하고, 그 부분을 부분으로서 취한다. 그리고 그 부분을 전체의 한 부분으로서 지향하고, 그것을 '그 의자는 파랗다'라는 판단 속에서 분절시켜 표현한다. 이러한 술어적 분절작용은 범주적 수행이다.

그러나 이제 질문이 제기된다. 범주적 지향들은 정확히 어떻게 충족되는가? 만약 우리가 '그 푸른 책은 책상 위의 서류들 아래에 놓여 있다'라는 사태를 하나의 예로 취한다면, 여기서 '이다' '아래에' '위에'와 같은 형식적 요소들 또는 범주적 요소들은 지각적 상관자들을 갖지 않는다. 우리는 '이다'나 '위에'와 같은 것들을 결코 볼 수 없다 Hua 19/658. 다른 말로 하자면, '정의' '4의 제곱근' '중력의 법칙'과 같은 이념적 대상을 포함하여, 우리가 지향할 수 있는 많은 것은 결코 지각적으로 경험되지 않는다. 우리는 이러한 대상들 중 어떠한 것도 보거나 냄새 맡거나 들을 수 없다.

그럼에도 후설에 따르면, 하나의 사태를 기호적으로 지향하는 것이 가능할 뿐 아니라, 그러한 사태는 직관적으로 주어질 수 있으며, 이로써 참인 것으로 이해되고 경험될 수 있다. 즉 그 푸른 책이 책상 위 서류 아래에 놓여 있다는 것을 직관하는 것이 가능하다. 그러나 그 것은 오직 더 상위의 작용에 의해서만 가능한데, 이러한 상위의 작용은 비록 푸른 책, 서류, 책상에 대한 지각들에 정초되어 있긴 하지만 그럼에도 관계, 통일체와 같이 이러한 대상들을 초월하는 무언가를 지향하는 작용이다. 기호적 소여 방식과 직관적 소여 방식의 구분은 따라서 심지어 범주적 대상들의 경우조차 타당한 것으로 남는다.

그래서 후설은 괴로운 상황을 감수하며 직관 개념을 확장시키기로 결심한다. 즉 우리는 감각적 직관sensuous intuition 뿐만 아니라 범주적 직관categorial intuition에 대해서도 이야기할 수 있다Hua 19/670-676. 형식적으로 말하자면, 직관은 우리에게 대상 자체를 그것의 고유한 모습으로 in propria persona 가져다주는 작용이다. 그런데 이것은 종종 복잡한 지적 수행을 필요로 한다. 심지어 이론적 논변이나 개념적 분석들조차도 그것이 우리에게 사태들 그리고 어떤 본질적 특성이나 추상적 증명을 본래적 소여로 가져다주는 한, 직관으로 간주될 수 있다. 직관은 반드시 감각적이고 단순하며 비추론적이어야 하는 것이 아니라 그저 비기호적인 것이다.

마지막으로, 후설은 서로 다른 두 가지 유형의 범주적 작용들을 구분한다. 그것은 종합 작용the synthetic과 이념화 작용the ideative이다. 첫 번째 유형의 작용이 지닌 특징은 정초하는 대상들을 향하는 데 머문다는 점인 반면, 두 번째 것은 그렇지 않다. 물론 '그 책이 책상 위에 놓여 있다'는 사실을 인식하는 것은 더 높은 단계의 대상을 지향하는 것이다. 그러나 이러한 종합적 대상은 '책' '책상'과 같은 정초하는 요소들을 포함하며, 이것들과 떨어져서는 지향될 수 없다. 그에 반해, 이념화 작용 혹은 형상화 작용은 개체적인 것, 단일한 것으로부터의 추상을 통해 보편적인 것을 포착하려는 작용이다. 이러한 과정 속에서 그것은 전형적으로 자신의 출발점을 구체적이고 특정한 대상에서 취할 것이다(만약 목표가 가구가 무엇인지를 생각하는 것이라면, 우리는 지금 앉아 있는 의자를 살펴보는 것으로 시작해야 할 것이다). 그러나 이러한 대상은 단순한 출발점에 불과하다. 이념화 과정은 거기에 고정된 채로 머물러 있지 않는다.

요약해보자. 후설의 경험 개념은 경험주의가 우리에게 물려준 것보다 훨씬 포괄적 개념이다. 우리는 구체적이고 특정한 대상들을 경험할 뿐 아니라 추상적이고 보편적인 대상들도 경험한다. 후설이 브리태니커 백과사전을 위해 쓴 한 항목에서 기록하고 있듯이, 현상학의 과제 중 하나는 경험에 대한 협소한 경험주의적 개념을 극복하고 경험 개념을 확장하여, (본질 구조에 대한 직관이든, 필증적 명증에 대한 직관이든, 그 무엇이든) 모든 형태의 상이한 경험 개념들을 해명하는 일이다Hua 9/300, 3/44-45.

*

마지막으로 지금까지 소홀히 다루었던 후설 철학의 한 측면, 즉 후설의 본질주의essentialism에 대해 언급하고자 한다. 방금 살펴보았듯이, 후설은 우리가 이념적 대상들, 범주적 대상들을 경험할 수 있다고 주장하며, 심지어 본질적 통찰들 혹은 형상적eidetic 통찰들을 획득하는 것이 가능하다고 주장하기까지 한다. 그래서 때때로 본질직관 Wesensschau의 가능성과 관련한 이러한 주장은 후설 현상학의 가장 중요한 특성 중 하나를 구성하는 것으로 간주되어왔다. 그러나 후설이 인간 의식의 사실적이고 경험적인 구성에 대한 연구보다 의식의 본질 구조에 대한 통찰에 더 관심이 있었다는 것이 사실임에도 불구하고, 또한 그의 현상학이 부분적으로는 지향성을 지배하고 조직하는 필연적이고 보편적인 법칙들을 상술하려는 시도로 간주될 수 있음에도 불구하고, 본질 구조에 대한 이러한 관심은 철학사에서 너무나 공통적이고 널리 퍼져 있어서 이것으로 현상학의 특징을 정의하려는 것은 거의 무의미하다고 할 수 있다.

그럼에도 후설은 몇 가지 유익한 구분들을 밝혀내어 이를 사용하고 있다. 그중 하나는 형식존재론formal ontology과 질료존재론material ontology의 구분이다Hua 3/37. 형식존재론은 대상이라는 것이 무엇을 의미하는지를 탐구하는 분과학이다. 형식존재론은 내용에 대한 모든 고려 사항들을 추상한다는 점에서 형식에 대한 것으로 이름 붙여진다. 형식존재론은 규산질 암석, 떡갈나무, 클라리넷 사이의 차이에 관심을 두지 않는다. 즉 그것은 다양한 대상 유형들 사이의 차이에는 관심이 없다. 대신 그 무엇이든 어떤 대상에 대해서도 무조건적으로 참인 것에 관심을 둔다. 형식존재론의 임무는 따라서 성질, 속성, 관계, 동일성, 전체, 부분 등과 같은 범주들을 해명하는 것이다. 이와 대조적으로 질료존재론(또는 영역존재론)은 주어진 영역 내지 대상 유형에 속하는 본질 구조를 탐구하고, 문제의 영역에 속하는 어떤 원소에 대해서도 필연적으로 타당한 것들을 규정하고자 한다. 가령 심리적 과정들이나 물리적 대상들과 달리 수학적 실체들을 특징짓는 것은 무엇인가 하는 물음이 하나의 예에 속한다. 후설에 따르면, 이때 심리적 과정과 물리적 대상, 수학적 실체 셋 모두가 자신들의 고유한 특색을 가지고 각자 하나의 유일한 존재론적 영역을 구성한다. 물리적 영역은 수많은 더 세분화된 영역들, 즉 화학적 영역, 생물학적 영역 등으로 다시 나눌 수 있다.

후설은 상이한 존재론적 영역들을 지배하는 본질 구조가 있다고 주장할 뿐 아니라 우리가 이러한 구조들에 대한 지식을 획득할 수 있다고 주장한다. 그러나 이것이 어떻게 가능한가? 우선, 후설은 우리가 시공간적 위치에 의해 특징 지어지는 특정한 대상들(가령 내가 지금 문진으로 사용하고 있는 400년 된 이 칼코등이)뿐만 아니라 물리적 대상으로서의 물리적 대상들을 특징짓는 것, 즉 모든 물리적 대상들에 불변하게 타당한 것들을 지향할 수도 있다고 지적한다. 달리 표현하자면, 개별적 대상을 향하는 의식 작용뿐 아니라 보편적이고 이념적 대상을 지향하는 의식 작용들도 존재한다.

칼코등이의 구체적 특징들에 대한 탐구가 수많은 다양한 특징들에 대한 경험적 탐구인 반면, 물리적 대상으로서의 칼코등이를 특징짓는 것들에 대한 탐구는 경험적 탐구가 아니다. 후설에 따르면, 후자에 대한 통찰은 이른바 형상적 변경eidetic variation 혹은 형상적 환원eidetic reduction(이것은 제2부에서 다룰 현상학적 환원phenomenological reduction 혹은 초월론적 환원transcendental reduction과 혼동되어서는 안 된다)을 통해 획득될 수 있다. 이러한 변경은 우리가 특정한 대상을 지금의 모습과 다른 것으로 상상하고자 하는 일종의 개념적 분석으로 이해되어야 한다. 이러한 상상적 변경은, 우리가 어떤 대상이 그러한 종류의 대상이기를 그치게 만들지 않고서는 결코 변경될 수 없는, 즉 변할 수 없고 벗어날 수 없는 특정한 속성들로 이내 우리를 인도할 것이다. 따라서 그 변경은 우리로 하여금 대상의 우연적 속성, 즉 변할 수 있는 속성과 본질적 속성, 즉 대상을 바로 그러한 종류의 대상이게 하는 불변하는 구조, 이 양자를 구별할 수 있게 만든다. 후설에 따르면, 형상적 변경을 통해, 대상이 바로 그러한 종류의 대상인 것으로서 자기 정체성을 잃지 않으면서 그 범위 내에서 대상이 변할 수 있는 지평을 확립하는 데 내가 성공한다면, 나는 본질적 통찰, 즉 본질직관을 획득할 수 있다. 그리고 그렇게 된다면, 나는 그것의 본질을 구성하는 불변하는 구조를 밝히는 데 성공할 수 있게 될 것이다Hua 9/72-87, EU §87.

물론 어떤 수동적 응시를 통해 우리가 각각의 모든 대상의 본질에 대한 오류 불가능한 통찰을 얻을 수 있다고 후설이 주장하는 것은 결코 아니다. 거꾸로, 형상적 변경은 많은 경우 폐기될 수 있고 쉽게 만족되지 않는 힘든 개념적 분석이다. 더욱이 강조되어야 할 것은, 후설의 작업은 가령 개와 고양이를 구분하듯 쓸데없고 사소한 분석들로 구성되어 있는 것이 아니라는 것이다. 반대로, 그것은 가령 예술 작품, 물리적 대상들, 심적 작용들로부터 수학적 실체들을 구별하는 것과 같은 훨씬 근본적 구분들에 대한 것이다.

형상적 환원과 형상적 변경의 가능성, 형식존재론과 질료존재론의 구분, 감각과 사고의 관계에 대한 그의 성찰들은 모두 중대한 철학적 연구들이다. 그럼에도 불구하고, 이것들은 모두 후설 철학 속의 더욱 전통적 유산의 일부를 구성하며 따라서 후설 현상학이 갖고 있는 진정한 독특성으로 간주되어서는 안 된다는 것이 나의 견해다.

현상학과 형이상학

『논리연구』에서 전개된 현상학 개념과 특히 이후 초월론적 철학으로의 후설의 전회를 이해하기 위하여, 지향적 대상과 실제 대상을 동일시하는 후설의 지향성 분석이 형이상학적 실재론을 옹호하는 것으로 간주될 수 있다고 오해하지 않는 것이 중요하다. 앞서 보여준 바와 같이, 후설의 요지는 다만 지향적 대상이 지향의 실제 대상이라는 것이다. 훨씬 더 중요한 것은, 그가 어떤 대상이 실제적이라고 할 때, 이러한 특징 묘사는 어떠한 형이상학적 함축도 갖지 않으며, 대상이 의식에 독립하여 존재한다는 것도 함축하지 않는다는 사실이다. 이것은 다만 대상이 생생한 현전 속에서 직관적으로 주어진다는 기술적 특징 묘사일 뿐이다.

서두에서 나는, 후설은 외부적 실체의 존재에 대한 물음을 현상학과 아무런 관련이 없는 형이상학적 물음으로 간주하고 있다고 말했다. 텍스트 전반에 걸쳐 후설은 또한 반복적으로 형이상학적 시도와 현상학적 시도의 차이를 강조하고 있기 때문에, 『논리연구』에서의 후설의 입장을 특징짓는 것은 어렵지 않다. 즉 후설의 입장은 형이상학적으로 중립적이다. 더 구체적으로는, 후설의 초기 현상학은 형이상학적 실재론에 전념하는 것도 아니요, 형이상학적 관념론에 전념하는 것도 아니다.[26] (그러나 이러한 중립성은 지향적 대상이 의식의 일부라고 주장하는 주관적 관념론이나, 지향성 자체를 포함하여 존재하는 모든 것들이 자연과학이 인정하는 원리나 방법들을 사용해야만 설명될 수 있고 또 그렇게 설명되어야 한다고 주장하는 자연주의와 같은 형이상학적 입장들을 비판할 수 없도록 하는 것은 아니다.)

참된 지각과 잘못된 지각 사이의 차이는 현상학에서는 무의미하다는 후설의 반복적 주장의 배후에는 바로 이런 형이상학적 중립성이 놓여 있는 것이다. 후설조차도 말하고 있듯이(이런 식의 표현은 그 후에 끊임없이 오해되었는데, 나는 나중에 이 문제로 돌아올 것이다.cf. 111쪽), 작용의 고유한 본성은 대상이 실재하든 그렇지 않든 간에 동일하게 남아 있다는 점에서 지향적 대상의 실재는 현상학적으로 무

---

26 더 광범위한 논의에 대해서는 Zahavi, 2002b 참조.

의미한 것이다Hua 19/59, 358, 360, 387, 396. 따라서 『논리연구』에서 후설의 입장에 따르면, 하나의 파란 책에 대한 지각과 그것의 환각 사이에는 현상학적으로 의미 있는 차이가 전혀 존재하지 않는다. 두 경우 모두, 지향적 대상이 직관적 소여 방식 속에서 제시되는presented 상황이다. 이러한 대상이 객관적으로 존재하는지 그렇지 않은지 하는 물음은 방법론적으로 유보된 물음이다.

후설이 지향적 대상이 마음으로부터 독립적인 실재성을 갖는지 그렇지 않은지에 대해 어떠한 주장도 삼가고 있는 한, 그리고 그가 이것이 현상학이 대답할 수 없는 문제라고 생각하는 것으로 보이는 한, 후설 현상학의 초기 개념은 매우 협소한 것으로 간주될 수밖에 없다. 문제는 이러한 제한이 정당한 것인지 혹은 그것이 결국에는 현상학을 일종의 기술적 심리학으로 환원시키고자 위협하는 것은 아닌지 하는 것이다.[27] 기본적으로, 우리는 후설의 형이상학적 중립성을 서로 다

---

27 『논리연구』 초판에서 현상학적 기획에 대한 후설의 설명은 또한 몇 가지 유감스러운 애매성들로 손상되어 있다. 후설은 현상학을 심적 작용들의 내재적 (내실적) 내용에 대한 분석과 동일시하는 듯 보이며, 우리는 이론적 관심의 방향을 대상으로부터 작용으로 돌려야 한다고 주장하는 듯 보인다(Hua 19/14, 28). 이러한 방법론적 제한은 이 저작의 이후 부분에서도 자주 되풀이된다. 가령 후설은 3연구와 5연구에서 한편으로는 내재적이고 현상학적인 내용과 다른 한편으로는 지향적 내용을 구별하고(Hua 19/237, 411) 따라서 지향적 대상은 작용을 초월하므로 작용을 기술할 때 지향적 대상을 고려하지 않는 것이 중요함을 강조한다(Hua 19/16, 427). 그러나 이러한 설명은 지향성에 대한 후설의 실제 분석과 양립 불가능하다. 지향성에 대한 후설의 실제 분석에서 지향적 작용은 그것 자신과 다른 무언가로 향함으로 특징지어진다. 따라서 심지어 『논리연구』에서의 설명을 따라도 작용의 지향적 대상을 고려하지 않고 작용을 적절히 탐구하는 것은 불가능하다. 『논리연구』 제2판에서 후설은 이러한 문제들을 깨닫고 오류를 수정한다(cf. Hua 18/13-14). 이에 대해 하이데거는 후에 다음과 같이 이야기한다. "후설은 논리연구의 도입부를 쓸 당시, 자신이 이 책

른 세 가지 방식으로 평가할 수 있다.

- 형이상학과 형이상학적 문제들은 너무나 오랫동안 철학자들을 사로잡아 온 가짜 문제라는 간단한 근거를 들어서, 우리는 형이상학에 대한 거부를 해방의 움직임이라 칭할 수 있을 것이다.
- 현상학은 단순히 기술적 기획이지 모든 물음들에 대한 보편적 대답이 아님을 인정하는 것이 현상학에 어울린다고 주장할 수 있을 것이다. 다른 말로 하자면, 현상학과 형이상학 사이에는 차이가 존재하며, 현상학이 형이상학의 길을 예비할지라도 그것은 그 자체가 형이상학적 문제들을 다룰 수 있는 수단을 갖고 있는 것은 아니며, 따라서 말할 수 없는 것에 대해서는 침묵해야 한다는 것이다.
- 서로 다른 이유에서이긴 하지만 후설의 형이상학적 중립성을 환영하는 이러한 두 가지 입장과 대조적으로 세 번째 선택은 형이상학적 중립성을 아쉬워하는 것이다. 이러한 입장은 형이상학적 문제들은 참된 문제들이라는 것을 인정한다. 그러나 이러한 입장은 현상학이 형이상학적 영역에 중대한 공헌을 하고 있다고 생각하기 때문에, 후설의 형이상학적 중립성은 스스로 덧씌운 불필요한 굴레라고 개탄한다.

나는 세 번째 입장을 선호하지만 그럼에도 이러한 세 가지 반응 모두에 대해 실제로 어떤 공감을 갖고 있다(사실 나는 이것들이 당장

에서 실제로 설명했던 것들을 적절히 개관해 낼 수 없었다."(Heidegger 1979, 31) 후설의 분석의 실제 내용과 이에 대한 후설 자신의 해석 사이의 이러한 불일치는『논리연구』뿐만 아니라 나중의 저작들에서도 되풀이되는 문제다.

드러나 보이는 것만큼 양립 불가능한 입장들은 아니라고 생각한다. 여러 가지 상이한 형이상학적 문제들이 있으며 따라서 어떤 것들은 첫 번째 범주에 속하고 어떤 것들은 두 번째 범주에, 어떤 것들은 세 번째 범주에 속한다고 주장하는 것이 가능하다. 즉 현상학이 현명하게 폐기한 형이상학적 가짜 문제들도 있고, 현상학을 넘어서는 형이상학적 물음들도 있으며, 현상학이 역점을 두고 다룰 수 있는 형이상학적 물음들도 있다).

제2부에서 나는 후설의 초월론적 철학적 전회는 정확히 『논리연구』에 나타난 몇 가지 애매성들을 극복하려는 시도로 간주되어야 한다고 주장하면서 이 문제를 다시 거론할 것이다. 이러한 해석은 후설 자신이 곧 그의 기술적 현상학의 부족한 점들에 불만을 갖게 되었다는 사실에 의해 지지된다.[28] 『논리학과 인식이론 입문』*Einleitung in die Logik und Erkenntnistheorie*, 1906~07에서 후설이 지적하고 있듯이, 만약 우리가 작용, 의미, 지향적 대상 사이의 관계를 이해하기를 진정으로 원한다면, 우리는 기술적 현상학을 뒤로 하고 초월론적 현상학으로 향해야만 한다Hua 24/425-427.[29]

나는 후설의 지향성은 구성적 수행을 함축한다는 사실을 이미 언급한 바 있다. 어떤 것을 지향한다는 것은 단순히 문제의 대상에 의해 영향을 받는다는 것이 아니다. 반대로, 대상은 오직 우리 자신이 의미 부여에 기여함으로써 하나의 대상이 된다. 후설이 주목하고 있듯이, 대상이 우리에게 존재하도록 하는 것은 우리의 해석 작용이다

---

28 Husserl 1939, 110, 117.

29 이러한 전회는 이미 『논리연구』에서 시작되었다(cf. Hua 24/425, 2/90-91, 그리고 Zahavi 1992a).

Hua 19/397. 후설은 또한 범주적 대상들을 지향적 작용 속에(또는 그 것에 대해) 있는 것으로서만 현출할 수 있는 대상들로 특징짓는다Hua 19/675. 이러한 특징 묘사는 후설의 1907년 강의에서 반복되는데, 거 기서 후설은 대상들은 지향 작용들 속에서 나타나고 구성되며, 대상 들이 스스로를 자신들의 모습 그대로 보여줄 수 있는 곳은 오직 지향 작용들에서일 뿐이라고 쓰고 있다Hua 2/72.

그러나 후설이 현상의 지위를 주제화하는 데 실패하고 현출과 실 재성 사이의 관계를 해명하는 것을 삼가고 있기 때문에, 그의 구성 개 념이 갖는 형이상학적 함축은 어둠 속에 남아 있다. 그래서 후설의 초 기 지향성 개념이 대상의 생산을 함축하는 것인지 아니면 그저 대상 의 인식적 재생을 함축하는 것인지를 결정하는 것은 불가능하다. 따 라서 초기 후설에 관한한, 우리는 소콜롭스키Sokolowski의 다음과 같은 진술을 받아들일 수 있다.

> 만일 주관성이 의미와 대상을 구성할 때, 그것들을 '창조하는 것' 이라면, 그것들의 내용은 주관성에 의해 설명되어야 할 것이다. 그 러나 이는 사실이 아니다. 왜냐하면 내용들은 단순히 사실성에 의 해 주어지지 주관성과 주관성의 조작으로부터 본질적으로 추론할 수 있는 무언가로서 주어지는 것이 아니기 때문이다. 그러므로 주 관성은 의미와 대상의 원인도 아니고 그것들을 창조하는 것도 아 니다. 주관성은 다만 그것들이 나타나도록 할 뿐이다. 주관성은 그 것들의 조건이지 원인이 아니다. 후설의 구성 이론은 지나치게 관 념론적 방식으로 해석되어서는 안 된다.[30]

---

30 Sokolowski 1970, 159.

이러한 배경에서 우리는 분명 후설의 초월론적·철학적 전회를 형이상학적 실재론에서 형이상학적 관념론으로의 치명적 전회로 기술할 수는 없을 것이다. 우선 후설은 『논리연구』에서 형이상학적 실재론자가 아니었고, 현상학을 형이상학적 중립에 머물러 있는 기술적 기획으로 이해했다. 둘째, 이러한 입장을 후설이 포기한 것을 치명적이라고 할 수 없다. 왜냐하면 후설이 포기한 이러한 입장은 부족함과 애매성들로 특징 지위지기 때문이다. 여기서 현상의 지위는 결코 분석되지 않았다. 셋째, 후설 자신의 초월론적 관념론은 전통적 관념론이 아니다. 우리가 곧 보게 될 것인데cf. 129쪽, 후설의 초월론적 관념론은 형이상학적 실재론과 형이상학적 관념론 모두를 극복하고자 하는 시도로 해석될 수 있다.[31]

---

31 『논리연구』에 대한 더욱 광범위한 분석에 대해서는 Sokolowski 1967-1978, 1970, 1971; De Boer 1978; Zahavi 1992a; Benoist 1997; Zahavi 그리고 Stjernfelt 2002c를 보라. 후설의 진리 개념에 대한 더욱 상세한 연구에 대해서는 Tugendhat 1970; Rosen 1977을 보라. 후설의 의미 이론에 대한 더욱 정교한 논의에 대해서는 Mohanty 1964, 1977; Bernet 1979; Cobb-Stevens 1990을 보라. 후설의 지향성 이론에 대한 더욱 상세한 것들은 Mohanty 1972; Sokolowski 1974; Smith & McIntyre 1982; Drummond 1990을 보라.

제2부

초월론적 철학으로의 전회:
판단중지, 환원, 초월론적 관념론

지금까지 수많은 후설의 주요한 분석과 여러 가지 구분들을 설명했다. 지향성, 명증 그리고 진리에 대한 이러한 중대한 연구들은, 후설이 자신의 사상을 끊임없이 발전시키고 개선하고 심화시키고자 노력했음에도 불구하고, 그의 전 생애를 걸쳐 중심적인 것으로 남아 있었다. 그러나 이 책의 첫 번째 장의 끝에서 지적했듯이,『논리연구』에서 후설의 현상학 개념과 (반)형이상학적 입장은 수많은 아쉬운 한계와 애매성들로 특징지어졌다. 지금부터는 순수 기술적 현상학의 불충분함을 깨우침으로써 일어나게 된 후설 사상의 변화와 그에 상응하는『이념들 I』[1913]에서의 초월론적 현상학으로의 전회에 대해 설명할 것이다.[1]

명백하게도, 후설은 1913년 이후 그의 분석들을 발전시키기를 멈추지 않았다. 실제로 후설의 이후 저작들은 어느 정도까지는 동일한 근본 주제들에 대한 일련의 성찰들로 간주될 수 있다. 이것이 함축하는 바는 후설의 초월론적 철학적 입장의 입문적 고찰들조차『이념들 I』에 한정시킬 수는 없다는 것인데, 이는 특히 후대의 현상학자들(하이데거, 메를로퐁티, 리쾨르)뿐 아니라 후설 스스로에 의해서도 가장 많은 비판을 받게 된, 바로 이 저작 속에서의 후설의 입장 때문이었다. 그러나 후설 사상의 모든 다양한 변화들을 설명하는 것은 이 책의 범위를 넘어선다. 따라서 나는 지금부터『이념들 I』과 후설의 마지막 저서『유럽 학문의 위기와 초월론적 현상학』[1936]에 나타난 후설의 사상에 초점을 맞추어 논의를 전개해나가도록 하겠다.

---

1 후설이 맨 처음 환원을 언급한 곳은 1905년 여름의 수고들(이른바 제펠트 수고)이다(cf. Hua 10/253).

무전제성

『논리연구』와 후설의 이후 저작 사이의 가장 두드러진 차이 중 하나는 현상학의 근본적 의의에 대한 후설의 증대되는 믿음에 있다. 현상학은 새롭고 비판적인 엄밀한 학문으로 제시되며, 후설은 실증적(객관적·독단적) 학문이 전제하고 있는 모든 근본적 주장과 가정들을 드러내 밝혀 이를 검토하는 것을 자신의 과제로 삼는다. 그러나 현상학의 학문적 본성에 대한 후설의 강조는 철학과 실증 학문 사이의 차이를 흐리려는 시도가 아니다. 그것은 다만 현상학이 완전히 정당화된 지식이라는 이상에 전념해야 한다는 그의 신념을 표현할 뿐이다.

실증학문들은 이러한 이상에 부응하는 데 실패했는데, 그 이유는 실증학문들이 점점 더 많은 결과들을 획득하려는 배타적 방향으로만 나아가느라 자신의 인식론적이고 형이상학적인 전제들을 반성하지 못했기 때문이다.[2]

현상학의 과제는 실재의 존재와 본성에 대한 철학적인 핵심 물음들을 주제화하고 해명하는 것이다. 그러나 후설은 모든 실증학문들이 의심하지 않고 암묵적으로 받아들인, 일상적 삶을 특징짓는 형이상학적이고 인식론적인 가정들을 그저 전제하고 수용한다면, 이런 연구들을 여기에서 요구되는 정도로 철저하고 엄밀하게 수행해내는 것이 불가능하다고 주장한다.

---

2 그러나 후설은 이러한 결함들이 과학을 가능한 빨리 진보할 수 있게 해준 특징의 일부라고 인식한다. 기본적으로 후설의 비판은 과학 자체를 수정하려는 시도가 아니라, 철학이 자기 자신의 임무를 떠맡아야 한다는 취지의 주장이다. 유사한 고찰들에 대해서는 Heidegger 1989, §9를 보라.

여기서 후설이 언급하고 있는 형이상학적 가정들이란 어떤 것인가? 가장 기본적인 것은 의식과 체험과 이론으로부터 독립적인 실재의 존재에 대한 우리의 암묵적 믿음이다. 이러한 실재론적 가정은 너무나 근본적이고 깊이 뿌리박힌 것이어서, 실증학문에 의해 수용되고 있을 뿐 아니라 우리의 일상적인 선이론적 삶에까지도 스며들어 있는 것이다. 이러한 이유 때문에 후설은 이것을 자연적 태도natural attitude라 부른다.

이러한 가정이 아무리 자명하고 당연한 듯 보일지라도, 후설은 그것의 타당성을 당연시하는 것은 철학적으로 용인될 수 없다고 주장한다. 반대로 그것은 철저하게 시험되어야 하는 것이다. 우리의 연구는 비판적이어야 하고 독단적이어서는 안 되며, 형이상학적이거나 과학적인 전제를 피해야만 한다. 우리의 연구는 이론적 몰두를 통해 주어지고 발견하리라 예상하는 어떤 것에 의해 인도되어서는 안 되고, 실제로 주어진 것에 의해 인도되어야 한다. 그러나 이처럼 선입견에 의해 결과에 미리 영향을 주지 않으려면, 우리의 연구는 어떻게 진행되어야 하는가라는 명백한 질문이 생긴다.

후설의 대답은 믿기 어려울 만치 간단하다. 우리의 연구는 실재의 소여 내지 현출appearance로 주의를 돌려야 한다. 즉 우리의 연구는 경험 속에서 실재가 우리에게 주어지는 방식에 집중해야 한다. 다른 말로 하자면, 우리는 사전에 형성된 이론이 우리의 경험에 영향을 주는 것이 아니라, 우리의 경험이 우리의 이론을 결정하도록 해야 한다. 그래서 『이념들 I』의 24절에서, 후설은 현상학적인 원리들 중의 원리principle of principles를 다음과 같은 방식으로 기술한다. 우리는 원본적으로 부여하는 직관이 모든 인식의 원천이 되게 해야 하며, 어떠한 권위도 (심지어 현대 과학조차도) 그 원천에 의문을 제기해서는 안

된다.[3]

그러나 주어진 것으로 향하는 것은 말만큼 쉬운 것이 아니다. 그 것은 수많은 방법론적 준비를 요청한다. (실재의 형이상학적 지위에 대한 수많은 다양한 사변적 가정들뿐만 아니라) 상식적 소박성을 전제하는 것을 피하려면, 자연적 태도를 받아들이기를 유보하는 것이 필요하다. 우리는 (연구를 수행하기 위해서) 그러한 태도를 유지하지만, 우리는 그것의 타당성을 괄호 쳐야 한다. 우리의 자연스러운 실재론적 경향에 대한 중단을 수반하는 이러한 절차는 판단중지epoché라 불린다.

여기서 판단중지의 목적을 오해하지 않는 것이 매우 중요하다. 우리는 의심하거나 등한시하거나 방기하거나, 혹은 우리의 연구로부터 실재를 배제하기 위해서 판단중지를 수행하는 것이 아니다. 우리는 다만 실재를 향한 일종의 독단적 태도attitude를 유보하거나 중립화하기 위해서, 즉 현상학적으로 주어진 것(현상하는 바대로의 대상)에 더욱 가까이 직접적으로 집중하기 위해서 판단중지를 수행한다. 요약하자면, 판단중지는 실재에 대한 태도의 변화를 수반하는 것이지 실재의 배제를 수반하는 것이 아니다. 그것의 진정한 의미를 드러내는 방식으로 우리가 실재에 접근할 수 있는 것은 오직 그러한 유보를 통해서다Hua 8/457, 3/120, 8/465.

이 맥락에서 실재의 의미sense에 관해 이야기하는 것은, 후설이 끊임없이 강조하듯이, 실재의 존재, 즉 실제로 존재하는 세계가 현상

---

3 후설은 현대에도 의미가 있는 형태로 이것을 다음과 같이 표현한다. 자연과학이 말할 때 우리는 기꺼이 배우고자 한다. 그러나 자연과학자들이 말할 때, 특히 그들이 '자연의 철학'이나 '자연화된 인식론'을 이야기할 때, 언제나 자연과학이 말하고 있는 것은 아니다(Hua 3/45).

학적 탐구의 영역에서 어떻게든 배제된다는 것을 함축하는 것이 아니다.

> 실재적 현실성은 '재해석'되지도 부정되지도 않는다. 다만 그것의 고유한 의미, 즉 직관을 통해 드러나는 의미에 모순되는 해석이 배제된다.(Hua 3/120)

> 특히 그리고 그 무엇보다도, 판단중지를 통해 철학자에게 경험, 사유, 이론화의 새로운 방식이 열린다는 사실을 보여주어야 한다. 그 방식 안에서 그는 자신의 자연적 존재와 자연적 세계 위에 세워지지만, 그들의 존재와 객관적 진리들에 있어서 아무것도 잃지 않는다.…(Hua 6/154-155)

> 우선, 현상학적 '잔여'라는 말이나 '세계의 배제'라는 말은 피하는 것이 좋다. 그러한 말은 세계가 지금부터 현상학적 주제에서 떨어져 나오고 대신 단지 '주관적' 작용, 현출방식 등등 세계와 관계하는 것만이 주제인 것처럼 오해하게 하기 쉽다. 이것은 제대로 이해한다면 옳은 말이다. 그러나 보편적 주관성이 자신의 완전한 보편성 속에서, 그것도 초월론적인 것으로서 합법적 타당성 속에서 정립된다면, 그러한 보편적 주관성에 놓여 있는 것은 그것의 상관자로서 합법적으로 존재하는 세계 자체, 그리고 진리 속의 세계의 모든 모습이다. 즉 보편적인 초월론적 연구는 따라서 자신의 주제 안에 세계의 모든 참된 존재와 더불어 세계 자체를 포함한다.(Hua 8/432)

'저' 세계는 판단중지를 통해 상실되지 않았다. 판단중지는 세계의 존재와 세계에 대한 모든 판단을 단념하는 것이 아니다. 그것은 상관관계를 드러내 밝히는 길이자 모든 존재통일체를 나 자신으로, 그리고 의미를 가지고 의미를 부여하는, 능력들을 가진 나의 주관성으로 환원하는 방법이다.(Hua 15/366)

후설은 이러한 맥락에서 초월론적 환원에 대해 이야기한다. 비록 판단중지와 환원은 긴밀히 연결되어 있고, 하나의 기능적 통일체의 부분들이지만, 후설은 종종 판단중지를 환원의 가능 조건으로 이야기한다Hua 6/154. 따라서 양자를 구별할 필요가 있다. 판단중지는 우리의 소박한 형이상학적 태도를 갑작스럽게 유보하는 것을 지칭하는 용어다. 따라서 그것은 철학적 출입문과 유사하다Hua 6/260. 이와 대조적으로 환원은 주관성과 세계의 상관관계를 주제화하는 용어다. 이것은 자연적 영역으로부터 그것의 초월론적 토대로 되돌아가게 하는 (환원하게 하는) 길고도 어려운 분석이다Hua 1/61. 따라서 판단중지와 환원 모두 자연적(자연주의적) 독단에서 우리를 해방하여, 구성하는 (즉, 인식적인, 의미를 부여하는) 우리 자신의 기여를 알게 하는 것을 목표하는 초월론적 반성의 요소들로 간주될 수 있다.

판단중지와 환원을 수행한다는 것은, 종종 주장되듯이 의식 내용과 표상에 집중하기 위해 실제 세계에 대한 연구를 삼가는 것이 아니다cf. 103쪽 아래. 판단중지와 환원은 내면으로의 배타적 전향과 관련된 것이 아니며, 어떠한 손실도 함축하지 않는다. 반대로, 태도의 근본적 변화는 중대한 발견을 가능하게 하므로, 그것은 우리의 연구 영역의 확장으로 이해되어야 한다Hua 6/154, 1/66. 후설은 스스로 판단중지의 수행을 2차원적 삶에서 3차원적 삶으로의 이행과 비교한다Hua 6/120. 부단히 기능하고 있으나 이제까지 숨겨져왔던 초월론적[4] 주관이 나타남의 주관적 가능 조건으로서 돌연 드러나게 된다.

데카르트적 길과 존재론적 길

그러나 자연적 태도를 중단하는 것은 어떻게 우리를 초월론적 주관성으로 이끄는가? 후설은 그의 저작에서 이러한 이동을 몇 가지 다른 방식으로 정당화하고자 시도한다. 혹은 관례적으로 이야기되어오다시피, 후설은 그의 저작에서 초월론적 환원에 이르는 몇 가지 서로다른 길을 도입한다. 즉 그것은 데카르트적 길과 심리학적 길, 그리고 존재론적 길이다.[5] 나는 지금부터 『이념들 I』에서 제시되고 있는 첫 번째 길과 『위기』에서 발견되는 마지막 길에 초점을 맞추어 논의를 진행하도록 하겠다.

『이념들 I』에서 후설은 시공간적 대상이 의식에 주어지는 방식과 의식이 자신에게 주어지는 방식 사이에는 명백한 차이가 있다고 지적한다. 대상은 (총체적으로 주어지지 않고, 언제나 어떤 제한된 음

---

4 [옮긴이 주] '초월론적'이라는 용어는 초월론적 현상학의 핵심개념 중 하나인 'transzendental'의 번역어다. 후설의 현상학에서 'transzendental'이라는 개념은 일차적으로 'Transzendenz', 즉 초월의 상관개념으로서 초월을 가능하게 해주는 주관의 능력을 지칭하기 위해 사용되는 개념이다. 이 용어는 '선험적' '초월적' '초월론적' 등 다양한 방식으로 번역되고 있으나, 여기서는 이 개념이 함축하고 있는 'Transzendenz'의 의미를 살려 '초월론적'이라고 번역하기로 한다. 이 용어의 번역과 관련한 더욱 구체적인 설명은 이남인, 『현상학과 해석학; 후썰의 초월론적 현상학과 하이데거의 해석학적 현상학』, 서울대출판부, 2004, 332~338쪽 참조.

5 cf. Kern 1962.

영 속에서 주어진다는 점에서) 관점적으로 나타지만, 의식의 자기현출은 그렇지 않다. 또한 대상은 관점적으로, 부분적으로, 비충전적으로 주어지며, 대상 전체에 근접한 현전을 얻기 위해서는 반드시 음영들의 연쇄 전체를 통과해야 하지만, 경험 자체는 그것의 전체성 속에서 직접적으로 나타난다. 후설에서 주관성의 현출과 대상의 현출 사이에 놓인 이러한 근본적 차이는, 현상학적으로 말해서, 주관성과 대상 사이에는 결정적 차이가 있다는 것을 입증한다. 후설은 따라서 의식을 순전히 세계 속의 또 다른 대상으로 간주하는 의식에 대한 자연주의적 탐구는 의식을 그것의 고유한 의미에 따라 일인칭적 관점에서 연구하고자 하는 새로운 탐구로 보충되어야 한다고 주장한다. 달리 말하자면, 후설은 현출의 이러한 두 가지 양상을 구분함으로써, 기본적으로 일인칭적 현상과 삼인칭적 현상의 차이를 환기하고 있다.

주관성과 대상의 차이에 대한 이러한 주장은 이제 주관성의 우위에 대한 주장에 의해 보충된다. 『논리연구』에서 이미 그러했듯이, 후설은 주관성의 사실적이고 경험적 본성에 관심이 있었던 것이 아니라, 어떤 우연적 맥락들로부터 정화되고 해방된 의식의 본질 구조에 관심이 있었다. 데카르트의 방법론적 회의에 영감을 얻어, 후설은 세계 없는 주관의 존재는 상상하는 것이 가능한 반면, 주관 없는 세계의 존재를 상상하는 것은 불가능하다고 주장한다. 『이념들 I』49절의 유명한 구절에서 분명하게 표현되고 있듯이, 의식과 세계의 지향적 관계에 대한 편견 없는 탐구는, 심지어 세계의 (상상된) 무화조차도 의식을 아무런 손상 없이 온전히 남겨둘 것이라는 결론으로 이끈다. (우리의 지향적 상관자들의 일관적이고 합리적 조직체로 이해된) 객관적 세계는 반드시 지향적 주관을 전제하는 반면, 그 역은 성립하지 않는다.[6] 세계는 오직 주관을 통해서만 나타날 수 있지만, 주관성은 존재하기 위해 세계가 필요하지 않다. 세계, 더 일반적으로 말하자면, 모든 종류의 초월transcendence은 그것의 현출 조건이 자신의 외부에, 즉 주관에 놓여 있는 한 상대적이다. 반대로 주관, 즉 내재immanence는 그것의 나타남이 오직 자기 자신에게 의존한다는 점에서 절대적이고 자율적이다.

그러나 이러한 사고실험의 목적은 무엇인가? 후설은 판단중지를 수행하고 현상학적 소여를 주제화하는 것이 왜 우리를 초월론적 주관성의 발견으로 이끄는지 설명하고자 애쓰고 있다. 주관성의 독특한 소여와 자율성을 환기함으로써 후설은 원리적으로 자연주의적이고 경험적인 연구가 잡아낼 수 없는 주관의 차원 또는 국면과 우리가 대면하게 된다고 주장한다. 만약 세계 없는 주관을 상상하는 것이 가능하다면, 의식을 끊임없이 세계 속의 한갓 대상으로 이해하는 자연주의적 설명은 완전할 수가 없다. 데카르트에서 영감을 받은 사고실험을 통해, 의식에 대한 자연주의적 이해는 극복되고, 의식은 존재와 경험으로부터 독립적인 영역으로 드러나게 된다Hua 3/105.

이미 언급되었다시피, 초월론적 주관은 현출, 현상, 나타남의 조건으로 이해된 주관이다. 그러나 초월론적 주관과 경험적(세속적 또는 세계적) 주관의 관계는 무엇인가? 후설 자신이 지적하고 있듯이,

---

6 후설이 이것으로써 의식의 지향성을 부정한 것은 아니라는 사실을 강조하는 것이 중요하다. 세계 없는 주관을 상상하는 것과 어떠한 지향적 경험도 갖지 않는 주관을 상상하는 것은 서로 다른 것이다. 우리는 주관성의 전체 개념을 철저히 바꾸지 않고서는 후자를 상상할 수 없다. 그러나 단지 비정합적 경험들만을 갖고 따라서 객관적(objective) 세계를 결여하고 있는 지향적 주관을 상상하는 것은 가능하다고 후설은 주장하려 할 것이다(cf. Tugendhat 1970, 263).

의식이 어떻게 심리 물리적 세계 전체를 포함하여 모든 초재를 구성하는 절대적인 것인 동시에 세계 속의 실제적인 한 부분으로 나타나는 무언가일 수 있는지는 하나의 수수께끼다Hua 3/116. 후에 이 문제로 다시 돌아갈 것이다. 그러나 지금은 이미 후설이 (칸트와 대부분의 독일 관념론과는 대조적으로) 초월론적 주관을 추상적이고 일반적인 주관 혹은 초인격적 주관으로 이해했던 것은 아니라는 점이 강조되어야 한다. 반대로, 초월론적 주관 혹은 더 정확히 말하자면, 나의 초월론적 주관성은 나의 구체적이고 개별적인 주관성이다. 그러나 만일 초월론적 자아와 경험적 자아의 관계가 보편적 주관과 구체적 주관의 관계가 아니라면, 우리는 그 관계를 어떻게 이해해야만 하는가?『브리태니커 백과사전』에 실린 후설의 글 중 다음 구절에서 이에 대한 비교적 분명한 언급을 발견할 수 있다.

나의 초월론적 자아는 또한 자연적 자아와는 명백히 '다른' 것이다. 그러나 초월론적 자아는 일상적인 말의 의미에서 자연적 자아와 분리된 자아, 제2의 자아가 결코 아니다. 그것은 일상적 의미에서 거꾸로 초월론적 자아가 자연적 자아와 묶여 있거나 그것과 얽혀 있는 자아가 결코 아닌 것과 마찬가지다. 초월론적 자아는 바로 (완전한 구체성 속에서 파악된) 초월론적 자기경험의 영역이다. 그리고 그것은 언제든 단순한 태도 변경을 통해 심리학적 자기경험으로 바뀔 수 있다. 이러한 이행 속에서 필연적으로 자아의 동일성이 성립된다. 왜냐하면, 이러한 이행을 초월론적으로 고찰하는 가운데, 심리학적 객관화는 초월론적 자아의 자기 객관화로서 눈에 띄게 되며, 그렇게 초월론적 자아는 그것이 자연적 태도의 모든 순간에 자신에게 통각을 부과하듯이 자신을 발견하게 되기 때문

이다.(Hua 9/294)

초월론적 주관과 경험적 주관의 관계는 두 개의 다른 주관 사이의 관계가 아니라 두 개의 서로 다른 자기파악, 즉 일차적 자기파악과 이차적 자기파악 사이의 관계다.[7] 초월론적 주관은, 그것의 일차적 기능, 즉 구성하는 기능 속의 주관이다. 경험적 주관은 이와 동일한 주관이지만, 이제 세계 속의 대상으로서, 즉 구성되고 세속화된 실체로서, 파악되고 해석된다.

이러한 맥락에서 후설은 주관성은 철저히 서로 다른 두 가지 방식으로 주제화될 수 있음을 환기한다. 이때, 이 두 가지 방식이란, 한편에서는 자연적 혹은 심리학적 반성을 말하고 다른 한편에서는 순수 혹은 초월론적 반성을 말한다Hua 7/262, 1/72. 내가 심리학적 반성을 수행할 때, 나는 반성되는 작용을 심리적 과정, 즉 세계 속에 존재하는 심리 물리적 실체 속에서 발생하는 과정으로 해석하고 있다. 이러한 유형의 자기의식(후설은 때때로 이것을 세속적 자기의식이라 부른다)은 세속적 체험, 가령 물리적 대상에 대한 체험과 꼭 같은 것이다. 그리고 이때 만약 이것이 우리에게 주관성에 대한 충전적 이해를 제공해줄 수 있는지 묻는다면, 대답은 '아니요'다. 자연적 반성은 우리에게 구성되고 대상화되고 자연화된 주관을 제시해주지만, 주관성의 구성하는 초월론적 차원에 접근하게 해주지는 못한다Hua 17/290, 8/71, 7/269, 6/255, 264. 바로 여기서 순수 혹은 초월론적 반성이 도입된다. 왜냐하면, 모든 우연적이고 초월적인 관계와 해석들을 벗겨내어 주관성을 주제화하는 것이 바로 그것의 고유한 과제이기 때문이다Hua

---

7 이 주제에 대한 최근의 논의에 대해서는 Carr 1999 참조.

3/117, 7/267.

후설은 그러나 이러한 유형의 반성이 즉시 가능하지는 않음을 분명히 한다. 그렇다면 다음과 같은 물음이 남는다. 그것을 가능하게 하는 방법이나 절차는 무엇인가? 대답은 분명하다. 바로 판단중지를 통해서다. 왜냐하면, 후설이 (내성주의에 분명한 일격을 가하며) 반복해서 강조하듯이, 판단중지를 통과하지 않는다면, 우리는 아무리 철저하게, 그리고 아무리 주의 깊고 조심스럽게 반성하더라도 대상화되고 세속화된 경험만을 다루게 될 것이기 때문이다Hua 8/79, 3/107. 다양한 연구 분야에 직접적으로 나아갈 수 있는 실증 학문과는 대조적으로 현상학이 탐구해야 할 영역은 즉시 접근되는 것이 아니다. 어떤 구체적 연구에 앞서 자연적 태도를 벗는 일종의 방법론적 반성을 이용하는 것이 필수적이다. 모든 초월적 선입견에 대한 방법론적 보류를 통해서만, 그리고 엄밀한 의미에서 일인칭적 관점에서 주어지는 것으로의 철저한 전향을 통해서만 초월론적 분석은 시작될 수 있다Hua 3/136, 8/427.

데카르트적 길을 통한 환원의 장점 중 하나는 명료성이다. 여기서 우리는 다양한 소여 방식에 대한 후설의 기술을 따라가기가 매우 쉽다. 그러나 이러한 접근은 또한 수많은 문제와 마주치게 되는데, 가장 큰 문제는 그것이 현상학의 고유한 목표와 주제에 대해 일련의 오해를 불러일으키기 아주 쉽다는 것이다. 주관성의 직접적 자기소여에 초점을 맞추고 이러한 소여와 대상의 소여 사이의 차이를 강조함으로써, 우리는 쉽사리 현상학의 과제는 세계와 상호주관성으로부터 고립되고 분리된 순수 주관성을 탐구하는 것이라는 믿음으로 인도된다.

이른바 존재론적 길을 통한 환원에서 후설이 고심하고 극복하고자 하는 것은, 부분적으로는 바로 이러한 왜곡이다Hua 6/158, 6/175. 존재론적 길은 주관의 직접적 자기소여에서 자신의 출발점을 취하는 것이 아니라 특정한 존재론적 영역(가령, 이념적 대상이나 물리적 대상의 영역)의 소여에 대한 분석에서 시작한다. 이러한 영역은 나타난 것으로서 탐구되며, 이때 이러한 현출의 가능 조건에 대한 물음이 제기된다. 따라서 존재론적 기술은 후속하는 초월론적 분석을 위한 길잡이 역할을 한다. 만약 우리가 (단순한 지각에서이든 과학적 실험에서이든) 자신을 보여주는 것에 우리를 제한시킨다면, 그리고 일상생활에서 (너무 친숙해서) 무시하기 쉬운 것, 즉 바로 현출이라는 것에 더욱더 특별히 주목한다면, 우리는 주관성으로 인도되는 것을 피할 수 없다. 우리가 대상의 현출, 즉 눈앞에 제시되고 지각되고 판단되고 혹은 평가되는 대상과 마주하는 한, 우리는 이러한 현출 방식과 상관관계를 맺고 있는 체험적 구조와 지향성으로 인도된다. 즉 우리는 현전작용, 지각작용, 판단작용, 평가 작용들로 인도되고 이로써 나타난 것으로서의 대상이 반드시 관계 맺는 것으로 이해되는 주관(혹은 주관들)으로 인도된다.

현상학적 태도를 통해 우리는 대상의 소여를 알게 된다. 그러나 우리는 주어진 대로의 대상에만 초점을 맞추는 것이 아니라 또한 의식의 주관적 측면에도 초점을 맞춘다. 그리고 이로써 대상이 그러한 모습으로 나타나도록 작동하고 있는 주관적 수행과 지향성을 알게 된다. 우리가 나타나는 대상을 탐구할 때, 우리는 또한 그러한 나타남의 여격으로, 즉 대상이 '그것에게' 나타나는 누군가로서 자신을 발견한다. 판단중지는 세속적 대상에게서 우리의 관심을 떨어져 나오게 하는 것이 아니라, 새로운 관점에서, 즉 의식에 대한 구성된 상관자로서의 현출 혹은 나타남 속에서 그것들을 고찰할 수 있게끔 한다.

최초의 것은 단적으로 주어진 생활세계이며, 생활세계가 순수한 존재 확실성 속에서 (의심할 여지없이) "정상적으로", 단적으로, 중단 없이 지각에 적합하게 주어진 것이듯이, 더욱이 우선 그러하다. 새로운 관심 방향의 확립과 더불어, 따라서 엄격한 판단중지 속에서 생활세계는 첫 번째 지향적 표제, 즉 다양한 현출 방식과 그것들의 지향적 구조를 되돌아가 묻기 위한 지표, 실마리가 된다. 새로운 시선의 방향은, 두 번째 반성의 단계에서, 자아극과 그것의 동일성에 고유한 것에 이른다.(Hua 6/175)

다른 말로 하자면, 세계에 대한 철학적 이해에 도달하려는 시도는 간접적으로 주관성의 발견에 이른다. 왜냐하면, 세계에 대한 현상학적 관점은 반드시 세계의 주관성에 대한 현출을 거쳐야만 하기 때문이다. 그러나 이로써 우리가 만나게 되는 주관은 (심리학, 역사학, 신경생리학과 같은 실증 학문에서 탐구되는) 경험적 주관이 더는 아니다. 경험적 주관은 세계 속의 대상이고, 나타나는 모든 다른 세속적 대상과 마찬가지로 그것이 거기 나타나게 되는 주관을 전제한다. 그렇다. 우리가 드러내는 것은 초월론적 주관성, 즉 현출들 자체의 가능 조건으로서의 주관성이다. 이러한 주관성은, 우리가 대상들 가운데서 자신을 망각하며 사는 철학 이전의 자연적 태도에 몰입해 있는 동안에는 숨겨진 채로 남아 있다. 그러나 판단중지와 환원이 이것을 드러낼 수 있다.

후설의 데카르트적 길을 통한 환원은 존재의 독립된 다른 영역으로서 (사유하는 실체로서) 주관의 지위를 강조하는 것 같지만, 그리고 이로써 현상학의 과제는 이러한 자율적이고, 고립된, 세계 없는 주관을 탐구하는 것이라는 널리 유포된 오해를 낳는 빌미가 되었지만,

후설의 존재론적 길을 통한 환원은 주관성의 탐구가 세계의 철학적 해명과 분리될 수 없이 함께 연관되어 이루어지는 것임을 명료하게 보여준다Hua 4/107, 6/175.[8]

종종 이야기되듯, 현상학은 오직 의식이 세계가 현출하는 장 혹은 관점인 한에서 의식에 관심을 기울인다.[9] 이러한 맥락에서 강조할 필요가 있는 것은 초월론적 주관성은 세계의 한 부분이 아니기는 하지만 그래도 세계가 없는 것은 아니라는 점이다. 결국 지향성의 주체로서 초월론적 주관성은 세계와 무관하게 기술될 수 없으며, 결코 세계로부터 고립된 것이 아니다. 바로 현상(나타나는 대상)에 초점을 맞추는 것에 다름 아닌 판단중지를 통해서 우리는 주관성의 수행을 이해하게 된다. 세계는 그저 존재하는 무언가가 아니다. 세계는 나타난다. 그리고 이러한 현출의 구조는 주관성에 의해 조건 지워지고 가능해진다. 후설이 의식으로부터 절대적으로 독립적인 세계의 존재를, 즉 어떤 가능한 경험적이고 개념적인 관점과 분리되어 존재하는 세계를 말하는 것이 불합리하다고 말하는 것은 이러한 맥락에서다. 후설에게 이러한 관념은 순전히 모순적이다. 이것은 상당히 관념적으로 들릴 수 있으나cf. 125쪽 아래 모든 현상학자에게서 제기된 이러한 중심 테제는 또한 부정의 형태로 표명될 수도 있다. 즉 이는 기본적으로 의미, 진리, 실재의 본성이 주관성에 대한 고려 없이 이해될 수 있다

---

8 Kern 1962, Drummond 1975를 참조하라.
9 주의 깊은 독자라면 환원을 향한 후설의 존재론적 길과 『논리연구』에서 현상학을 소개했던 길 사이의 흥미로운 유사성을 눈치챘을지 모른다. 데카르트적 길을 후설 초기의 접근으로, 존재론적 길을 후설 후기의 접근으로 간주하는 경향이 있지만, 이것은 단순화에 불과하다. 결국 우리는 후설의 수많은 저작에 나타난, 서로 교차하는 상이한 두 개의 접근을 다루고 있는 셈이다.

고 주장하는 실재론적이고 자연주의적인 객관주의에 대한 거부다.

지금까지의 논의에 토대하면, 초월론적 철학으로의 후설의 전회를 해명하는 것은 상대적으로 쉬워진다. 제1부에서 언급했듯이, 후설은 우리가 사태 자체로 돌아가, 우리의 이론이 공허하고 게으른 사변이 아니라 스스로 보이며 실제로 나타나는 것에 토대해야 한다고 주장한다. 그러나 이미 살펴보았듯이, 나타나는 것으로서의 대상에 대한 철학적 분석은 또한 반드시 주관성을 고려해야 한다. 만일 우리가 물리적 대상이 무엇인지를 진정으로 이해하고자 한다면, 우리는 결국 이러한 대상을 경험하는 주관성으로 돌아가야만 한다. 왜냐하면, 그것들이 자신을 자신의 모습대로 보여주는 곳은 오직 그곳일 뿐이기 때문이다. 만일 우리가 실재를 이해하고자 한다면, 우리는 궁극적으로 그것이 소여되는 의식 작용으로 되돌아가야 한다.

요약하자면, 주관성은 현출과 나타남의 가능 조건이다. 주관성이 없이는 어떠한 현출도 있을 수 없다. 그러나 이러한 금언은 철저히 서로 다른 두 가지 방식으로 해석될 수 있다. 우리는 현출과 실재 사이에는 근본적 틈이 있으며, 따라서 대상은 그것이 어떻게 나타나든, 나타나든 나타나지 않든 본연의 대상일 뿐이라고 주장할 수도 있다. 또한 (모든 현출은 기만적일 수 있으므로) 현출과 실재의 구분은 유지될지라도, 이러한 구분은 실은 현상의 세계, 즉 현출의 세계 내부에서의 구분이며, 결국 이는 대상이 우연히 드러나는 방식과 최적의 상태에서, 즉 정교한 학문적 탐구의 조명 아래 나타나는 방식 사이의 구분이라고 주장할 수도 있다. 대상의 실재는 마치 현출이 실재를 숨기고 있기라도 한 듯, 현출 뒤에서 찾아져야 하는 것이 아니다. 오히려 대상은 최적의 현출 속에서 스스로 드러난다. 만일 후자의 해석을 취한다면 우리는 초월론적 철학적 입장과 마주하는 것이다. 즉 주관성(그리고 우리가 나중에 살펴보게 될 상호주관성)은 실재의 가능 조건이다. 주관성이 없이는 어떠한 실재도 있을 수 없다. 『논리연구』의 문제는 후설이 이러한 두 가지 해석 사이의 선택에 실패한 것이다. 그러나 이후에 후설은 오직 후자의 해석만이 현상학적이며, 첫 번째 해석은 실재와 현상 간의 무비판적이고 소박한 구분에 얽매여 있다고 주장한다.

몇 가지 오해

이미 언급되었듯이, 판단중지와 환원에 대한 후설의 설명은 언제나 투명하게 명료하지는 않다. 따라서 그것이 현상학의 정확한 목적과 주제에 대한 수많은 오해, 철학 문헌에 여전히 확고히 뿌리박힌 그러한 오해를 불러일으킨 것은 그리 놀라운 일이 아니다.

하나의 예를 들어보자면 스티븐슨Leslie Stevenson은 여러 철학적 전통에 대한 유명한 입문서에서, 현상학은 '현상들'을 그것이 실제로 무엇인가에 관해 어떠한 가정도 하지 않고 보이는 대로 기술함으로써 어떤 확실한 토대를 찾고자 하는 모호한 철학적 방법이라고 주장한다. 그리고 결론적으로 후설은 결국 철학을 인간 의식에 대한 연구와 동일시했으며, 이로써 철학을 유사 심리학적으로 일그러뜨렸다고 주장한다.[10]

스티븐슨의 기묘한 독해를 언급하는 중요한 이유는 그가 고작 몇 문장만으로 널리 유포된 수많은 전통적 오해를 재생해냈다는 데 있다.

I. 객관적이거나 실증적인 학문과는 대조적으로, 현상학은 대상의

---

10 Stevenson 1974, 79.

실질적 본성, 즉 무게, 희소성, 화학적 구성요소 따위에 주로 관심을 두는 학문이 아니다. 대신 현상학은 대상이 자신을 보여주는 방식, 즉 대상의 소여 방식에 관심을 둔다. 제1부에서 이미 살펴봤듯이, 후설의 주요 저작의 중요한 부분은 현상들의 다양한 유형 전체의 지도를 작성하는 것이었다. 물리적 사물, 도구, 예술작품, 선율, 사태, 수, 동물, 사회적 관계 등이 나타나는 방식들 간에는 본질적인 차이가 있다. 더욱이 하나의 동일한 대상 역시 여러 가지 다양한 방식으로 나타날 수 있다. 즉 이런 관점 혹은 저런 관점에서, 강한 빛 혹은 약한 빛 아래에서, 지각된 것으로, 상상된 것으로, 소망된 것으로, 두려운 것으로, 예기되거나 회상된 것으로, 설명된 것으로, 기술된 것으로 혹은 전달된 것으로. 대상의 특수한 현출을 비본질적이거나 그저 주관적인 것으로, 자세히 살펴볼 가치가 없는 것으로 무시하지 않고, 후설은 언제나 대상을 정확히 주어진 대로 탐구하는 데 관심을 가졌다. 그러나 현상학의 작업은 여기서 그치지 않는다. 현출이라는 것의 가능 조건은 무엇인가? 초월론적 현상학의 고유하고 독특한 질문은 바로 이것이다.

현상학이 현출의 가능 조건을 해명하고자 하므로, 현상학적 반성을 심리학적 내성과 동일시할 수 없다는 사실은 명백하며, 현상학이 전적으로 심리학에 의해 위협당하거나 대체되거나 비판받을 수 있다고 주장할 수도 없다. 초월론적 반성은 왜 내성의 한 형식이 아닌가? 내성이란 보통 우리가 우리 자신의 현재 심적 상태에 관해 보고할 수 있도록 하는 심적 조작으로 이해되기 때문이다. '나는 지금 빨간 풍선을 생각하고 있다'와 같은 주장은 보통 내성에 기반을 둔 것으로 간주된다. 그러나 현상학이 관심을 두고 있는 것은 전혀 이러한 유형의 주장들이 아니다. 더 일반적으로 말하자면, 현상학은 어떤 특정한 개인이 지금 무엇에 관해 생각하고 있을지를 확정하는 데 전혀 관심을 두지 않는다. 현상학의 연구 분야는 사적인 생각에 관심을 두는 것이 아니라 상호주관적으로 접근할 수 있는 현출의 양상에 관심을 둔다. 이러한 연구는 또한 물론 주관성 즉 세계와의 구성적 상관관계 속에 있는 초월론적 주관성의 탐구를 요청한다. 그러나 사적인 내성과는 대조적으로, 이러한 탐구는 상호주관적으로 타당하다고 주장되며, 따라서 (현상학으로 훈련된) 어떠한 주관에 의해서도 교정될 수 있다.

일상 언어에서 우리는 때때로 현상과 본질을, 혹은 현출과 실재를 대조하기 위해 현상phenomenon이나 현출appearance이라는 말을 사용한다. 현상은 대상의 직접적 소여이며, 대상이 어떻게 보이는가 하는 것이다. 그러나 대상이 실제로 무엇인지를 우리가 알고자 한다면, 우리는 한갓 현상적인 것을 초월해야만 한다. 이것은 우리가 대부분의 철학적 전통 속에서 발견할 수 있는 현상 개념의 한 형태다. 현상은 우리가 눈으로 보고 (범주로 생각해서) 대상이 우리에게 나타나는 방식이다. 그러나 그것은 대상 그 자체는 아니다. 현상학이 사용하고 있는 현상 개념이 이러한 것이라면, 현상학은 그저 주관적인 것, 보이는 것 혹은 표면적인 것에 대한 학문일 뿐일 것이다. 그러나 명백히 그렇지 않다. 반대로 후설은 고대로 거슬러갈 수 있는 현상 개념[11]을 사용한다. 현상은 사물 자체의 현현으로 이해된다. 따라서 현상학은 대상이 자신을 보여주는 방식(대상이 어떻게 나타나고 자신을 보여주는가)에 대한 철학적 반성이고, 이러한 현출의 가능 조건에 대한 철학적 반

11 현상의 현상학적 개념에 대한 간결한 논의에 대해서는 하이데거의 『존재와 시간』 §7을 보라.

성이다.

후설은 시시하고 당연한 것을 대단한 철학적 발견으로 혼동하고 있다고 주장할 수 있을지 모른다. 후설은 우리가 경험하는 세계(우리가 이해하고 기술하고 개념화하는 세계)는 오직 주관이 존재하는 한에서만 존재할 수 있다고 주장하는데, 이러한 주장에 대해 우리에 의해 생각된 세계가 우리에게 의존한다는 것은 사실이나 이것은 전혀 논쟁할 가치조차 없다고 대답할 수도 있는 것이다. 그러나 이러한 대답은 두 세계 이론에 대한 후설의 거부를 간과하고 있다. 후설에 따르면 우리에게 나타나는 세계는, 그것이 지각 속에 있든, 일상적 관심 속에 있든, 과학적 분석 속에 있든, 유일한 하나의 실제적 세계다. 현상적 세계의 배후에 숨겨진 세계가 존재한다거나 모든 현출과 경험적이고 개념적인 명증을 초월하는 숨겨진 세계가 있으며 이러한 세계가 참된 실재라고 주장하는 것은, 후설에게는 현상학적으로 전혀 신뢰할 수 없는 공허한 사변적 가정일 뿐이다. 결국 후설은 그러한 논변은 범주오류category mistake에 기반을 두고 있다고 주장하기까지 한다.[12]

현상학은 한낱 나타나는 것에 대한 이론이 아니다. 다른 말로 하자면, 여기서 현출은 단순한 현출이 아니다. 왜냐하면 사물이 어떻게 나타나는가는 사물이 실제로 무엇인지를 구성하는 필요불가결한 부분이기 때문이다. 만일 우리가 대상의 참된 본성을 포착하기를 원한다면, 대상이 어떻게 나타나고 자신을 드러내는가에 면밀한 주의를 기울이는 편이 낫다. 대상의 실재는 현상의 배후에 숨겨진 것이 아니라 자신을 현상 속에서 펼쳐내 보인다. 하이데거가 말하듯이, 현상은 더욱 근본적인 어떤 것을 그저 나타내고 있으며 그것을 가로막고 있다

---

12 이 책의 제3부에서 후설의 생활세계 개념에 대한 나의 설명을 참조하라.

고 말하는 것은 현상학적으로 불합리하다.[13] 반복하자면, 현출과 실재의 구분은 유지될 수 있을지라도, 후설에 따르면 그것은 두 개의 분리된 영역 사이의 구분이 아니라 나타남의 영역 내부의 구분일 뿐이다. 즉 그것은 피상적으로 대강 볼 때 대상이 나타나는 방식과 최적의 환경에서 볼 때 대상이 나타나는 방식 사이의 구분이다.

이러한 고찰들에 비추어보면, 후설이 판단중지 수행 이후에 더 이상 실재에 관심을 갖지 않고 오로지 의미와 심적 표상들의 분석에만 관심을 기울인다고 주장하는 것은 상당히 문제가 있어 보인다. 그러나 실제로 드레이퍼스Hubert Dreyfus가 이러한 주장을 했다. 후설이 의심할 여지없는 토대를 찾는 과정에서 엄격히 내부적 관점에서 의식을 탐구하고자 했으며, 따라서 의식에서 외부적이거나 초월적인 요소를 모조리 제거하여 정화하는 절차를 수행함이 필수적이라고 생각했다는 것이다. 따라서 드레이퍼스는 환원을 세계 속의 사물로부터, 그리고 사물을 향한 심리학적 경험으로부터 우리의 주의를 돌려서, 지향성을 가능하게 하는 추상적 심적 표상들에 집중하는 태도 변경으로 해석한다.[14] 드레이퍼스는 후설을 세계가 어떻게 존재하는지에 관계없이 심적 표상들이 기능한다고 생각하는 전형적 내재주의자로, 다시 말해 우리가 지향적으로 향하는 그것이 존재하는지 고려하지 않고 심적 내용을 탐구하도록 촉구하는 자로 해석한다.[15] 드레이퍼스는 또한 후설이 의미를 세계와 완전히 분리된 어떤 것, 순수하게 심적인 어떤 것으로 간주한다고 생각하기 때문에, 후설이 대상이 어떻게

---

13 Heidegger 1979, 118.
14 Dreyfus 1982, 2, 6.
15 Dreyfus 1982, 14.

주어지는지를 설명할 수 없으며, 오직 대상이 어떻게 지향되는지만 설명할 수 있다고 주장한다.[16] 결국 그는 후설의 현상학을, 환원을 수행하여 세계를 괄호 친 후 오로지 의식에 남는 심적 표상들에만 관심을 기울이는 연구로 규정한다.[17]

나의 설명에서 분명해졌듯이, 나는 결코 드레이퍼스에 동의하지 않는다. 그러나 드레이퍼스만 이러한 해석을 내놓은 것이 아니다. 드레이퍼스의 몇몇 주장들은 스미스Smith 와 매킨타이어McIntyre 의 저술에서도 발견된다. 그들의 관점에 따르면, 후설은 외부 세계에 대한 모든 관심을 괄호치고, 경험의 내부적 구조에 집중하기 위해 특수한 반성을 이용한다.[18] 따라서 현상학은 넓게 정의하자면 의식의 내재적 특성에 대한 연구, 혹은 단순히 인간의 경험에 대한 연구다.[19] 이러한 정의는 현상학적 환원이란 다름 아닌 일종의 유아론적 내성의 한 종류이며, 사실상 심리학의 한 분과인 현상학은 (스미스가 정의내렸듯이) 결국 지향적 심리학으로 정의될 수 있다는 결론으로 쉽사리 이끈다.[20] 그러나 스미스와 매킨타이어 모두 후설이 하나 이상의 환원을 사용한다는 것은 인정한다. 그들에 따르면, 현상학적 심리학적 phenomenological-psychological 환원의 목적은 의식이 보통 몰입하는 다양한 외부 대상이 아니라 의식과 의식 경험에 우리의 주의를 집중시키는 것이고, 초월론적transcendental 환원의 목적은 의식에 대한 이러한 연구에서 경험적이고 자연주의적인 고려들을 모조리 제거하는 것이다.

---

16 Dreyfus 1982, 108; Dreyfus 1988, 95.

17 Dreyfus 1991, 50.

18 Smith & McIntyre 1982, xiv, 87-88.

19 Smith & McIntyre 1982, 93; Smith 1989, 14.

20 Smith 1989, 14.

따라서 이제 좀더 좁은 의미에서 초월론적 현상학 혹은 순수 현상학에 대해 이야기할 수 있는데, 이는 경험적이거나 자연주의적인 관심을 모두 정화한 상태에서 의식 구조를 연구하는 것으로 정의된다.[21]

제1부에서 나는 후설의 지향성 이론의 주요한 특징들을 몇 가지 설명했다. 명백히 후설은 지향성에 대한 연구를 『논리연구』에서 끝내지 않았다. 후설은 계속해서 이를 발전시켰는데, 한 가지 예를 들면 『이념들 I』의 일부는 지향성 이론을 훨씬 복잡한 이론으로 정교화하고 있다. 이러한 이후의 이론을 상세히 설명하는 것은 너무 멀리 나아가는 것이다. 그러나 방금 대략 이야기한 후설 현상학에 대한 해석은 종종 『이념들 I』의 지향성 이론에 대한 해석에 토대하기 때문에, 여기에 대해 조금 이야기해야겠다.

이미 『논리연구』에서 지향성 분석은 작용의 내재적(내실적) 내용과 작용의 초월적 상관자를 구별해야 한다는 것이 명백해졌다. 작용의 이러한 내재적 내용은 두 가지 서로 다른 요소로 구성된다고 했는데, 하나는 감각들이고 다른 하나는 심리적 과정들로서의 구체적 지향들이었다cf. 49쪽. 『이념들 I』에서 후설은 여전히 이러한 입장을 견지하면서도 이제 새로운 용어를 사용한다. 후설은 다음과 같이 이야기한다. 의식의 흐름은 두 가지 서로 다른 구성요소를 포함한다. 1) 시각이든 촉각이든, 고통이나 메스꺼움의 감각이든, 비지향적 감각 내용이라는 단계가 있다. 후설은 감각적 내용(질료hyle) 또는 간단히 질료적hyletic 내용에 대해 이야기한다. 2) 생기를 불어넣는, 또는 의미를 부여하는 구성요소인 지향적 차원. 후설은 이를 지향적 형식(형상morphe)이라고도 부르지만, 노에시스noesis 또는 노에시스적noetic 구

---

21 Smith & McIntyre 1982, 93-95.

성요소라고 더 자주 부른다Hua 3/192-196. 이러한 두 가지 요소는 모두 작용에 내재적이다. 이에 대해 구성된 초월적 상관자는 이제 노에마noema라고 불린다. 이러한 노에마는 종종 지향된 대로의 대상 the object-as-it-is-intended과 동일시된다. 여기서 많은 논쟁을 낳은 중요한 문제 중의 하나는 지향된 대로의 대상과 지향된 대상the object-that-is-intended 사이의 관계였다. 이들은 존재론적으로 서로 완전히 다른 존재인가, 아니면 하나의 동일한 존재에 대한 두 가지 서로 다른 관점인가?

이러한 이른바 노에마 논쟁은 푈레스달Føllesdal이 1969년에 「후설의 노에마 개념」Husserl's notion of noema을 발표하면서 본격적으로 시작되었다. 이러한 논쟁은 수많은 논문을 낳으며 때로는 거의 자체적인 생명력을 갖게 되었지만, 그것은 매우 중요한 쟁점과 관련되어 있기 때문에 무시될 수 없다. 노에마 해석은 후설의 지향성 이론에 대한 해석과 후설 현상학의 기획에 대한 전반적 이해에 영향을 미친다.[22] 이중 가장 중요한 두 가지 해석에 대해 간략히 살펴보기로 하자.

노에마는 오직 판단중지와 환원에 의해서만 발견된다는 사실은 널리 인정된다. 오직 이를 통해야만 우리는 지향된 것을 지향된 것으로서, 즉 의미지어지고 주어진 꼭 그대로의 대상으로서 주제화한다Hua

---

22 이러한 주장은 쉽게 예증될 수 있다. 가령 기본적으로 푈레스달의 노에마 해석을 받아들인 드레이퍼스는 후설의 노에마 해석의 관건이 실제로 무엇이지를 처음으로 깨달은 사람이 푈레스달이었다고 주장한다. 푈레스달은 후설의 노에마가 의식이 그것에 의해서 대상을 향하게 되는 추상적 구조라고 지적한 사람이었다. 그리고 드레이퍼스가 지적하듯이, 이제 후설이 결국 심적 표상의 일반 이론을 개발한 최초의 사람으로 간주되는 것도 푈레스달의 작업 덕분이다 (Dreyfus 1982, 1-2).

3/202-205. 그러나 판단중지는 우리가 초월적인 시공간 세계를 괄호치고 내부적인 심적 표상들을 해명하는 것을 함축하는가? 아니면, 초월적인 시공간 세계를 계속해서 탐구하고 기술하지만, 이제 전혀 새로운 방식으로 그렇게 하는 것을 함축하는가? 노에마, 즉 지향된 대로의 대상은 내부적인 심적 표상, 즉 추상적이고 관념적인 의미와 같은 것으로 보아야 하는가, 아니면 지향된 대상 자체의 주어짐과 같은 것으로 보아야 하는가?

퓔레스달, 드레이퍼스, 밀러, 스미스, 매킨타이어는 (종종 캘리포니아 학파 혹은 서부 연안 해석으로 불리는데) 후설의 지향성 이론에 대한 프레게식 해석을 지지한다. 그들에 따르면, 노에마는 작용과 대상 모두와 철저하게 구별되어야 한다. 그래서 노에마를 의식이 향하는 '바로 그것'으로 간주해서는 안 되고, '그것을 통해' 의식이 향하는 것, 그리고 '그것에 의해' 우리가 외부 대상과의 관계를 획득하게 되는 것으로 간주해야 한다고 주장한다. 따라서 프레게식 접근의 결정적 특징은 의식의 지향성을 언어적 표현의 지시체reference와 유사하게 생각한다는 점이다. 두 경우 모두에서 지시체는 의미에 의해 결정된다. 즉 두 경우 모두에서 지시체는 의미를 거쳐 생겨난다. 요약하자면, 노에마는 우리가 대상들 자체를 지향함에 있어 중요한 역할을 담당하는 매개적이고 이념적인 존재다. 스미스와 매킨타이어는 다음과 같이 이야기한다. "후설의 지향성 이론은 대상 이론이 아니라 매개체 이론이다. …왜냐하면 후설에서 작용은 매개적인 '지향적' 존재, 즉 작용의 노에마를 거쳐 대상을 지향하기 때문이다."[23]

이와 반대로, 소콜롭스키Sokolowski, 드러먼드Drummond, 하트Hart,

---

23 Smith & McIntyre 1982, 87.

콥-스티븐스Cobb-Stevens는 (종종 동부 연안 해석으로 불리는데) 지향성이 의식 체험의 근본적 특성이라고 주장하면서, 서부 연안의 해석으로부터 따라 나오는 듯한 귀결, 즉 작용의 지향적 향함은 의미의 내포적intensional 본질이 지닌 한 가지 기능이라는 귀결을 부정한다. 이들의 관점에서 볼 때, 판단중지와 환원의 목적은 세속적 대상들을 심적 표상들로 대체하는 것이 아니다. 환원 이후에도 우리는 계속해서 세속적 대상에 관심을 두고 있다. 다만 이제 더 이상 그것들을 소박하게 고찰하지 않고, 지향되고 주어진 꼭 그대로, 체험의 상관자로서 그것들에 집중할 뿐이다.

소콜롭스키가 강조하듯이, 지향된 대로의 대상, 즉 우리에게 의미를 지니는 대상을 탐구하는 것은 대상 그 자체를 탐구하는 것이지, 의식의 구조를 탐구하는 것이 아니다.[24] 따라서 그 결과, 노에마는 결코 이념적 의미나 개념, 명제로 이해되어서는 안 된다고 주장된다. 즉 노에마는 주체와 객체 사이의 매개자가 아니며, (마치 노에마가 도입되기 전의 의식은 세계와 아무런 관련을 맺지 않는 닫힌 용기와 같듯이) 의식에 지향성을 부여하는 그 무엇도 아니다. 노에마는 (심리학적 반성 혹은 언어적 반성과 대비하여) 현상학적 반성 속에서 생각된 대상 그 자체다. 노에마는 지각된 대로의 지각된 대상이고, 회상된 대로의 회상된 사건이며, 판단된 대로의 판단된 사태다. 지향된 대로의 대상은 추상적 고찰 속에서의 (즉, 자연적 태도의 특징인 정립이 도외시된) 지향된 대상이며, 따라서 현상학적 혹은 초월론적 태도 속에서만 주어질 수 있는 그 무엇이다.[25]

---

24 Sokolowski 1987, 525.
25 Sokolowski 1987, 526-527.

그러므로 동부 연안의 해석은 서부 연안의 해석이 평범하지 않은 (현상학적) 태도 속에서 추상적으로 고찰된 평범한 대상과 평범하지 않은 추상적 존재를 혼동했다고 비판할 수 있을 것이다.[26] 노에마에 대한 연구는 온갖 종류의 대상, 양상, 차원, 영역에 대하여, 바로 그들의 나타남 안에서, 그리고 바로 의식에 대한 그들의 의미들 안에서 연구하는 것이기 때문에, 대상과 노에마는 서로 다르게 고찰된 동일한 것임이 판명된다. 그러나 이것은 지향된 대로의 대상과 지향된 대상 사이에 (반성적 자세 속에서) 아무런 구별이 없다는 것을 함축하지는 않는다. 그러나 이러한 구별은 노에마 내부에서의 구조적 차이이지 존재론적으로 상이한 두 개의 존재들 간의 구별이 아니다.[27] 노에마는 그것과 존재론적으로 구별되는 대상으로 우리를 향하게 하는 것이 아니라, 지향된 대상은 그 자체가 노에마 내부의 가장 근본적 요소이며, 그 자체가 노에마의 구성요소다. 드러먼드가 이야기하듯이, 우리는 대상의 의미를 통해 대상을 지향하기는 하지만, 의미를 넘어선다는 뜻에서가 아니라 의미를 관통한다는 뜻에서 그렇다.[28]

후설의 노에마 개념에 대한 동부 연안 해석에 따르더라도 후설은 여전히 내재주의자로 특징지어지는가? 만약 내재주의를 (세계가 없는 그 어떤 심적 영역 내부에 존재하는) 내부적 표상들이 모든 관계 맺음의 필요충분조건이라고 주장하는 이론으로 이해한다면, 후설은 분명히 내재주의자가 아니다. 표상주의와 단호하게 대결하는 동부 연안 해석과 드레이퍼스의 공통점은 대상과 관계 맺는 우리 능력이

---

26 Drummond 1992, 89.
27 Drummond 1990, 108-109, 113.
28 Drummond 1990, 136.

마음속의 내부적 표상들의 존재를 요구한다는 전통적 견해를 거부하는 것이다.[29] 하지만 이와 동시에 동부 연안 해석은 또한 후설의 지향성 이론이 존재하는 실재와의 관련성을 무시한다는 주장과 노에마는 세계가 어떻게 존재하는지와 상관없이 기능한다는 주장에 대해 강력한 의문을 제기한다. 노에마는 다름 아닌 지향된 대로의 세속적 대상이기 때문이다.

노에마 논쟁은 매우 전문적 수준의 논쟁이다. 따라서 다른 입장의 논변들까지 더 자세하게 설명하려 한다면, 너무 멀리 나아가는 것이 될 것이다. 그러나 나는 동부 연안 해석에 공감한다는 사실을 숨기고 싶지 않다. 여기에는 몇 가지 이유가 있는데, 그중 하나는 노에마에 대한 프레게식 해석은 내가 거부하는 후설 현상학 해석과 손을 잡게 된다고 믿기 때문이다. 나의 관점에서, 노에마를 단독으로 논의하는 것은 불가능하다. 그것은 반드시 환원이나 구성과 같은 후설의 초월론적 철학 이론에 대한 더욱 일반적 해석에 통합되어야만 한다. 후설이 『이념들 I』 제3부에서 노에마와 노에시스 관계를 논의하기 위한 도입부에 지적하고 있듯이, "초월론적 태도의 특성을 고수하지 않고서도, 그리고 순수한 현상학적 토대를 실제로 자신의 것으로 하지 않고서도, 우리는 예컨대 현상학이라는 말을 사용해도 된다. 다만 이때 우리는 사태 자체를 갖지는 않는다"[Hua 3/200].

그러나 만약 내가 위에서 제시했던 판단중지와 환원에 대한 해석을 수용한다면, 우리는 프레게식 해석에서 따라나오는 듯한 주장, 즉 현상학의 고유한 분야는 의식 자체의 내재적 특성이나 구조이며, 따라서 현상학적 환원의 수행은 존재나 실존과 관련된 모든 문제들에

---

29 Dreyfus 1988, 95; 1991, 51.

있어서 존재론적 참여를 삼가고 중립성을 유지하기를 요구한다는 주장은 거부해야 함이 자명하다. 따라서 후설 현상학이 단지 의미 이론으로 이해되어야 하며 존재론으로 이해되어서는 안 된다는 주장은 문제가 있다.[30] 이러한 오해는 후설의 기술적 현상학과 초월론적 현상학을 구별하지 못했기 때문일 수도 있고(『논리연구』에서 실로 후설 스스로가 대상의 실존은 현상학과는 무관하다고 주장했다Hua 19/59, 358, 387, 672), 후설의 판단중지가 비록 정당화되지 않은 형이상학적 가정을 중단하는 것일지라도 그의 현상학에 형이상학적 함축이 전혀 없는 것은 아님을 간과했기 때문일 수도 있다. 그러나 후설이 이미『이념들 I』에서 지적하고 있듯이, 현상학은 처음에는 방법론적 이유 때문에 괄호 쳤던 모든 것을 종국에는 통합하고 포함한다Hua3/107, 3/159, 3/337.

후설은 완전하게 발전된 초월론적 현상학은 결국 그 자체가 참답게 실현된 존재론이라고 주장했는데, 이러한 주장은 바로 이러한 배경에서 나온 것이다Hua 8/215. 이때 현상학은 구성하는 주관성과의 관계 속에서 모든 존재론적 개념과 범주를 해명하는 참다운 존재론이 된다.[31] 이는 현상학에 대한 반형이상학적 해석을 거부하는 후설의 다

---

30 가령 허치슨(Hutcheson 1980)과 홀(Hall 1982)이 이렇게 상정했다.

31 종종 후설은 (하이데거와 같은 후대의 현상학자들과 대조적으로) 존재론적 물음들을 다루지 않았다고 주장되었다. 우선 이러한 주장은 터무니없어 보인다. 그러나 이것은 단순히 이미 주어진 인용들에 호소해서는 반박될 수 없다. 왜냐하면 후설과 하이데거를 비교해보면, 그들이 존재론을 동일하게 이해하지 않았다는 사실을 알게 될 것이기 때문이다. 존재론에 대해 이야기할 때 후설은 보통 형식존재론이나 질료존재론, 즉 대상들의 속성들과 관계하는 이론을 이야기하는 것이다. 반면에 하이데거는 전형적으로, 진정한 기초존재론적(fundamental-ontological) 물음을 존재자들의 존재에 속하는 물음으로 이해

음의 구절들에 의해 뒷받침된다.

어떤 오해가 생기지 않도록, 나는 현상학을 통해서는 다만 모든 소
박한 형이상학과 그 자체로 불합리한 것들을 가지고 작업한 형이
상학이 배제되는 것이지, 형이상학 일반이 배제되는 것은 아니라
는 점을 지적해두고 싶다. 모든 세속적 대상들에 선행하면서 그
것들을 지니는 자체적인 첫 번째 존재는 초월론적 상호주관성이
다. 그것은 다양한 형태 속에서 공동화된 모나드들의 총체다.(Hua
1/38-39)

현상학은 그것이 공허한 형식적 가정들 속에서 움직이는 모든 형
이상학을 거부한다는 점에서는 반 형이상학적이다. 그러나 모든
진정한 철학적 문제들처럼, 모든 형이상학적 문제들은 현상학적
토대로 되돌아오고, 바로 여기에서 직관에서 길어 올린 자신의 참
다운 형태와 방법을 발견하게 된다.(Hua 9/253, cf. 5/141)

란트그레베Landgrebe가 이야기하듯이, 초월론적 환원은 형이상학의

한다. 그것은 무언가가 있다(is)는 것의 조건은 무엇인가, 존재자들의 가능 조
건은 무엇인가와 같은 물음이다. 그러나 하이데거 자신이 존재론은 오직 현상
학으로서만 가능하다고 강조하기 때문에(Heidegger 1986, 35), 그의 중심적
물음은 다음과 같이 정식화하는 것이 허용될 수 있을 듯 보인다. '현출과 현현
의 가능 조건은 무엇인가?' 만일 물음이 이러한 식으로 정식화된다면 하이데
거의 기초존재론적 물음과 후설의 초월론적 현상학적 물음은 그리 멀리 떨어
져 있지 않은 것이 분명하다(이것은 우리가 후설의 시간성 분석을 고려할 때
더욱 분명해진다). 물론 그렇다고 이러한 물음들에 대한 후설과 하이데거의
대답이 동일하다는 것은 아니다.

핵심 문제들로 이르는 후설의 방법이다.[32]

오해를 피하기 위해서, 현상학의 형이상학적 차원을 주장하는 이러한 시도가 모든 형이상학적 시도를 승인하는 것으로 여겨져서는 안 된다는 것을 강조해야겠다. '형이상학'은 그 뜻이 대단히 불명료한 말이다. 형이상학은 다음과 같이 서로 완전히 다른 다양한 방식으로 이해되고 정의될 수 있다.

- '제1의 원리들'을 다루는 사변적으로 세워진 철학적 체계
- 초감각적이거나 초현상적 실체들에 대한 학
- 전지적 관점에서 실재를 기술하려는 객관주의적 시도, 즉 실재에 대한 비관점적 설명을 제공하려는 시도
- 왜 무가 아니라 무언가가 존재하는가라는 오래된 물음에 대한 답변
- 이항대립의 '논리'에 토대하는 사유 방식
- 인간의 실제적 삶의 의미에 관한, 영원한 물음에 답하려는 시도[33]
- 혹은 간단히, 존재하는 실재의 본성에 대한 체계적 고찰

---

32 Landgrebe 1963, 26.

33 그의 이후의 몇몇 저작들에서, 후설은 사실적 인간의 삶의 의미에 대한 궁극적 물음들을 철학적으로 다루는 것, 다시 말해 사실성, 출생, 죽음, 운명, 역사 등등에 대한 문제들에 대한 성찰로 '형이상학'을 정의하면서, 사실상 '형이상학'이라는 용어를 이렇게 약간 특수한 방식으로 사용한다(Hua 1/182). 결국 이러한 사상의 줄기가 후설의 철학적 신학에 이르게 된다(cf. Hart 1986). 그러나 내가 더 상세히 고려하고자 하는 후설 사상의 면모는 이것이 아니다. '형이상학'에 대한 나의 어떠한 언급도 이러한 특수한 기획을 지칭하는 것으로 간주되어서는 안 된다.

내가 초월론적 현상학이 형이상학적 중립성으로 향하는 것은 의심스럽다고, 즉 그것은 일종의 두 세계 이론을 다시 끌어들일 우려가 있다고 말하는 것은, 형이상학이라는 말을 오로지 여기서 마지막의 '최소' 의미로 사용할 때뿐이다.

초월론적 현상학과 형이상학이 매우 상이한 두 기획인 것은 사실이다. 형이상학은 어느 정도는 선비판적이거나 소박한 것으로 남아 있다. 형이상학은 실재를 건축하는 벽돌을 마련하기를 시도하기 때문에 자연적 태도를 결코 떠나지 않는다. 형이상학은 초월론적 사유를 규정짓는 계기인 반성적 움직임에 참여하지 않는다. 형이상학은 곧장 대상을 향한다는 본성을 갖지만, 초월론적 현상학은 뚜렷한 반성적 성향을 갖는다. 그러나 이렇게 주장하는 것과 초월론적 현상학이 마치 서로 다른 다양한 형이상학적 관점들과 원리적으로 양립가능하기라도 한 듯이, 그 어떤 형이상학적 영향력도 갖지 않는다고 주장하는 것은 별개의 문제다. 이와 같이 주장하는 것은 초월론적 현상학이 이와는 아주 다른 것, 즉 현상학적 심리학과 구별될 수 없도록 한다. 현상학적 심리학은, 그 어떤 가능한 (지향적) 주체라도 가져야만 하는 아프리오리한 구조를 탐구함을 기본 과제로 삼는 영역존재론적 기획이다.

그러나 이러한 과제는 그것이 아무리 중요할지라도, 후설이 끊임없이 강조하듯이, 초월론적 현상학의 목표와 혼동되어서는 안 된다. 초월론적 현상학은 그저 주관성의 구조에 대한 이론인 것도 아니요, 그저 우리가 어떻게 세계를 이해하고 지각해야 하는가에 대한 이론도 아니다. 심지어 초월론적 현상학은, 만약 말하자면 그러한 이론이 세계 자체가 무엇인지에 대한 (형이상학에 남겨진) 추가적 연구에 의해 보충되어야 한다고 말한다면, 세계가 우리에게 어떻게 나타나는

가에 대한 이론도 아니다. 후설의 현상학은 이런 식으로 해석된다면, 비현상학적 관념에 빠져 있다는 비난을 받기 쉬울 것이다. 존재와 실재가 다른 분과 학에게 유보되는 주제라면, 현상학의 목록에는 결정적으로 중요한 것이 빠지는 셈이 된다. 우리가 살펴보았듯이, 이러한 해석은 이 문제에 대한 후설 자신의 주장들을 존중하는 것도 아니고 반영하는 것도 아니다.

후설은 세계의 존재의미*Seinssinn*에 대해 이야기하면서 그것의 구성을 상세히 기술하는데, 이때 그는 실제로 존재하는 세계와 존재론적으로 분리된 것으로 여겨지는 순전한 의미 차원에 대한 의미론적 연구에 몰두한 것이 아니라, 실제로 존재하는 세계의 의미를 탐구한 것이다. 후설은 형이상학적이고 존재론적인 함축이 결여된 의미 이론적 고찰에 몰두한 것이 아니다. 그래서 후설의 고찰들을 이런 식으로 기술하는 것은 후설의 지향성 이론의 진정한 본성을 오해하는 것일 뿐 아니라, 후설 사상의 초월론적 철학적 지위를 간과한 것이다. 핑크가 1939년의 한 논문에서 말하고 있듯이, 현상학의 목표에 대해 완벽하게 오해할 때에만, 그릇됨에도 자주 되풀이되는 주장, 즉 후설 현상학은 실재나 존재의 문제에 관심을 갖는 것이 아니라 오직 지향적 의식의 주관적 의미 형성에만 관심을 갖는다는 주장에 이른다.[34]

따라서 이러한 협소한 의미 이론적meaning-theoretical 해석 혹은 의미론적semantic 해석을 지지하고자, 의미 구성에 대해 후설이 말하는 대목들을 명시적으로 언급하는 시도는 모두 무용하다. 왜냐하면 이러한 방책은 후설이 초월론적 환원을 수행함으로써 의미와 존재 사이의 객관주의적 구분을 초월했다는 사실을 간과하고 있기 때문이다.

---

34 Fink 1939, 257.

물론 그렇다고 해서 모든 유의미한 존재들이 실재한다는 것은 아니다. 존재하는 대상에 대해 이야기할 때, 우리는 탁월한 소여 방식 속에 있는 대상에 대해, 즉 생생하게 현전하거나 현전할 수 있는, 직관적으로 자신의 고유한 모습으로in propria persona 주어지는 대상에 대해 이야기하고 있는 것이다.

존재와 의미의 구분이 유지될 수 있는 것은 오직 후설의 초월론적 현상학 이전의 현상학이 지닌 한계 내에서만 그러하다. 제1부 말미에서 언급했듯이, 『논리연구』에서 후설은 여전히 의식으로부터 독립적인 세계의 존재에 대한 물음들은 현상학에 속하지 않는 형이상학적 물음들이라고 주장했다Hua 19/26. 이와 유사하게, 후설은 현상학의 임무는 오로지 현상으로서의 현상을 기술하는 것이므로, 어떤 지각이 진짜인지 속이는 것인지는 현상학과 무관하다고 주장할 수 있었을 것이다. 그러나 지향적 대상의 형이상학적 지위에 대한 물음이 중단된 채로 머무는 한, 후설의 현상학은 계속해서 결정적 결함을 지니게 되었을 것이다. 그러나 선명한 초월론적 현상학으로 발걸음을 떼어 놓는 순간, 현상학의 주제와 범위에 대한 후설의 이해는 변화했다. '이성과 실재'라는 제목의 『이념들 I』의 마지막 부분에서, 후설은 실제로 객관적 실재에 대한 물음들과 객관적 실재와 이성적 의식의 상관관계에 대한 물음들을 다룬다. 이러한 분석을 통해서 후설은 초월론적 상호주관성을 세속적 대상과 실재의 토대로 이해하는 방향으로 점차 이끌려갔다cf. 201쪽 아래.

후설은 『이념들 I』에서, '의미'를 매우 광의로 받아들인다면, 노에마적 상관자는 의미라고 부를 수 있다고 쓴다Hua 3/203. 여기서 명백히 질문이 제기된다. 어떻게 확장된다는 말인가? 핑크는 1933년 논문 「현대적 비판 속에서의 에드문트 후설의 현상학적 철학」Die phänomenologische Philosophie Edmund Husserls in der gegenwärtigen Kritik에서 이에 대한 하나의 답을 제시했다. 이 논문은 후설이 "나는 이 논문의 모든 문장들이 나 자신의 신념과 입장을 표현하고 있다고 명백히 승인한다"는 말로 직접 소개한 논문이기도 하다. 핑크는 다음과 같이 쓰고 있다.

> 심리학적 노에마가 이것과 관계하는 존재 자체와 구분되는 실제적 지향성의 의미라면, 이와 대조적으로 초월론적 노에마는 이러한 존재 자체다.[35]

핑크의 요지는, 우리가 심리학적 입장에 머문다면 노에마와 대상 자체를 구분할지 모르지만, 초월론적 태도를 취한다면 이러한 구분을 더 이상 수용할 수 없다는 것이다. 이러한 관점에서는 대상의 구성된 타당성 및 의미를 대상의 실재 및 존재와 존재론적으로 더 이상 구분할 수 없다. 핑크는 같은 논문에서 또한 현상학을 기술적 심리학으로 정의하려는 시도는 그저 자연적 태도에 머물고 있음을 드러낼 뿐이라고 주장한다. 그는 지향된 대상은 다름 아닌 노에마적 동일성이므로 노에마와 대상의 차이는 실제로는 노에마 내부에서의 차이라고 이야기하면서, 오직 현상학적 차원을 고려해야만 노에마의 초월론적 개념, 즉 진정으로 현상학적인 개념을 이해할 수 있다고 주장한다.[36] 1922년에 후설 자신도 다음과 같이 기술하고 있다.

---

35 Fink 1933, 364 [2000, 117]
36 Fink 1033, 363-364.

의식이 그것의 내재적인 노에마적 의미(즉, 그것의 노에마적 규정들 속에 있는, 그리고 존재하는 것으로서 그것의 정립 양상 속에 있는 의미극 X)를 통해 초월적 대상과 관계 맺는다고 말하는 것은 의심스러운 말이며, 정확히 말하자면, 틀린 말이다. 만일 그렇게 이해되었다면 그것은 결코 나의 생각이 아니다.『이념들』에서 이러한 표현이 발견된다면 나는 놀라겠지만, 제대로 된 문맥 속에서는 그것은 분명히 원래 이러한 의미를 갖지 않을 것이다.(Ms. B III 12 IV, 82a)[37]

  이러한 비판들에도 불구하고, 후설에 대한 프레게식 해석이 전혀 이점이 없다거나 후설의 원문들과 아무런 관계가 없다고 내가 주장하는 것은 아니다. 베르넷Rudolf Bernet은「후설의 노에마 개념」Husserls Begriff des Noema이라는 논문에서 후설의 초기 노에마 개념은 매우 애매하며『이념들 I』에서만도 적어도 세 가지 노에마 개념을 구분할 수 있다고 주장했다. 1) 구체적 현출로 이해된 노에마, 2) 이념적 의미로 이해된 노에마, 3) 구성된 대상으로 이해된 노에마.[38] 따라서 화해의 시도로서, 후설의 노에마 개념이 원래 애매하기 때문에 상이한 해석들

---

37 "Zu sagen, daß das Bewußtsein sich durch seinen immanenten noematischen Sinn (bzw. den Sinnespol X in seinen noematischen Bestimmungen und seinem Setzungsmodus als seiend) auf einen transzendenten Gegenstand 'beziehe,' ist eine bedenkliche und, genau genommen, falsche Rede. Ist so verstanden nie meine Meinung gewesen. Ich würde mich wundern, wenn diese Wendung sich in den 'Ideen' fände, die im Zusammenhang dann sicher nicht diesen eigentlichen Sinn hätte."(Ms. B III 12 IV, 82a) 이 문헌에 대해 Rabanaque 1993의 도움을 받았다.

38 Bernet 1990, 71.

을 낳을 수 있다고 주장할 수 있다. 노에마에 대한 심리학적 개념과 초월론적 개념에 대한 핑크의 구분은 어느 정도까지는 이와 유사한 주장으로 기능할 수 있다. 그러나 물론 이때 중심적 문제는 어떤 노에마 개념이 후설의 성숙한 관점을 반영하고 있는가라는 점이다. 마지막 관점을 소개하자면, 슈트뢰커Ströker는 후설의 노에시스와 노에마 개념은 초월론적 현상학적 개념이고, 제대로 말한다면, 지향된 대상이 노에마 영역 너머에 있다고 가정하는 것은 무의미하다고 말한다. 왜냐하면 초월론적 철학의 주장은 정확히 그러한 넘어섬이란 존재하지 않으며 오직 구성된 초재만 있다는 것이기 때문이다. 그러나 슈트뢰커에 따르면, 그럼에도 불구하고 우리가 노에마를 통해 초월적 대상을 지향한다는 테제를 지지할 수도 있었던 것은 바로 『이념들 I』에서 후설의 설명 자체가 자연적 태도와 (초월론적) 현상학적 태도 사이에서 끊임없이 미끄러지고 있기 때문이다.[39]

노에마를 후설 해석의 맥락에서 논의하는 것과 별도로 덧붙이고 싶은 말은, 가장 그럴듯한 지향성 이론을 발전시키려는 체계적 시도와 연계하여 노에마를 논의하는 것도 가능하고 매우 정당하다는 것이다. 그러나 서로 경쟁하는 두 해석은 자신이 옹호하는 설명이 후설에 대한 가장 충실한 해석이면서 가장 설득력 있는 지향성 이론이기도 하다고 주장하는데, 이는 그리 놀라울 일이 아니다. 따라서 양쪽은 모두 자신의 해석이 다른 편에 비해 체계적으로 더 우월하다고 주장할 것이다. 하나만 예를 들자면, 프레게식 해석은 대표적으로 동부 연안 해석은 환각의 경우를 설명하기 어렵지만, 자신들은 쉽게 설명할 수 있다고 주장할 것이다. 반대로, 동부 연안 해석은 프레게식 접근은

---

39 Ströker 1987, 194-200.

지향적 관계를 일종의 매개자를 포함하는 것으로 생각하기 때문에 전통적 심리학주의와 표상주의가 직면하는 표준적 문제들에 취약한 설명인 반면, 그들 자신의 해석은 주관성과 세계를 훨씬 밀접하게 만들기 때문에 후설의 이론을 후기 현상학자들의 입장들에 더욱 접근시킬 수 있다고 주장할 것이다. 어느 정도까지는 노에마에 대한 이러한 체계적 관점이 의심할 여지없이 가장 흥미롭다. 그러나 이 문제를 더 논의하는 것은 이 책의 범위를 넘어선다.[40]

II. 후설의 데카르트적 길을 통한 환원은 세계와 의식의 차이를 정당화하기 위해 의식이 세속적 대상들과는 다른 종류의 명증과 더불어 주어진다는 사실에 호소했다. 이 때문에 후설이 일종의 토대주의 foundationalism를 옹호한다는 주장이 종종 제기되었다.[41] 더 정확하게 말하자면, 후설 현상학은 모든 다른 유형의 지식에 대해 체계적 토대와 출발점으로 기능할 수 있는, 확실하고 의심할 수 없는 여러 진리들을 발견하려는 시도로 해석되어왔다.

이러한 해석이 생겨난 것은 『엄밀학으로서의 철학』*Philosophie als strenge Wissenschaft*이라는 후설의 유명한 저작의 제목 때문만이 아니었다. 그것은 아마도 더 크게는, 구성적 삶의 점점 더 깊은 층들을 발견하려는 후설의 부단한 시도 때문이기도 했다. 특히 (가령 데카르트적 인식론으로 정향된 강연인 『현상학의 이념』*Die Idee der Phänomenologie*과 같은) 몇몇 초기 저작들에서 이러한 시도를 기술하는 방식은 현상학이 충전적이고 필증적으로 주어지는 주관적 내재에만 집중하기 위해 모든

---

40 노에마 논쟁에 대한 논문들 가운데 Gurwitsch 1966; Føllesdal 1969; Smith & MaIntyre 1975와 1982; Sokolowski 1984와 1987; Drummond 1990; Bernet 1990; Fisette 1994이 언급되어야 할 것이다.

41 Habermas 1985, 129; Rorty 1980, 4, 166-168을 참조하라.

초재적 지향 및 비충전적으로 주어지는 정립을 중립화하고 중단해야 한다는 인상을 낳기 쉬웠다Hua 2/44-45.

두말할 것도 없이, 후설은 초월론적 주관성에 대한 현상학적 분석이 가령 뉴기니아의 부족들 사이의 성 역할 방식들에 대한 인류학적 탐구와는 완전히 다른 지위를 가진다고 주장할 것이다. 후설은 초월론적 철학자이므로 어떤 토대를 찾고 있음이 사실이다. 그는 초월론적 주관성의 해명은 모든 여타 학문들을 이해할 수 있게 하는 바로 그러한 뼈대에 대한 연구라고 주장할 것이다. 초월론적 현상학은 경험, 의미, 나타남의 가능 조건을 탐구하고 이로써 또한 모든 여타 학문들이 그 안에서 형성되는 뼈대를 탐구한다.

그러나 그럼에도 적어도 토대주의라는 용어가 전통적인 인식론적 의미로 사용된다면, 후설을 토대주의자로 부르는 것은 상당한 오해를 불러일으킨다. 후설 자신이 『형식 논리학과 초월 논리학』에서 말하고 있듯이, 오로지 절대적으로 확실한 진리들에만 근거하는 학문을 세우려는 시도는 궁극적으로는 학문의 본성을 오해하는 것이다Hua 17/169. 제1부에서 지적했듯이, 후설의 명증 개념은 결코 오류를 배제하지 않고 오류의 수정도 배제하지 않는다다음도 참조할 것. cf. 239쪽.

후설의 입장은 또한 다른 여러 방식으로 전통적 토대주의와 구별된다.

1. 우선, 후설은 자신의 초월론적 분석이 결정적으로 확실한 최종적 분석이라고 생각하지 않았다. 후설의 초월론적 분석은 절대적 의미에서 더 이상 거슬러 올라갈 수 없는unhintergehbar 영역에 대한 탐구다. 그러나 이러한 영역에 대한 분석 역시 언제나 다듬어지고 심화되고 개선될 수 있다. 후설에 따르면, 초월론적 차원에 대한

완전하고 확고한 진리라는 것은 하나의 규제적 이상regulative ideal이다. 궁극적 정당화에 근거하는 학문으로서의 철학은 오직 무한한 역사적 과정 속에서만 실현될 수 있는 하나의 이념이다Hua 8/186, 6/439.

2. 둘째, 후설은 보통 합리주의적 토대주의가 몰두하는 공리적이고 연역적인 이상과 명시적으로 거리를 취하고Hua1/63, 따라서 초월론적 '자아'가 초월론적 연역을 위한 출발점으로 기능할 수 있으리라는 것을 부정한다Hua 6/193. 현상학은 연역적deductive 학문이 아니라 기술적descriptive 학문이다. 이러한 이유로 후설은 현상학은 수학과는 완전히 다른 유형의 학문이라고 반복해서 강조했다Hua 3/158. 달리 말하자면, 초월론적 현상학이 발견하게 될 진리는 실증학문의 내용들을 그로부터 연역할 수 있는 토대를 형성하지 않는다.

나는 이미 후설이 충전적이고 확고한 진리를 하나의 규제적 이상, 즉 오직 무한한 시도 속에서만 달성할 수 있는 목표로 간주하고 있다고 말했다. 그럼에도 불구하고, 후설이 후대의 현상학자들에 비하면 상당한 정도까지 지식과 객관성의 가능 조건에 대한 물음들에 관심을 가졌다는 것은 사실이다. 그러나 우리는 후설의 철학함이 지니는 동기를 알아차려야 한다. 그것은 본래 이론적 동기가 아니라 실천적인, 더욱 정확히는 윤리적 동기, 즉 절대적으로 스스로 책임을 지는 삶을 추구한다는 바로 그러한 윤리적 동기였다Hua 8/197.

따라서 후설 사유의 윤리적 차원을 간과하지 않는 것이 중요하다. 후설은 초월론적 토대에 대한 현상학적 탐구를 통하여, 명증에 근거한 삶과 자기 책임을 지닌 삶을 살 수 있다고 말한다Hua 8/167. 현상학적 태도 속에서 산다는 것은 어떤 중립적이고 비인격적인 심심풀이 활동을 한다는 뜻이 아니라, 인격적이고 실존적인 관점에서 결정적으로 중요한 어떤 실천을 한다는 뜻이다Hua 6/140. 다른 말로 하자면, 철학은 윤리적인 삶과 밀접히 연결되어 있다. 『제1철학 I』에서 후설은 철학의 이러한 소크라테스적이고 플라톤적인 이념을 명시적으로 언급한다.

> 소크라테스에게서 삶의 윤리적 개혁이 지니는 특징은 진정으로 만족스러운 삶을 순수 이성에 근거한 삶으로 해석했다는 사실에 있다. 이러한 삶은, 인간이 지칠 줄 모르는 자기 성찰과 철저한 책임 속에서 자신의 삶의 목표들에 대해, 그리고 당연히 그러한 매개를 통해, 자신의 삶의 도정들과 그때그때의 방법들에 대해 (궁극적으로 평가하는) 비판을 가하는 삶을 뜻한다. 이러한 책임과 비판은 하나의 인식 과정으로서 수행된다. 그리고 소크라테스에 의하면 그것은 참으로 모든 정당성과 그에 대한 인식이 발원하는 근원적 원천으로의 방법적 귀환*Rückgang*으로서 수행된다. 즉 우리의 표현으로 말하자면, 완전한 명료성, "통찰" "명증"으로 돌아감으로써.(Hua 7/9)

충전적 토대를 알아내려는 시도가 하나의 무한한 이상임을 깨닫는 순간, 이러한 규범적이고 윤리적인 동기는 특히 중요해진다. 이것은 바로 절대적 명증의 추구로 우리를 재촉하여 앞으로 전진할 수 있게 하는 절대적 자기책임의 요구다Hua 8/196, 244, 5/139, 1/53.

다른 말로 하자면, 후설에게서 결정적으로 중요한 것은 절대적 진리의 소유가 아니라 절대적 자기책임의 삶을 살고자 하는 시도, 즉 우리의 사고와 행위를 가능한 한 통찰에 근거 지우려는 바로 그러한 시도다. 그리고 아직 출판되지 않은 한 수고에서 후설이 말하고 있듯이, 개인의 자기책임은 또한 공동체에 대한 책임을 수반한다. 자기책임은 오직 다른 주관들과의 관계 속에서만 완전히 실현될 수 있다Ms. EIII 4 18a, EIII 4 31a. CF. Hua 8/197-98, 15/422.

후설의 초월론적 관념론

후설에 따르면, 독단적 전제들을 피하기 위해서는 우리는 모든 대상들을, 경험하는 (구성하는) 주관성과의 상관관계 속에서 이해해야만 한다. 그러나 만약 존재론적 독단론과의 결정적 단절이, 주어진 것의 영역으로의 귀환을 요구하고 함축한다면, 절대적으로 의식에 독립적인 실재의 존재에 대한 어떠한 단언들도 수용될 수 없는 듯 보인다. 따라서 우리는 후설의 관념론과 마주치게 된다.

이미 『논리연구』에서 후설은, 오직 관념론적 인식론만이 정합적이라고 언명했다Hua 19/112. 이때 관념론은 순전히 관념성의 환원불가능을 옹호하는 이론, 다시 말해 관념성은 심리적이거나 물리적인 실체 혹은 과정들로 환원될 수 없다고 주장하는 이론을 의미한다.『데카르트적 성찰』에서 우리는 동일한 테제를 발견할 수 있다. 그러나 이제 그것은 훨씬 더 철저한 의미로 이해되어야 한다. 후설의 초월론적 전회 이후, 관념론은 주관성의 초월론적 우위를 옹호하는 입장으로 이해된다Hua 8/215. 후설은 이러한 우위가 현상학에 너무도 중심적인 것이라 생각했기에, 그는 심지어 현상학과 초월론적 관념론을 동일시했다.

지향적 방법들이나 초월론적 환원, 혹은 이 둘의 가장 깊은 뜻을 오해하는 사람들만이 현상학과 초월론적 관념론을 분리시키고자 한다.(Hua 1/119, cf. 8/181)

그러나 후설은 또한 자신의 초월론적 현상학적 관념론은 전통적 관념론과는 근본적으로 다르다고 반복해서 강조한다. 전통적 관념론은 실재론에 대한 반대로, 그것이 그저 자연적 태도 안에 갇혀 있음을 드러낼 뿐이다Hua 5/149-153, 17/178, 1/33-34, 118. 그리고 우리가 이미 살펴보았듯이, 후설은 또한 상당히 명료하게 현상주의phenomenalisam를 비판한다.

지향적 체험으로서의 현상Erscheinung과 현상하는 대상(객관적 술어들의 주어)을 구분하지 않고, 그럼으로써 감각들의 체험된 복합체와 대상적 특징들의 복합체를 동일시하는 것이 현상주의 이론의 근본적 결함이다.(Hua 19/371)

현상적 외부 사물의 실존과 비실존의 물음이 어떻게 결정되더라도, 그때그때의 지각된 사물들의 실재성은 지각하는 의식 속의 지각된 감각 복합체의 실재성으로 이해되어서는 안 된다는 사실은 의심할 여지가 없다.(Hua 19/764-765)

따라서, 후설은 지향적 대상이 감각 복합체로 환원될 수 있다는 입장을 맹렬히 비판한다. 후설의 관념론은 분명히 세속적 실재성을 심적 내용으로 용해시키는 것을 함축하지 않는다. 그렇다면 우리는 그것을 이제 어떻게 이해해야만 하는가?

후설에 따르면, 실재는 모든 경험의 맥락과 개념적 체계에서 분리된 그저 맹목적인 사실이 아니다. 실재는 스스로를 드러내고 분절하려면 주관성을 필요로 하는, 즉 경험적이고 개념적인 관점들을 필요로 하는 타당성과 의미의 체계다. 실재가 주관성에 의존한다는 것은 이러한 의미에서다. 그리고 이것이 바로 후설이 절대적으로 의식에 독립된 실재에 대해 말하는 것은 둥근 사각형을 말하는 것처럼 무의미하다고 주장할 수 있었던 이유다Hua 3/120. 이것은 명백히 실제 세계의 존재를 부정하거나 의문시하는 것이 아니라 그저 그것의 존재론적 지위에 대한 객관주의적 해석을 거부하는 것이다.

그렇다면, 초월적 대상이라는 것은 무엇을 의미하는가? 후설에서 이러한 물음은, 현상학적으로 주어진 것, 즉 나타남으로서의 대상으로 시선을 돌림으로써 오직 비판적으로, 비독단적으로만 대답될 수 있다. 초월적 대상에 대해 이야기하는 것은, 나의 의식의 일부가 아니고, 따라서 그것들에 대한 나의 경험으로 환원될 수 없는 대상들에 대해 이야기하는 것이다. 그것은 언제나 우리를 놀라게 할지 모르는 대상, 즉 우리가 기대했던 것과는 다르게 자신을 보여주는 대상에 대해 이야기하는 것이다. 그러나 그것은 어떤 절대적 의미에서 나의 관점에 독립적이거나 접근할 수 없는 대상에 대해 이야기하는 것이 아니다. 반대로, 후설은 초월적 대상에 대해서 이야기하는 것은 오직 그것들이 우리에 대해 초월적인 한에서만 의미를 갖는다고 믿는다. 대상은 오직 그것들에 대한 우리의 의식을 통해서만 우리에게 의미를 갖는다. 실제적이라는 것, 객관적으로 존재하는 대상이라는 것은 특정하게 규정된 현출의 구조를 갖는다는 것이다. 그것은, 대상이 오직 실제로 나타날 때에만 존재할 수 있다는 의미에서가 아니라 대상의 존재는 그러한 현출의 가능성과 연계되어 있다는 의미에서, 주관에게 특정한 방식으로, 특정한 의미와 타당성을 가지고 주관에게 주어지는 것이다. 실제로 경험되지 않은 대상(예를 들어, 달 뒷면의 암석들, 아마존 정글의 식물들, 자외 스펙트럼의 색)이 존재한다고 주장하는 것은 (이와 연관된, 인간으로서의 경험적 어려움이 있을지 모르지만) 문제의 대상이 경험의 지평 속에 묻혀 있고 원리적으로 주어질 수 있다고 주장하는 것이다. 모든 초월적 대상이 현상학적 연구 분야의 부분으로 남는다고 이야기할 수 있는 것은 바로 이러한 이유에서다.

때때로 후설은 자신의 관념론을, 구성하는 지향성에 대한 체계적 분석을 통해 세계의 초월과 풍부함을 이해하고 해명하려는 시도로 기술한다^{Hua 1/34}. 이러한 의미에서, 후설의 초월론적 관념론은 자연적 태도의 실재론과 관계를 끊는다기보다는 오히려 이를 되찾으려는 시도로 간주될 수 있다. 혹은 달리 표현하자면, 후설은 초월론적 환원은 우리가 자연적 태도에 내재된 실재론을 이해하고 설명할 수 있도록 해준다고 주장할 것이다. 실제로 후설은 그의 초월론적 관념론이 자신 안에 자연적 실재론을 포함하고 있다고 이야기한다^{Hua 9/254}.[42]

> 초월적 세계, 인간, 또한 그것들 상호간의, 그리고 인간으로서의 나와의 교섭, 서로와 함께 경험함, 생각함, 활동함, 창조함 등은 나의 현상학적 반성을 통해 폐기되지도, 무가치해지지도, 변화되지도 않는다. 다만 그것은 이해될 뿐이다.(Hua 17/282)

---

[42] 핑크는 우리가 서로 다른 두 가지 수준에서 진리를 다루고 있기 때문에, 세속적 영역에서의 진리와 초월론적 영역에서의 진리는 충돌하지 않는다고 이야기한다. 따라서 세계에 대한 초월론적 이해는 자연적 태도에서 획득된 진리를 부정하지 않고, 오히려 그것들을 더 철저하게, 즉 구성적으로 이해할 수 있도록 해준다(Fink 1988a, 129).

세계가 존재한다는 것, 보편적 조화로 끊임없이 융합되는 중단 없는 체험들 속에서 존재하는 총체로서 세계가 주어진다는 것, 그것은 전적으로 의심할 여지가 없다. 그러나 그것은 삶과 실증 학문들을 지탱시켜주는 이러한 의심할 수 없음을 이해하는 것, 그리고 그것의 정당성의 근거를 해명하는 것과는 완전히 다른 문제다.(Hua 5/152-153)

만약 실재론이 '나는 이 세계 속에 살고 있는 인간이 있다는 것을 확신한다. 그리고 나는 거기에 대해 조금도 의심하지 않는다.'는 뜻, 그 이상을 의미하지 않는다면, 이것보다 더 강한 실재론은 있을 수 없다. 그러나 이러한 '자명함'을 이해하는 것이 바로 커다란 문제다.(Hua 6/190-191)

어떠한 보통의 '실재론자'도 현상학적 '관념론자'(어쨌든 이 말은 내가 더는 사용하지 않는 말이긴 하지만)인 나만큼 현실적이고 구체적이지 못했다.(Husserliana Dokumente III/7,16)

이렇게 주장하면서, 후설은 초월론적 관념론과 경험적 실재론의 양립가능성에 대한 칸트의 유명한 격언에 접근하고 있을 뿐 아니라,[43] 또한 가끔 내재적 실재론이라 불리는 것에 가까워지고 있다. 어느 정도까지는 실제로, 후설의 표상주의 비판이 일종의 (올바른) 실재론을 지지하고 있다고 말할 수 있을지 모른다. 우리는 '우선 그리고 대개'*zu nächst und zumeist* 실제로 존재하는 대상들을 향한다. 그리고 이

---

43 Kant 1956, A 370.

러한 향함은 마음 내부의 대상들에 의해 매개되는 것이 아니다. 그러나 만일 우리가 이러한 입장을 실재론으로 부르길 원한다면, 그것은 경험에 근거한 실재론이라는 점이 강조되어야 한다. 그것은 힐러리 퍼트남Hilary Putnam[44]이 지지한 경험적 실재론 혹은 내재적 실재론이며, 형이상학적 실재론과는 관계가 없다.

그럼에도 불구하고, 그리고 아마 더 적절하게는, 우리는 후설의 표상주의 비판이 실재론과 관념론 모두에 대한 비판이라고 말할 수 있을지 모른다. 만약 우리가 실재론과 관념론의 대립을 내재적 표상/외재적 실재라는 한 쌍의 개념을 사용하여 정의한다면, 즉 관념론은 마음 내부의 표상이 존재하는 유일한 실체라고 주장하고 실재론은 심적 표상이 마음에 독립적인 마음 외부 대상에 상응한다고 주장하는 것으로 정의한다면, 후설은 둘 모두를 거부할 것임에 틀림없다. 달리 표현하자면, 실재론과 관념론을 후설의 현상학을 특징짓기에 둘 다 부적합한 그러한 방식으로 정의하는 것은 상대적으로 쉽다.

또 다른 정의를 이야기해보자면 이러하다. 만일 우리가 관념론을 주관성이 세계 없이 존속할 수 있다고 주장하는 입장으로 정의하고, 실재론을 세계가 주관성 없이 존속할 수 있다고 주장하는 입장으로 정의한다면, 양자의 엄밀한 상관관계를 주장하는 입장(후설의 존재론적 길을 통한 환원과 비교하라)은 실재론과 관념론 모두를 넘어섬이 분명하다. 실제로, 실재론의 정의가 그렇게 주어진다면, 후설의 입장은 이러한 종류의 실재론과는 양립할 수 없으므로, 일종의 관념론이라고, 혹은 더욱 정확하게는 일종의 반실재론antirealism이라고 이야

---

44 Putnam 1988을 참조하라.

기하는 것조차 가능하다. 여기서 배워야 할 교훈은 실재론과 관념론이라는 개념은 너무나 탄력적이어서 거의 쓸모없는 개념이라는 것이다. 가다머Hans-Georg Gadamer 와 핑크가 후설이 실재론과 관념론의 낡은 대립을 극복했다고 칭송한 것은 우연의 일치가 아니며,[45] 후설은 주관적 관념론자도 형이상학적 실재론자도 아니라는 사실은 명백하다.

구성 개념

후설 연구에서 반복적으로 등장하는 문제 중 하나는 정확히 후설의 구성 개념을, 특히 실재론과 관념론의 논쟁에 대한 그것의 함축과 관련하여 어떻게 이해해야 하는가 하는 물음이었다. 많은 후설 비판가들이 후설은 옹호할 수 없는 관념론자라고 비난하면서, 구성은 창조적 과정이라고 주장했다. 후설에 더욱 호의적으로 귀를 기울이는 철학자들은 종종 두 가지 방식이나 혹은 그 둘 중 하나로 이러한 비판에 맞서고자 애썼다. 즉 구성 과정은 그저 경험하는 주관과 경험된 대상 사이의 인식론적 관계를 지시할 뿐이라고(따라서 이러한 이유로

---

45 Gadamer 1972, 178; Fink 1988a, 179. 많은 해석가들이 이러한 주장에 동의하려 할지라도, 언제나 그렇듯이 이것을 해석하는 데는 상이한 방식이 있다. 1) 한 가지 해석은, 초월론적 관념론은 엄밀히 말해서 실재론이나 관념론과는 완전히 다른 문제들과 관계하고 있기 때문에, 즉 형이상학적 영향력을 결여하고 있기 때문에 이런 의미에서 실재론과 관념론 모두를 넘어선다고 주장한다. 2) 또 다른 가능성은 초월론적 관념이 실제로 실재론의 입장과 관념론의 입장 모두로부터의 요소들을 결합하려고 하는 한, 실재론이냐 관념론이냐 하는 전통적 양자택일을 넘어선다고 주장하는 것이다. 3) 마지막으로, 후설의 초월론적 관념론은 우리에게 형이상학적 실재론과 주관적 관념론 모두가 (수많은 전통적 형이상학적 유산과 더불어) 엄밀히 말해 불합리하다는 것을 깨닫게 해주는 한, 양자택일을 초월한다고 주장할 수 있을지 모른다.

이것은 실재론과 완전히 양립가능하다고) 주장하거나, 초월론적 주관에 의해 구성되는 차원은 의미의 차원이지 존재의 차원이 아니라고 주장했다.

그러나 이러한 해석은 모두 문제가 있다. 왜냐하면 (구성이 창조로 이해되어야 하는지, 실재의 복원으로 이해되어야 하는지에 대한 물음에 결코 스스로 명확한 답을 제시하지 않았던) 후설에 대한 표준적 비판이 결국 우리에게 잘못된 양자택일을 제시하지 않았는가라는 물음을 남겨놓기 때문이다.[46] 퍼트남이 했던 발언을 바꾸어 써보면 이렇다. "의식이 세계를 만드는 것은 아니다. 그러나 의식은 단지 세계를 비추기만 하는 것도 아니다."[47]

주관이 대상의 가능 조건이라고 주장하는 것은 주관과 대상 간의 인과적 연관을 가정하는 것이 아니다. 반대로, 문제의 조건 지움은 정확히 비인과적인 종류의 것이다. 구성하는 주관성은 결코 '빅뱅'에 비유되어서는 안 된다. 왜냐하면 그것은 그 밖의 모든 것들을 규정하는 인과적 과정이 시작되게 하는 것이 아니기 때문이다. 그렇다면 구성constitution 이란 정확히 무엇인가? 간단하게 말하자면, 구성은 나타

---

46 후설의 구성 개념에 대한 창조론적 해석의 옹호자들이 종종 핑크의 유명한 논문 「현대적 비판 속에서의 에드문트 후설의 현상학적 철학」(Die phänomenologische Philosophie Edmund Husserls in der gegenwärtigen Kritik)을 언급하는 것은 다소 놀라운 일이다. 구성의 본질은 생산적 창조로 정의되어야 한다고 이야기하면서 이 논문에서 핑크가 초월론적 지향성의 생산적 성격을 언급하고 있는 것은 사실이다. 그러나 이 주장 다음에 곧바로 핑크는 이러한 정의는 오직 구성 개념의 한갓 수용적(인식론적) 해석을 넘어서기 위해서만 중요하다고 덧붙이고 있다. 또한 그가 결론내리고 있듯이, 구성은 수용적인 과정도, 생산적인 과정도 아니라 이러한 존재적 개념의 사용으로는 포착될 수 없는 무언가다(Fink 1933, 373).

47 Putnam 1978, 1.

남과 의미를 허락하는 과정, 즉 구성된 것이 나타나고 펼쳐지고 명확히 표현되고 있는 그대로 자신을 보여주도록 허락하는 과정으로 이해되어야 한다Hua 15/434, 14/47. 하이데거가 말했듯이, "구성"은 제작과 조작이라는 의미의 산출을 뜻하지 않는다. 그것은 존재자가 그것의 대상성 속에서 보이도록 함을 의미한다.[48] 널리 퍼진 또 다른 오해와는 반대로, 그러나 이러한 과정은 마치 그것이 계획적이거나 충동적으로 초월론적 자아에 의해 무에서*ex nihilo* 시작되고 조정되기라도 하듯, 난데없이 일어나는 것이 아니다.[49]

후설이 1931년의 수고에서 지적하고 있듯이, 구성은 두 개의 시원적 원천을 가지고 있다. 그것은 시원적 자아와 시원적 비자아다. 이둘은 분리될 수 없는 것이고, 따라서 그것들을 단독으로 생각한다면, 추상적인 것이다Ms. C 10 15b. 둘 모두가 구성의 과정, 즉 현출을 발생시키는 과정에 있어서 다른 것으로 환원될 수 없는 구조적 요소들이다. 따라서 후설은 주관성이 나타남의 가능 조건이라고 주장하기는 하지만, 명백히 주관성이 유일한 것이라고는 생각하지 않았다. 즉 비록 주관성은 필요조건일지라도, 충분조건이 아니다. 후설은 (『이념들 I』의 49절에서 무화시키려고 했던 객관적 실재라는 개념보다 더 근본적인 세계 개념으로 작업하면서) 비자아와 세계를 동일시했기 때문에Hua 15/131, 287, Ms. C2 3a, 그리고 심지어 초월론적 비자아transcendental non-ego, Ms. C7 6b로서의 세계에 대해 이야기하는 것이 필요하다고 생각했기 때문에, 후설이 구성을 서로 뒤얽힌 몇몇 초월론적 요소들을,

---

48 Heidegger 1979, 97.
49 물리적 대상의 구성이든, 이념적 대상의 구성이든, 혹은 문화적 대상의 구성이든, 구성의 다양한 유형들 간의 차이를 인지하는 것이 중요하다. 문화적 대상의 구성은 더 높은 정도의 창조성을 함축한다.

그리고 주관성과 세계 둘 모두를(그리고 궁극적으로는 상호주관성을cf. 208쪽) 포함하는 과정으로 생각했다는 결론이 정당하다고 나는 생각한다.

특히 이 맥락에서 적절하게 말하고 싶은 것은, 후설은 구성의 과정이 자아에 의한 능동적 참여나 구성이 없는 사실성facticity의 요소, 즉 수동적 선소여를 미리 전제한다고 생각했다는 것이다Hua 13/427, 11/386. 명백하게도, 이것은 이원론의 새로운 형태로 간주되어서는 안 되고, 반대로 주관성과 세계는 서로 분리되어 이해될 수 없음을 이야기하는 것으로 이해해야 한다. 따라서 후설의 입장은 다음의 구절에서 메를로퐁티가 채택한 입장과 매우 유사해보인다.

> 세계는 주관으로부터 분리될 수 없지만, 주관이 그저 세계의 투영이라고 한다면 주관으로부터 분리될 수 있다. 주관은 세계로부터 분리될 수 없지만, 세계가 주관 자신이 투사하는 것이라면 세계로부터 분리될 수 있다. 주관은 세계-내-존재이고, 세계는 그것의 결 그리고 마디들이 주관의 초월하는 움직임에 의해 그려지기 때문에 '주관적인 것'으로 남는다.[50]

구성은 주관성-세계의 구조 속에서 자신을 펼치는 과정이다. 이 때문에 구성은 의미 없는 감각 자료들에 우연적인 생기를 불어넣는 것으로 해석되어서도 안 되고, 세계 없는 주관으로부터 세계를 연역하거나 세계 없는 주관으로 세계를 환원하려는 시도로 해석되어서도

---

50 Merleau-Ponty 1945, 491-492[1962, 430]

안 된다.[51] 구성하고, 의미를 부여하는 실체로서의 초월론적 주관성Hua 8/457, 17/251, 15/366에 대해 이야기하는 것은, 그리고 주관성에 의해 구성되고, 주관성에 의존하는 것으로서의 대상에 대해 이야기하는 것은, 형식적으로 말하면, 대상이 나타날 수 있는 초월론적 틀로서의 주관성-세계의 구조에 대해 이야기하는 것이다.

이러한 배경에서, 후설의 관념론은 전통적 관념론과 다르다고 다시 한 번 말할 수 있다. 후설은 명백히 세계가 구성하는 주관성에 의존한다고 주장했지만Hua 3/104-106, 159, 5/153, 우리는 초월론적 환원을 통해 생겨나는 '주관'과 '세계' 개념의 변형에 주의를 기울여야 한다. 때때로 후설이 기술하듯이, 존재와 의식은 상호 의존적이며 초월론적 주관성 속에서 서로 연합되어 있다Hua 1/117. 유사하게, 후설의 '모나드' 개념은 (완전히 구체적인 의미에서 '주관'을 뜻하는 후설의 용어인데) 지향적 삶뿐만 아니라 이를 통해 구성되는 모든 대상들을 품는다Hua 1/26, 102, 135, 14/46. 후설이 언제나 이러한 방식으로 스스로를 정식화한 것은 아니지만, 주관성에 대한 그의 개념은 그것이 주관과 대상 간의 전통적 대립을 넘어서고 심지어 해체할 때까지 계속해서 점차 확장되었다는 것은 의심의 여지가 없다cf. Hua 6/265.

바꾸어 말하자면, 후설은 두 가지 서로 다른 주관성 개념을 사용했는데, 하나는 우리가 보통 사용하는 것과 닮은 협소하고 추상적인 주관성 개념이고, 다른 하나는 의식과 세계 모두를 포함하는 폭넓고 더욱 구체적인 주관성 개념이다. 후설이 (『이념들 I』의 그 자신의 설명을 비판하면서) 이야기하듯이, 순수한, 세계 없는 자아-극에 대해 이

---

51 가령 Tugendhat 1970, 177, 212, 217 그리고 Sokolowski 1970, 138, 159, 197-198, 217을 참조하라.

야기하는 것은 하나의 추상이다. 완전한 주관성이란 세계를 체험하는 삶이기 때문이다Hua 15/287. 이것은 왜 후설이 결국 생활세계lifeworld와 세계의식의 삶life of world-consciousness(*Weltbewußtseinsleben*)과 같은 개념을 사용하기 시작했는지에 대한 이유 중의 하나다Hua 29/192, 247.

결국 후설은 구성하는 것과 구성된 것 사이의 정적 상관관계의 이념을 포기했다. 그의 몇몇 후기 저작들에 나타나 있듯이, 구성적 수행은 구성하는 주관 그 자체가 바로 구성의 과정 속에서 구성된 것인 한, 어떤 상호성에 의해 특징지어진다. 우리가 『데카르트적 성찰』의 언명들을, 세계의 구성은 구성하는 주관의 세속화를 함축한다는 취지로Hua 1/130, 즉 세계에 대한 주관의 구성적 경험은 자신의 세속적 존재에 대한 주관의 구성적 경험과 함께 간다는 취지로 이해해야 하는 것은 바로 이러한 배경에서다. 이것이 바로, 후설이 한편에서는 공간의 구성과 공간적 대상 간의 상호 의존에 대해 이야기하면서 다른 한편에서는 신체의 자기구성에 대해서 이야기하는 이유다Hua 5/128, 15/546. 요약하자면, 초월론적 주관은 자신의 구성적 수행에 의해 영향을 받지 않는다고 주장하는 것은, 주관이 어떻게든 구성 작용을 그만둘 수 있다고 생각하는 것이 잘못인 것과 꼭 마찬가지로, 하나의 오해에 불과하다. 주관은 구성하는 것으로서 존재하고, 이러한 구성은 동시에 구성하는 주관의 자기구성을 수반한다.

구성하는 의식은 자기 자신을 구성하고, 객관화를 수행하는 의식은 자기 자신을 객관화한다. 그것도 실로 시공간 형식을 지닌 객관적 자연을 산출하는 방식으로, 그리고 자연 속에서 나의 신체와, 그러한 나의 신체에 심리 물리적으로 통합되어 있는, (그리고 이로써 또한 장소와 시간 위치와 지속에 따라 자연적 시공간성 속에 위치 지워지며) 의식 흐름과 자아극과 습관성을 지니는 구성하는 삶 전체, 자아 전체를 산출하는 방식으로.(Hua 15/546)

이러한 고찰은 명백히 세계 없는 초월론적 주관의 존재에 대한 어떠한 테제에도 의문을 제기한다.[52] 이는 후설의 조교였던 오이겐 핑크에 의해 더욱 발전되었는데, 그는 현상학의 참된 주제란 세계도 아니고, 세계 없는 주관도 아니고, 초월론적 주관의 자기 구성 속에서의 세계의 생성이라고 말했다.[53]

이러한 고찰들의 결과 중 하나는 경험적 주관은 더는 초월론적 주관의 한갓 우연적 부속물로 간주될 수 없으며, 따라서 더는 초월론적 현상학이 무시할 수 있는 어떤 것으로 간주될 수 없다는 것이다. 반대로, 경험적 주관은 왜 초월론적 주관이 구성적 과정의 일부로서 자신을 필연적으로 세속적 실체로 생각해야만 하는지를 이해하는 데 결정적으로 중요하다. 후설이 『위기』의 보충편에서 말하고 있듯이, 자아는 세계 속에서 인간 즉 세속적 실체로서 나타나야 한다는 말은 의심할 여지없이 확실하다. (이 책 제3부에서 논의하게 될) 후설의 설명은 초월론적 주관은 육화되고 사회화되어야만 객관적 세계를 구성할 수 있으며, 이 둘은 모두 세속화를 수반한다는 것이다Hua 29/160-165, 1/130, 5/128, 16/162.

달리 표현하자면, 후설의 최종적 입장을 이해하기 위해서는 (이미 언급되었듯이) 단순히 주관성-세계라는 개념쌍만으로는 충분하지 않다. 여기에는 또한 상호주관성이 필수불가결한 요소로 고려되어야

---

52 가령 Brand 1955, 47; Claesges 1964, 100, 143; Landgrebe 1982, 81을 참조하라.
53 Fink 1933, 370; Fink 1988a, 49. cf. 15/403.

한다. 이미 살펴보았듯이, 후설은 자기구성과 세계구성이 손을 맞잡고 함께 가는 것이라 생각했다. 그러나 후설은 세계구성과 자기구성은 상호주관적으로 발생한다고 주장할 것이다Hua 1/166. 그는 상호주관성의 문제로 오면 우리는 그것 없이 생각하는 것이 불가능하다고 명시적으로 이야기한다.

> 거꾸로, 나는 명시적으로든 암묵적으로든 공동체화되지 않은 어떠한 모나드의 다수성도 생각할 수 없다. 여기에는 객관적 세계를 자신 안에 구성하고, 그러한 세계 속에서 자기 자신을 (동물적 존재, 특히 인간적 존재로서) 공간화하고 시간화하고 실재화한다는 의미가 놓여 있다.(Hua 1/166. cf. 8/505-506)

세계 구성, 자기 펼침, 상호주관성의 설립, 이것들 모두는 서로 관련된 동시적 과정의 부분들이다. 후설이 『이념들 II』에서 기술하고 있듯이, 나, 우리 그리고 세계는 함께 속해 있다Hua 4/288. 결국 구성적 과정은 주관성-상호주관성-세계라는 세 겹의 구조 속에서 일어난다.

후설의 언명과 용어들이 언제나 투명하게 명료한 것은 아니다. 그러나 요지는 상대적으로 간단하다. 후설은 시종일관 실재는 오직 주관성 때문에 나타날 수 있다고 주장한다. 하지만 결국 그는 1) 주관은 구성적 수행에게 건드려지지 않은 채로 남는 것이 아니라, 반대로 구성적 수행 속으로 끌어당겨지고, 이는 2) 구성이 그저 단일한 주관과 세계와의 관계가 아니라 상호주관적 과정인 것과 꼭 마찬가지라는 사실을 깨닫게 되었다. 그가 직면했던 문제는 주관성과 세계, 그리고 타자 사이의 정확한 상호관계를 해명하는 것이었다. 이것은 이 세 가지가 점차 서로 긴밀하게 엮이는 후설의 후기 저술들에서 가장 명시적으로 드러난다. 이 셋 중 어느 것이 출발점인지는 문제가 되지 않는다. 왜냐하면 우리는 불가피하게 여전히 다른 둘로 이끌리게 될 것이기 때문이다. 구성하는 주관성은 타자와의 관계, 즉 상호주관성 속에서만 자신과 세계에 대한 완전한 관계를 획득할 수 있다. 상호주관성은 세계와 관계 맺는 주관들 사이의 서로간의 상호관계 속에서만 존재하고 발전한다. 그래서 세계는 공동의, 그리고 공공의 경험의 장으로 생각되어야만 한다cf. Hua 8/505, 15/373, 13/480, Ms C17 33a.

만약 후설의 최종적 입장이 몇몇 독자들에게 헤겔의 사유를 연상시킨다면, 이는 아마 근거 없는 것은 아닐 것이다. 그러나 핑크가 지적하고 있듯이, 후설의 이론은 (아무리 사변적으로 보이더라도) 사변적 구성물이 아니라, 현상학적 환원이 가져다준 근본적 통찰의 간결하고 명확한 표현이다.[54] 자신, 세계, 그리고 타자 간의 관계에 대한 후설의 설명과 후대의 현상학자들(하이데거, 사르트르, 메를로퐁티)에서 발견되는 설명들 사이에 너무도 많은 유사점이 있다는 사실은 확실히 매우 인상적이다. 이에 대한 예로 하이데거가 현존재의 세계-내-존재를 기술하고 있는 몇 구절을 소개하며 이 장을 마친다.

세계는 현존재가 존재할 때에만, 즉 현존재가 있을 때에만, 존재한다. 즉 있다. 현존재가 세계-내-존재로서 존재한다면, 오직 세계가 있을 때에만, 존재에 대한 이해가 있다. 그리고 이러한 이해가 있을 때에만, 세계 내부적 존재가 현존하고 곁에 있는 것으로 드러난다. 현존재 이해로서의 세계 이해는 자기이해다. 자기와 세계는 단일자인 현존재 속에 함께 속해 있다. 자기와 세계는 주관과 객관,

54 Fink 1933, 378.

혹은 나와 너와 같은 두 개의 존재자가 아니다. 자기와 세계는 세계-내-존재의 구조의 통일 속에 있는 현존재 자체의 근본적 규정이다.[55]

세계-내-존재는 현존재의 근본적 구성에 속하기 때문에, 실존하는 현존재는 본질적으로 세계 내부적 존재들 사이에-있음being-among으로서의 타자와 함께 있음being-with이다. 세계-내-존재로서 그것은 결코 세계 내에서 현존하는 사물들 사이에 우선 그저 있고, 그 후에 그것들 사이에 있는 존재자로 다른 인간을 발견하는 것이 아니다. 오히려, 세계-내-존재로서 현존재는 타자가 사실상 스스로 그것과 함께 있는지, 또 어떻게 있는지 하는 것과는 별도로, 타자와 함께 있음이다. 그러나 다른 한편, 현존재는 또한 우선 그저 타자와 함께-있고, 그런 연후에 타자와-함께-있음 안의 세계 내부적 존재를 향해 뛰어 드는 것이 아니다. 오히려, 타자와-함께 있음은 다른 세계-내-존재와 함께-있음, 즉 세계-내에-함께-있음을 의미한다. 다른 말로 하자면, 세계-내-존재는 동근원적으로 함께-있음과 사이에-있음이다.[56]

---

55 Heidegger 1989, 422.
56 Heidegger 1989, 394;cf. 1989, 421. 이러한 유사성들에 대한 더 많은 논의들에 대해서는 Zahavi 1996/2001 그리고 Zahavi 1999b를 참조하라. 환원과 판단중지에 대한 후설의 개념에 대한 다른 분석들에 대해서는 Kern 1962; Landgrebe 1963; Drummond 1975; Lenkowski 1978을 보라. 후설의 초월론적 철학에 대한 더 상세한 설명에 대해서는 Fink 1933; Seebohm 1962; Sokolowski 1970; Aguirre 1970; Ströker 1987을 보라.

제3부

후기 후설:
시간, 신체, 상호주관성 그리고 생활세계

제1부와 제2부에서는 후설의 지향성 이론의 여러 중심적 견해들을 설명하고, 이어서 그의 초월론적 현상학의 더욱 일반적 성격들에 대한 설명으로 나아갔다. 여기서 나의 근본적 주장은 후설을 초월론적 철학으로 이끈 것은 후설의 지향성 분석이 점점 더 철저해진 것에 연유한다는 것이었다. 그러나 주관성은 아직 그저 세계 속의 또 다른 실체가 아니라 현출과 의미의 가능 조건이라는 것, 즉 주관성은 실재가 자신을 완전히 풍부하게 드러내고 보여줄 수 있는 장소임을 주장하는 것은, 현상학적 작업의 끝이 아니라 그저 시작일 뿐이다. 후설이 이야기하듯이, 지향성의 본질은, 특히 무언가에 대한 의식으로 정의될 때 자명해보일지 모른다. 그러나 이러한 진부함은 다만 자신의 수수께끼 같은 본질을 숨기고 있을 뿐이다. 실제로, '지향성'은 하나의 문제에 해당하는 표제이지, 모든 물음에 대한 대답이 될 수 있는 것은 아니다Hua 3/200-201, 337. 그래서 더욱더 철저한 연구가 요청된다.

이 세 번째 장은 네 부분으로 나뉘어 있다. 그 각각은 구성적 과정에 대한 후설의 계속적 연구의 서로 다른 모습들을 설명한다. 이 네 개의 주제는 이미 후설의 초기 저작들에서 발견될 수 있지만, 그럼에도 각각은 후설의 저술 과정에서 점차 중요해진다. 그래서 각 부분은 후설의 후기 사상에 대한 설명의 역할을 담당할 수 있을 것이다.

A. 시간

시간의식 분석은 그저 여러 가지 분석들 가운데 하나가 아니다. 후설 자신의 표현으로, 이것은 현상학에서 가장 어렵고도 중요한 분야 중 하나다Hua 10/276, 334. 그래서 후설이 그의 『내적 시간의식의 현상학 강의』*Vorlesung zur Pänomenologie des inneren Zeitbewußtseins*를 아우구스티누스의 『고백록』 제2권 14장에 나오는 다음의 유명한 구절을 인용하면서 시작하는 데는 이유가 없지 않다. "시간이란 도대체 무엇인가? 만약 아무도 나에게 묻지 않는다면, 나는 안다. 그러나 만약 내가 그것을 묻는 사람에게 설명하려 한다면, 나는 알지 못한다."

후설은 왜 시간성의 연구가 그렇게 핵심적인 중요성을 갖는다고 말하는 것일까? 우선, 지향성에 대한 후설의 연구는 우리가 지향적 작용과 대상의 시간적 차원을 무시하는 한, 미완으로 남았을 것이다. 그리고 시간의식에 대한 연구가 없었다면, 지각과 회상 사이의 결정적인 관계를 이해하는 것이나, 예를 들어, 중요한 동일성의 종합 syntheses of identity 을 이해하는 것도 불가능했을 것이다. 만일 내가 떡갈나무의 더 완전한 표상을 얻기 위하여, 이 나무의 주위를 돈다면, 떡갈나무의 서로 다른 음영들은 뿔뿔이 흩어진 파편들로 나타나는 것이 아니라 종합적으로 통합된 요소들로 지각된다. 이러한 종합의 과정은 본성상 시간적이다. 더욱이 후설은 지향적 대상은 오직 우리가 그것을 다양 속의 동일성으로서 경험하는 때에만, 즉 우리가 다양한 작용과 현출들을 가로질러 그것의 동일성을 확립하는 때에만 (작용을 초월하는) 대상으로 구성된다고 주장한다. 그러나 작용(과 현출)의 변화를 가로지르는 대상의 동일성에 대한 이러한 경험은 또 다시 우리의 시간의식의 기여에 의존하는 체험이다Hua 11/110-111, 10, /1/96, 155, 17/291. 결국 후설은 시간성은 모든 대상 구성의 형식적 가능 조건으로 간주되어야 한다고 주장한다Hua 11/125, 128.

둘째, 훨씬 더 중요하게는, 후설의 초월론적 분석은 그저 대상 구성을 해명하는 데만 만족할 수 없다. 가령, 『이념들 I』에서 후설은 구성된 대상과 구성하는 의식 사이의 관계를 분석하는 것에 자신을 국한시켰다. 그는 대상의 소여가 주관성에 의해 조건 지워지는 방식을 설명했다. 그러나 체험은 대상과 같은 (관점적) 방식으로 주어지지 않음을 강조했을 뿐, 주관성 자체의 소여에 대한 물음은 더 추적하지 않았다. 그러나 그러한 침묵은 현상학적으로 수용될 수 없다. 그리고 조건 지워진 대상의 현출에 대한 분석은 주관적 조건의 소여가 어둠 속에 남아 있는 한, 토대를 결여하게 된다. 후설은 이 점을 잘 알고 있었고, 그래서 『이념들 I』에서, 가장 중요한 문제, 즉 내적 시간의식에 속하는 그러한 문제들을 남겨두었음을 명시적으로 인정한다. 그가 덧붙였듯이, 오직 시간의식에 대한 분석만이 진정으로 절대적인 것을 드러내 밝혀줄 것이다Hua3/182. 후설은 현상학적 절대, 더 일반적으로는 현상학의 가장 밑바닥을 구성하는 것으로서의 시간성에 대한 분석에 대해 이야기하는데, 그것은 정확히 시간의식에 대한 분석이 그저 대상의 시간적 소여에 대한 연구에 불과한 것으로 간주되어서는 결코 안 되기 때문이다. 시간의식에 대한 분석은 또한 의식 자체의 시간적 자기소여self-giveness에 대한 설명이기도 하다.

근원인상-파지-예지

시간은 무엇인가? 일상생활에서 시간은 다양한 방식으로 이야기된다. 우주는 수십억 년 동안 존재해왔다고 이야기한다. 지질학에서 우리는 고생대 중 가장 최근인 페름기가 약 4,100만 년 정도 지속되었다고 말한다. 또 우리는 중세 시대에 대해 이야기하고, 1940년 4월 9일에 일어난 독일의 덴마크 점령에 대해 이야기한다. 그뿐 아니라 우리는 열차가 22분 후에 출발할 것이라고 예고할 수도 있다. 다른 말로 하자면, 일상적 삶에서 연대를 추정할 수 있고 측정할 수 있는, 역사적이고 우주적인 시간이 있다는 것은 당연시된다. 그러나 후설의 분석은, 비록 그가 우리가 객관적 시간에 대해 말할 수 있다는 것을 결코 부정하지는 않을지라도, 이러한 형식의 시간에 대해 주로 관심을 갖는 것이 아니다. 오히려 그는 시간이 이렇게 객관적 지위를 갖는다고 간단하게 가정하는 것은 철학적으로 용인될 수 없다고 주장한다. 현상학적으로 타당한 물음은 시간이 어떻게 그러한 타당성을 가지고 나타날 수 있는가, 즉 시간이 어떻게 그러한 타당성으로 구성되는가 하는 것이다. 이러한 분석을 시작하기 위해서는, 그러나 판단중지를 수행하는 것이 필수적이다. 우리는 객관적 시간의 존재와 본성에 대한 소박한 믿음을 중단하고, 우리에게 직접적으로 친숙한 시간의 유형을 출발점으로 삼아야 한다. 즉 우리는 경험된 혹은 체험된 시간으로 돌아가야 한다.

시간의식의 역할과 구조를 연구하기 위해 후설은 그가 즐겨 사용하는 나무나 탁자의 예를 버리고, 그가 시간적 대상*Zeitobjekt*이라 부르는 것 즉 시간적 연장을 가지며, 그것의 다양한 국면들이 동시에 존재할 수는 없고, 오직 시간을 가로질러서만 나타날 수 있는 그러한 대상으로서 멜로디의 예를 취한다Hua 10/23. 핵심 문제는 이것이다. 나는 어떻게 그러한 대상을 경험할 수 있는가? 후설의 근본적 주장은 (변화와 계기에 대한 우리의 체험 뿐 아니라) 시간적 대상에 대한 우리의 체험은 만약 우리의 의식이 오직 점적인 순간에 주어진 것만을 의식한다면, 따라서 의식의 흐름이 진주알들을 꿴 줄처럼 고립된 현재-점의 연속에 있다면, 불가능하리라는 것이다. 만약 이러하다면, 우리는 당장 지금 주어진 것만을 경험할 수 있고, 사실상 시간적 연장을 가진, 즉 지속하는 그 어떤 것도 경험할 수 없다. 이것은 명백히 사실이 아니다. 따라서 우리의 의식은 어떻게든지 지금 당장 주어진 것보다 더 많은 것을 품을 수 있음을 인정해야만 한다. 우리는 방금 있었던 것과 막 일어날 것을 함께 의식할 수 있다. 그러나 여기서 여전히 결정적 문제가 남는다. 어떻게 우리는 우리의 의식에 아직 혹은 더는 현재가 아닌 것을 의식할 수 있는가?

브렌타노에 따르면, 우리가 점적인 지금을 초월할 수 있는 것은 우리의 상상력imagination 덕분이다. 우리는 지금 당장 일어난 것을 지각하고, 더는 일어나지 않는 것, 혹은 아직 일어나지 않은 것을 상상한다. 그러나 후설은 이러한 제안이 반직관적 주장, 즉 우리는 시간적 연장을 가진 대상을 지각할 수 없고, 오직 상상할 수만 있다는 주장을 포함한다고 생각하여 이를 거부한다. 브렌타노의 이론은, 우리가 음악 작품이나 대화 전체를 단순히 상상하는 것이 아니라 명백하게도 들을 수 있다는 사실을 설명하지 못하는 것으로 보인다.

후설 자신의 대안은 현재의 폭을 주장하는 것이다. 우리가 '도' '레' '미' 세 음으로 이루어진 '도레미' 멜로디를 듣고 있다고 상상해보자. 만일 우리가 이러한 지각의 마지막 부분, 즉 '미' 음이 들릴 때 일어나는 것에 집중한다면, 우리는 오로지 '미'만을 의식하는 의식을 발견하는 것이 아니라 '레'와 '도'라는 두 개의 지나간 음을 여전히 의식하고 있는 의식을 발견하게 된다. 그뿐 아니라, 우리는 첫 번째 두 음을 (상상하는 것도 아니고 기억하는 것도 아니라) 여전히 듣고 있는 의식을 발견한다. 이것은 현재의 음 '미'와 '레' '도'라는 음의 의식 사이에 아무런 차이가 없다는 것을 의미하지는 않는다. '레'와 '도'는 '미'와 동시에 들리는 것이 아니다. 반대로 우리는 시간적 잇따름을 체험하고 있다. '레'와 '도'는 지각되었던 음이고 이제 과거로서 지각되는 음이다. 이러한 이유에서 우리는, 갑자기 서로를 대체하는 고립된 음들이 아니라 시간적 지속 속에 있는 멜로디를 실제로 경험할 수 있다.[1] 우

---

1 지각의 정확한 폭은 우리의 관심에 달려 있다. 만약 우리가 멜로디 전체를 그것

리는 의식이 지금에 붙잡혀 있지 않기 때문에 시간적 대상을 지각할 수 있다. 우리는 그저 세 음의 현재-국면만을 지각하는 것이 아니라 그것의 과거, 그리고 미래의 국면까지도 지각한다.

이제 이러한 사태를 기술하기 위해 후설이 사용한 전문용어들을 소개하고자 한다. 후설은 우선 대상의 지금-국면을 좁게 향하는 구체적 작용의 요소를 다룬다. 후설은 이러한 요소를 근원인상primal impression이라고 부른다. 이것은 혼자만으로는 우리에게 시간적 대상에 대한 지각을 제공할 수 없다. 사실, 이것은 결코 고립된 채 나타나지 않는, 작용의 그저 추상적 구성요소일 뿐이다. 근원인상은 분명 시간지평 속에 놓여 있다. 그리고 이것은 파지retention와 예지protention를 수반하는데, 파지는 우리에게 방금 지나간 대상 국면에 대한 의식을 제공하는 지향이고, 예지는 곧 일어나려고 하는 대상 국면에 대한 다소 불명확한 지향이다Hua 9/202, 33/46. 후설은 우리는 언제나 곧 일어나려는 것을 암묵적이고 비주제적인 방식으로 예기한다고 주장한다. 이러한 예기가 우리들의 경험의 실제적인 일부라는 사실을 잘 뒷받침하는 것은 밀랍 인형이 갑자기 움직이거나 문을 열자 갑자기 장애물이 튀어나오면 놀랄 것이라는 사실이다. 놀라움에 대해 이야기하는 것은 어떤 예기가 있음을 고려해야만 말이 된다. 그런데 우리는 언제나 놀랄 수 있기 때문에, 우리는 언제나 어떤 예기의 지평을 갖고 있다고 말할 수 있다Hua 11/7.

그러나 파지와 예지는 진정한 의미의 (주제적인) 회상recollection이

의 시간적 연장 속에서 지각한다고 주장할 수 있는 (짧은) 멜로디를 들으면서도 개별 음들에 주의를 기울인다면, 하나의 음은 새로운 음으로 대체되는 순간 더 이상 지각되지 않을 것이다(Hua 10/38).

나 예상expectation과는 구별되어야 한다. 방금 들린 음을 간직하거나 막 들리려고 하는 것에 뻗치는 것과 지난 휴가를 기억하거나 다음 휴가를 고대하는 것 사이에는 명백한 차이가 있다. 뒤의 두 지향은 파지와 예지의 작동을 전제하는 독립된 지향 작용이지만, 파지와 예지는 지금 일어나는 체험에 의존하는 요소다. 파지와 예지는 우리에게 새로운 지향적 대상을 제공하는 것이 아니라 현재의 대상의 시간적 지평에 대한 의식을 제공한다. 파지와 회상을 비교한다면, 파지는 비록 방금 존재했고 지금은 없는 것에 대한 직관일 지라도, 하나의 직관이다Hua 10/41, 118. 이와 대조적으로, 회상은 완결된 과거의 사건으로 향하는 현전화하는vergegenwärtigende 지향적 작용이다Hua10/333.[2] 또, 이른바 파지적 변양이란 우리의 능동적 기여 없이 일어나는 수동적 과정이지만, 회상은 우리 자신이 시작할 수 있는 작용이다.[3]

지각의 현전적 기능은 파지의 기여에, 그리고 이제는 없어진 것을 여전히 간직하는 파지의 능력에 의존하므로, 직관적으로 주어진 것을, 좁은 의미의 현재, 즉 대상의 점적인 현재-국면과 동일시하는 것은 잘못이다. 후설이 파지의 분석은 현상학적 영역의 의미심장한 확장으로 이끈다고 주장하는 것은, 부분적으로는 이러한 이유에서다 Hua 11/324-325, 13/162. 파지의 결정적 공헌에 대한 후설의 인정이, 실제로 후설이 현전의 형이상학mataphysics of presence에 몰두하도록 만들었는지는 나중에 다시 이야기하도록 하겠다cf. 165쪽.

2　듀발(Duval)은 파지 그 자체만으로는 과거를 지각할 수 없고 다만 지속을 의식할 수 있을 뿐이라고 주장했다. 엄밀한 의미에서 과거는 망각과 회상 사이의 변증법 속에서 구성된다(Duval 1990, 62, 67).

3　프루스트가 『잃어버린 시간을 찾아서』에서 기억의 실마리의 유명한 예로 보여주었듯이, 완전히 저절로 일어나는 회상도 있다.

그림1 근원인상-파지-예지와 대상의 서로 다른 시간 국면들 사이의 관계

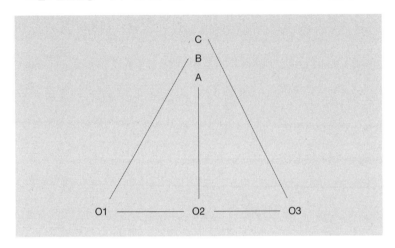

(근원 현전이라고도 알려져 있는) 근원인상이 지금-국면 자체가 아니라 대상의 지금-국면에 대한 의식에 해당하는 후설의 용어라는 것을 강조해둘 필요가 있다. 사실 대상의 다양한 국면들을 그에 따르는 의식의 구조, 즉 근원인상-파지-예지와 구분하는 것은 상당히 중요하다Hua 10/372, Ms. C2 11a. 파지와 예지는 근원인상과 비교하여 과거도 아니고 미래도 아니다. 그것들은 근원인상과 '동시에' 일어난다. 의식의 모든 실제 국면은 근원인상(A), 파지(B), 그리고 예지(C)의 구조를 갖고 있다Ms. C3 8a. 이러한 세 개의 탈자ecstasy를 중심으로 하는 구조의 상관자들이 대상의 지금 국면(O2), 과거 국면(O1), 그리고 미래 국면(O3)이다cf. 그림1. 대상의 지금-국면은 지평을 갖지만, 이때 지평은 파지와 예지로 이루어진 것이 아니라, 대상의 과거 국면과 미래 국면으로 이루어진다.[4]

4 Brough 1972, 302, 314-315.

그림2 시간의식의 구조

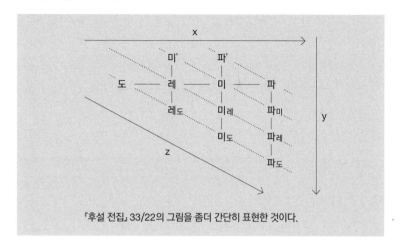

『후설 전집』 33/22의 그림을 좀더 간단히 표현한 것이다.

'도레미' 멜로디로 돌아가 보자. '도'가 들릴 때, 이것은 근원인상에 의해 지향된다. '레'가 잇따를 때, '레'는 근원인상 안에서 주어지는 반면, '도'는 이제 파지에 의해 간직된다. 그리고 '미'가 들릴 때, 근원인상 속에서 '미'는 '레'를 대체하고, '레'는 이제 파지에 의해 간직된다. 그러나 파지는 단순히 방금 있었던 음에 대한 의식만이 아니다. '도'에 '레'가 잇따를 때, '레'에 대한 우리의 근원인상은 '도'의 파지를 수반한다(레도). '레'가 '미'로 대체될 때, '미'에 대한 우리의 근원 인상적 의식은 '레'의 파지를 수반한다(미레). 그러나 이때 또한 '레'에 간직된 음, 즉 '도'의 파지도 수반한다(미도)Hua 10/81, 100.

그림2가 이를 분명히 드러내준다. 그림2에서 수평선은 음들(도, 레, 미, 파)의 연속을 가리키고, 수직선(가령 파', 미, 미레, 미도)은 예지, 근원인상 그리고 파지로 이루어진 의식의 현행적 국면을 가리킨다. 그리고 대각선(가령 도, 레도, 미도, 파도)은 특정한 음이, 과

거로 가라앉을 때, 그 소여 방식이 변하면서도 어떻게 동일하게 남는지를 보여준다. 근원인상은 파지들의 연쇄 전체와 '동시에' 발생한다. 그러나 근원인상에 주어진 것은 파지에서 의식된 것과 동시에 발생한 것이 아니다. 그리고 첫 번째 파지에 의해 간직된 것은 파지의 파지에서 간직된 것과 동시에 발생한 것이 아니다. 음들의 시간 순서는 보존된다. 그것들은 동시에 주어지는 것이 아니라 잇따라 주어진다. 특정한 음은 현전하기를 그치고, 과거가 된다. 그러나 그것은 시간적 순서에서 자신의 위치를 유지한다. 우리는 음은 언제나 시간의 특정한 지점에 위치 지워져 있으며, 그러나 이 위치와 실제 지금의 간격이 계속해서 증가한다고 말할 수 있다Hua 10/64. 음이 계속해서 다시금 회상될 수 있고, 회상 속에서 동일화될 수 있는 특정한 불변적 구조를 가진 시간적 순서 속에 위치 지워진다는 사실은, 후설에서, 객관적 시간의 구성, 즉 '시계의 시간'의 구성을 향한 첫 단계가 된다.

지금까지 나는 시간적 대상들의 구성만을 기술했지만, 후설에 따르면, 이러한 대상들에 대한 우리의 지각 자체도 시간적으로 구성된다. 우리의 작용과 경험들은 그 자체가, 생겨나고, 지속되고, 사라지는 시간적 통일체들이다. 이것들 또한 근원인상적·파지적·예지적 지향들의 그물망 속에서 구성되고, 이러한 틀 내에서만 주어지고, 자각된다Hua 11/223, 293, 4/102, EU205. 따라서 후설은 구성 개념을 더 철저히 분석한다. 구성되는 것은 초월적 대상만이 아니다. 주관적 작용들 또한 구성되고, 현출된다. 그래서 결국 이러한 최종적이고 절대적인 구성적 차원을 드러내 밝히는 것이 어려운 작업이 된다. 그렇다면 무엇이 지향적 작용들을 구성하는가?

절대의식

결정적인 첫 번째 문제는, 구성된 시간(구성된 대상들의 시간[객관적 시간]이든 구성된 체험들의 시간[주관적 시간]이든) 속에서 주어지는 것에 대한 우리의 의식 그 자체는 동일한 종류의 시간 속에서 주어지지 않는다는 것이다. 왜냐하면 이는 무한 소급으로 이끌 것이기 때문이다. 만약 시간을 구성하는 의식 자체가 구성된 시간 속에서 주어진다면, 우리는 또 다른 더 상위의 시간-구성 의식을 설정해야만 할 것이고, 이것은 계속될 것이다. 후설이 시간-구성 의식이(그는 이것을 절대적 흐름absolute stream 이라고도 부른다) 시간적으로 구성되는 것과 동시에 발생한다는 것을 부정하는 것은 이러한 이유에서다Hua 10/96, 371.

동시성에 대해 이야기하는 것은 공통의 시간 분모를 설정하는 것이다. 하지만 이것은 정확히 피해야 하는 것이다. 흐름은 시간적 변화에 영향을 받지 않는다. 이것은 객관적 시간 속에서 발생하지도 사라지지도 않는다. 더구나 이것은 시간적 대상처럼 지속되지도 않는다 Hua 10/113. 가끔 후설은 흐름이 마치 무시간적이라거나 초시간적인 것처럼 이야기하려고 한다Hua 10/112.[5] 그러나 이것을 오해해서는 안 된다. 흐름은 시간 속에 있지 않다는 의미에서 무시간적이다. 그러나 이것은 시간과 관련이 없다는 의미에서 무시간적인 것이 아니다. 반대로 흐름은 언제나 현재에 있고, 흐름의 이러한 정지된 지금nunc stans 자체가 일종의 시간성이다.[6] 달리 표현하자면, 내적 시간의식은 단순히 시간에 대한 의식이 아니라 그 자체가 매우 특수한 성질을 지닌 시

---

5 cf. Held 1966, 116-117.
6 cf. Kern 1975, 40-41

간적 과정이다.

후설은 따라서 서로 다른 세 가지 유형의 시간성을 다룬다. 현출하는 대상의 객관적 시간, 작용이나 체험의 주관적 시간 혹은 선경험적 시간, 그리고 마지막으로 내적 시간의식의 선현상적인 절대적 흐름 Hua 10/73, 76, 358.

후설이 끝까지 씨름하는 결정적 난점은 주관적 시간과 이러한 절대적 흐름 간의 관계를 설명하는 것이었다. C원고와 L원고라 불리는 수고에서 주로 발견되는 그의 고찰들은 어렵고 다소 불가해하다. 따라서 나는 내가 하는 해석이 잠정적 해석일 뿐이라는 것을 강조해야겠다.

내가 판단하는 한, 주관적 시간과 절대적 흐름의 관계에 대한 후설의 고찰들은 반성적reflective 자기의식과 선반성적prereflective 자기의식, 즉 일종의 명시적이고 주제적인, 객관화하는 반성의 결과로 생겨나는 자기의식과 우리의 모든 의식 작용을 특징짓고, 반성적 자기의식의 가능 조건인, 일종의 암묵적 자기의식의 관계에 대한 그의 분석과 연계되어야만 이해할 수 있다.[7] 그래서 우선 이러한 구분에 대해 몇 마디 하고자 한다.

후설에 의하면, 어떤 것이 주관이라는 것은 자신에 대해 존재할 수 있다는 것, 즉 자기를 의식할 수 있다는 것이다. 따라서 자기의식은 어떤 특수한 환경에서만 발생하는 것이라기보다는, 어떠한 세속적 실체들을 의식하거나 그에 몰두하고 있든, 우리가 우리의 의식적 삶에 주의를 기울일 때마다 발생하는, 주관성 자체를 특징짓는 성격이

---

7 이러한 상이한 종류의 자기의식에 대한 더 폭넓은 논의에 대해서는 Zahavi 1999b 참조.

다.[8] 후설은 다음과 같이 말한다.

> 어떤 것이 주관이라는 것은 자신을 의식하는 방식 속에 존재함을 뜻한다.(Hua 14/151)

> 절대적 존재자는, 아무리 그것이 그 밖의 다른 것을 의식할지라도, 동시에 자기 자신을 의식하는, 지향적 삶의 형식 속에서 존재한다. 바로 그 때문에, (우리가 더 깊이 숙고할 때 통찰할 수 있듯이) 그 것은 본질적으로 언제나, 그에게 두드러진 자신의 모든 모습들에 따라 자기 자신을 반성할 수 있고, 자기 자신을 주제화할 수 있으며, 자기 자신과 관계하는 판단과 명증들을 산출해낼 수 있다.(Hua 17/279-280)

> 모든 체험은 '의식'이다. 그리고 의식은 '무엇'에 대한 의식이다. 그러나 모든 체험은 또한 '의식되기' 때문에, 자신에게 체험된다.(Hua10/291)

후설이 주관성은 그 자체로 자기를 의식한다고 주장할 때, 그가 완전무결한 자기투명성에 대한 강한 데카르트적 테제를 옹호하고 있는 것은 아니다. 다만 후설은 후에 네이글Thomas Nagel이나 설John Searle이 주장했던 것과 똑같은 방식으로, 경험적 현상들과 일인칭적 소여의

---

8 우리는 이러한 취지의 수많은 진술들을 발견할 수 있다. 가령 Hua 1/81, 4/318, 8/189, 412, 450, 13/252, 462, 14/151, 292, 353, 380, 그리고 Ms. C 16 81b를 보라.

긴밀한 연결에 주의를 환기시키고 있을 뿐이다. 후설의 관점에서, 경험의 주관적 혹은 일인칭적 소여는, 마치 그저 광택제인 양 그저 경험에 덧붙여진 성질이 아니다. 반대로 그것은 바로 경험의 존재 방식을 구성한다. 그것들이 실제로 주관에게 나타나는지 아닌지와 상관없이 존재할 수 있는 물리적 사물들과는 반대로, 경험은 본질적으로 주관적 소여를, 그것들에 대한 주관적 '느낌'이 있다는 것을 특징으로 한다. 어떤 경험을 겪는다는 것은 반드시, 주체가 그러한 경험을 가지는 데서, '~같다'it is like~와 같은 무언가가 있다는 것을 의미한다.[9] 그러나 주체가 그러한 경험을 갖는 데서, '~같다'와 같은 무언가가 있는 한, 이러한 경험들 자체에 대한 어떤 의식이 있음에 틀림없다. 간단히 말해서, 자기의식의 최소의 형식이 있음에 틀림없다. 사실 가령 혼수상태가 아니라 의식한다는 것은, 정확히 말해 자신의 현재의 경험들을 직접적이고 비추론적으로 안다는 것이다. 경험을 일인칭적 소여 방식 속에서 알게 된다는 것은 자기의식의 원초적 형태를 소유하고 있다는 것이다. 이런 이유로, 자기의식이 없을 유일한 경험의 형태는 주관이 의식하지 않는 경험, 즉 '무의식적 경험'이 될 것이다.

이제 반성이라는 주제로 돌아간다면, 후설은 반성 작용(가령 하나의 스위스 칼에 대한 현재의 지각을 분명하게 의식하는 것)이 2중의 의미에서 토대 지워져 있다고 생각한다. 그것은 우리에게 자신에게 제한된 주관성이 아니라 대상을 향해 자신을 초월하는 주관성을 제시하므로, 대상-지향성이라는 선행 작용을 전제한다Hua 15/78, 8/157. 나아가, 반성은 명시적 자기의식이므로, 또한 그에 앞서는 암묵적 자기의식에 의존한다. 지각함Wahrnehmen과 체험함Erleben이라는 용어상 구분

9 cf. Searle 1992, 131-132, 172; Nagel 1974, 436; Nagel 1986, 15-16.

을 이용하여, 『논리연구』로 거슬러가보자. 반성에 앞서, 우리는 지향적 대상은 지각하지만 지향적 작용은 체험한다*erleben*. 나는 작용을 지향적으로 향하지(이는 작용을 주제화하는, 후속하는 반성에서 일어난다) 않지만, 그 작용은 무의식적이 아니라 의식적이다Hua3/162, 168, 251, 349, 9/29. 즉 작용은 암묵적이고 선반성적 방식으로 의식에 주어지고 있다Hua 4/118.

후설에 따르면, 우리의 작용들은 암묵적으로 자기를 의식한다. 그러나 그것들은 또한 반성으로 올 수 있다. 그것들은 반성되고, 그럼으로써 우리의 주의를 끌 수 있다Hua 4/248. 이러한 과정의 특정한 지향적 구조를 조사해보면, 반성의 토대 지워진 지위에 대한 이러한 테제를 입증할 수 있다. 반성적 자기의식은 종종 주제적이고, 분명하게 표현된, 강렬해진 자기의식으로 취해지는데, 이는 보통 본래의 지향적 작용에 초점을 맞추려고 작동하기 시작한다. 그러나 반성의 발생을 설명하기 위해서는, 드러나고 주제화되어야 할 것이 (비주제적으로) 지금 있어야 할 필요가 있다. 그렇지 않다면, 반성 작용의 동기가 되어 이를 불러일으킬 것이 아무것도 없게 될 것이다. 후설이 지적하듯이, 파악하는 것보다 이미 앞서 주어진 무언가를 포착함이 반성의 본성이다. 반성의 특징은 그것의 주제를 생산함이 아니라 드러냄이다.

내가 '나'를 이야기할 때, 나는 단순한 반성 속에서 나를 파악한다. 그러나 이러한 자기 경험은 모든 경험, 그리고 우선 모든 지각과 마찬가지로, 이미 나에게 있었던 것, 이미 의식되었지만 아직 주제적으로 경험되지 않고 주목되지 않은 무언가를 향하는 나에게로 그저 향하는 것이다. (Hua 15/492-493)

내가 반성할 때마다, 나는 촉발된 것이거나 능동적인 것으로서의 무언가와의 '관계 속에서' 나 자신을 발견한다. 내가 관계 맺으면서 경험적으로 의식하는 것, 그것은 내가 그것과 관계 맺을 수 있도록, 나에게 이미 '체험'으로서의 무언가다.(Ms. C10 13a)[10]

요약하자면, 반성은 독자적sui generis 작용이 아니다. 이것은 아무 것도 없는데서 나타나는 것이 아니라, 모든 지향적 활동처럼 동기 부여motivation를 전제한다. 후설에 따르면, 동기 부여된다는 것은 무언가에 의해 촉발되고affected, 그것에 응답한다는 것이다Hua 4/217. 나는 이미 수동적으로 자기를 의식하기 때문에 나를 주제화할 수 있고, 나는 이미 나 자신에게서 촉발되기 때문에 나를 포착할 수 있다Hua 6/111, 15/78, 120.

내가 반성을 시작할 때, 반성을 동기 지으며 반성에 의해 포착되는 것은 이미 얼마간 진행되고 있었던 것이다. 반성된 경험은 내가 그것으로 주의를 기울이기 시작하는 순간 시작된 것이 아니다. 그것은 여전히 존재하고 있는 것으로 주어질 뿐 아니라 또한 우선 이미 있었던 것으로서 주어진다. 그것은 지금 반성적으로 주어지고, 나에게 시간 속에서 지속하는 것으로서, 즉 시간적 작용으로서 주어지는 것과 동일한 작용이다Hua 3/95, 162-164. 반성이 시작될 때, 그것은 막 지나간 것, 즉 반성된 작용을 동기 짓고 있는 국면을 처음으로 붙잡는다. 이러한 국면이 후속하는 반성에 의해 여전히 주제화될 수 있는 이유는

---

10 'Wenn immer ich refelektiere, finde ich mich "in bezug auf" ein Etwas, als affiziertes bzw. aktives. Das, worauf ich bezogen bin, ist erlebnismäßig bewusst—es ist für mich etwas schon als "Erlebnis," damit ich mich darauf beziehen kann'(Ms. C 10 13a).

그것이 사라지는 것이 아니라, 파지 속에 간직되기 때문이다. 이런 이유에서 후설은, 파지란 반성의 가능 조건이라고 주장할 수 있다. 그가 이야기하듯이, 의식이 대상으로 될 수 있는 것은 파지 때문이다Hua 10/119. 다른 말로 하자면, 반성은 시간적 지평이 설립되었을 때만 일어날 수 있다.

이것은 우리를 다시 시간성의 문제로, 그리고 절대적으로 흐르는 내적 시간의식과 시간적으로 구성된 작용 사이의 관계로 되돌려놓는다. 우리는 이러한 관계를 어떻게 생각해야 하는가? 하나의 가능성은 지향적 작용과 지향적 대상 간의 관계에 유비하여 그것을 생각하는 것이다. 우리가 구성된 대상과 그것들이 나타나도록 하는 구성하는 작용을 구분해야 하는 것과 꼭 마찬가지로, 우리는 구성된 작용들과 그것들이 나타나도록 하는 더 깊은 차원의 구성하는 시간의식을 구분해야만 한다. 그래서 우리가 주관적 시간 속에서 시간적 대상으로서의 작용들을 의식하도록 하는 것은 절대적으로 흐르는 내적 시간의식이다. 이것은 상당 기간 동안 지배적 해석이었다. 하지만 나는 이러한 해석이 문제가 있다고 생각한다.[11]

후설의 분석이 직면하고 있는 한 가지 문제는 무한 소급의 위험이었다. 후설이 지향적 작용이 내적 시간의식에서 구성된다고 주장할 때, 그는 작용이 주관성의 어떤 다른 부분에 의해 소여로 가져와짐을 뜻하지 않는다. 내적 시간 의식은 작용의 선반성적 자기의식이다. 말하자면, 작용이 내적 시간의식에서 구성된다는 것은 그저 작용이 내적 시간의식의 덕분으로 의식에 가져와짐을 의미한다. 그것은 작용

---

11 브로(Brough)와 소콜롭스키는 이러한 해석을 옹호했다. 더 폭넓은 논의와 비판에 대해서는 Zahavi 1998d와 1999b 참조.

자체의 가장 깊숙한 구조에 속하기 때문에 내적*inner* 시간의식이라 불린다. 다르게 표현한다면, 내적 시간의식의 구조(근원인상-파지-예지)에 대한 후설의 기술은 우리의 작용과 경험들의 선반성적 자기현시의 구조에 대한 분석으로 간주될 수 있을지 모른다. 따라서 후설의 입장은 상대적으로 명료하다. 즉 지향적 작용은 자신과 다른 무언가를, 즉 지향적 대상을 의식한다. 그러나 작용은 또한 자기 자신을 드러낸다. 대상은 작용을 통해 주어지는데, 만일 작용에 대한 의식이 없다면, 대상 자체가 나타나지 않을 것이다. 따라서 지향적이라는 것과는 별도로, 작용은 또한 '내적 의식' '근원의식'*Urbewußtsein* 혹은 '인상적 의식'으로 특징지어진다. 그리고 이 세 가지 서로 다른 용어는 하나의 동일한 것을 지시한다Hua 4/118-119, 10/83, 89-90, 119, 126-127, 23/321.

주관성은 그 자체가 자기시간화다. 여기서 지향적 작용은, 후설 자신의 비유를 들자면, 흐르는 경험함 속에서 물결처럼 근원적으로 주어진다Hua 10/75, Ms C17 63a. 원래, 지향적 작용은 자기시간화하는 흐름의 요소들이다. 따라서 시간적으로 구성된, 별개의 지속하는 대상들은 아니다. 그것들이 주관적인 잇따르는 시간 속에서 대상으로 구성되는 것은, 반성 속에서든 회상 속에서든, 오로지 우리가 이러한 작용들을 주제화하기 시작하는 순간이다.[12] 작용의 소여와 흐름의 자기현시 사이에 어떠한 구분도 없는 것과 꼭 마찬가지로, 반성에 앞서서는, 내부적인 대상들에 대한 의식이 없다. 반성에 의해 대상화된 작용

---

12 이러한 해석을 확증해줄 수도 있는 구절들에 대해서는 Hua 4/104, 10/36, 51, 112, 33/166, 176, Ms. A V 5 4b-5a, Ms. C 10 17a, Ms. C 16 59a, Ms. C 12 3b를 보라.

들에 대해 말하자면, 이러한 것들은 다름 아닌 흐름 자신의 반성적 자기현시이기 때문에, 흐름과 분리될 수 없다. 즉 경험함의 절대적 흐름과 반성적으로 주제화된 작용들의 구성된 흐름은 두 개의 분리된 흐름이 아니라 단지 하나의 동일한 것의 서로 다른 두 나타남이다. 따라서 후설은 이렇게 쓸 수 있는 것이다.

> 우리는 말하기를, 나는 나의 삶 속에 있는 나라고 말한다. 그리고 이러한 삶은 체험이고, 개별적인 것으로서 반성적으로 두드러지는 그것의 요소단편들은 그것들 속에서 그 어떤 무언가가 체험되는 한, 정당하게 "체험"이라고 불린다.(Ms. C3 26a)[13]

내적 시간의식을 통해 우리는 의식의 흐름을 의식할 뿐 아니라(선반성적 자기의식), 주관적 시간 속에서 경계 지워진 시간적 대상으로서의 작용들을 의식하고(반성적 자기의식) 객관적 시간 속에서의 초월적 대상들을 의식한다(지향적 의식). 내적 시간의식은 그저 우리의 체험의 선반성적 자기의식의 또 다른 이름일 뿐이다. 즉 그것은 그 자체가 지향적 작용이거나 시간적 단일체 혹은 내재적 대상이 아니라 Hua 10/127, 우리 의식의 내재적이고 비상관적인 하나의 특성인, 흐르는 자기의식이다. 따라서 어떠한 무한 소급도 야기되지 않는다.

내재적 시간을 구성하는 의식의 흐름은 존재할 뿐 아니라, 그것은

---

13 'Wir sagen, ich bin, der ich bin in meinem Leben. Und dieses Leben ist Erleben, seine reflektiv als einzelne abzuhebenden Bestandstücke heißen rechtmäßig "Erlebnisse", sofern in ihnen irgendetwas erlebt ist.(Ms. C 3 26a)'

놀랍지만 자명하게도 그 안에 필연적으로 흐름의 자기 현출이 있어서 흐름 자체가 필연적으로 흘러감 속에서 파악될 수 있다는 특성을 가진다. 흐름의 자기 현출은 두 번째의 흐름을 요구하는 것이 아니라 그것은 현상으로서 자신을 자기 자신 안에서 구성한다.(Hua 10/83)

요약하자면, 작용의 선현상적 존재, 즉 작용의 반성적 주제화 이전의 존재와 현상으로서의 작용의 존재를 구별하는 것이 필수적이다 Hua 10/129. 작용의 선현상적 존재 즉 작용의 선반성적 자기현시의 근원적 양상은 주관과 대상, 작용과 대상, 경험하는 것과 경험되는 것의 구분에 의지하는 사유에 의해 포착될 수 없다. 이러한 결론에 이르면서, 후설은 지금까지 근본적인 것이었던 원리, 즉 구성하는 것과 구성되는 것은 본질적으로 서로 다른 두 차원에 속한다는 원리와 결별하고 있다. 대상-지향성의 영역에 유효한 원리는 그것이 주관성의 자기현시의 문제로 올 때 실패하고 만다.

이미 언급되었다시피, 시간에 대한 후설의 연구는 후설의 가장 어렵고도 근본적인 분석에 속한다. 그래서 이 주제는 후기 후설 현상학에 결정적인 것으로 남았다. 이제, 나중에 논의되어온 여러 문제들 중 하나만 이야기해보도록 하겠다. 시간의식의 절대적 흐름은 도대체 어떻게 현상학적 기술로 접근될 수 있는가? 현상학적 기술은 반성에 기반을 두지만, 반성은 보통 주제화하고 대상화하는 과정으로 간주된다. 반성은 선반성적으로 기능하는 주관성을 포착하는 것을 목표로 하지만, 그것은 언제나 거기에 너무 늦게 이르는 것이 아닌가? 적어도 후설은 종종 절대적으로 구성하는 주관성을 익명으로 남아 있는 것으로 기술한다Hua 9/478, 14/29. 그래서 우리는 반성으로도 환원으로도 결코 제거될 수 없는 익명성에 대해 이야기하게 된다.

이러한 결론은 현상학의 가능성에 대해 영향을 미친다. 주관성의 가장 근본적인 구성적 차원, 즉 지향적 삶의 바로 그러한 원천에 대한 연구에 관해서, 후설 자신의 방법론적 원리들, 특히 원본적으로 부여하는 우리의 직관이 모든 인식의 원천이어야 한다는 이른바 원리들 중의 원리principles of principles, Hua 3/51에 부합한 충실한 현상학적 기술을 수행해 내는 것이 불가능해보인다. 우리는 우리의 모든 고찰들을 현상학적 반성 속에서 직관적으로 주어지는 것에 근거 지울 수 없다. 왜냐하면 반성은 결코 작동하고 있는 삶을 붙잡지 못하고, 언제나 너무 늦기 때문이다. 그래서 현상학은 그것의 한계에 이르거나 원리중의 원리의 타당성은 다시 검토되어야 한다.

분명한 것은 절대적 흐름은 그 어떤 대상과도 근본적으로 달라서, 그에 대한 기술은 언어를 한계까지 몰고 간다는 것이다.[14] 이러한 문제는 우리가 사용할 수 있는 언어의 근본적 결함을 끊임없이 강조하는 후설에 의해 반복적으로 전면에 등장한다. 우리는 구성된 것에 의거하여 절대적 주관성에 대해 이야기하고(절대적 주관성을 그것이 구성하는 것과 엄밀하게 분리하여 분석하는 것은 불가능하고 근본적 오류로 이끈다는 테제를 강력히 긍정), 그것을 시간적 대상에 적합한 술어들로 기술한다. 예를 들어, 제대로 말하자면, 지금 속에 존재하는 것도 아니고 시간 속에 연장되어 있는 것도 아닌데도, 우리는 그것을 '흐르는' '정지해 있는' '현재 있는'과 같이 부른다. 그러나 우리는 그저 더 적합한 말들을 갖고 있지 못할 뿐이다Hua 10/75, Ms. C3 4a, Ms. C7

---

14 Brough 1987, 23.

14a.[15] 더 일반적으로는, 후설은 체험된 주관성에 대한 연구에는 여러 가지 난점들이 따라다닌다는 것을 잘 알고 있었다. 그는 베르나우 원고의 한 구절에서 다음과 같이 쓰고 있다.

> 이러한 의미에서, 그것[즉, 자아]은 '존재'가 아니라 존재하는 모든 것들에 대립되는 것이다. 즉 그것은 대상*Gegenstand*이 아니라 근원상*Urstand*이다. 자아는 자아라고 불려서는 안 된다. 그것은 어떤 것으로도 불려서는 안 된다. 왜냐하면 그렇게 되면 그것은 이미 대상이 되어버리기 때문이다. 자아는 말로 나타낼 수 없는 이름 없는 것이고, 정지해 있는 것이 아니고, 떠 있는 것도 아니며, 모든 것의 위에 존재하는 것도 아니다. 그것은 파악하고 가치 평가하는 등등으로서 '기능하는 것'이다.(Hua 33/277-278)

이것은 이후로 줄곧 현상학자들이 몰두해온 문제다. 어떤 공통된 통찰을 요약해서 이야기하자면, 우리는 대상을 탐구하는 것과 동일한 방식으로 주관적 차원을 분석하고 해명할 수는 없다. 정확히 이러한 이유에서, 현상학이 절대적 주관성을 설명해야 하는 순간에 그것의 통상적 원리와 결별해야 한다는 이유로 현상학이 실패했다고 생각하는 것은 오류다. 기능하는 주관성의 익명성과 이해하기 어려움

---

15 『존재와 시간』의 시작 부분에서 하이데거가 유사한 주장을 했다는 사실은 주목할 만하다. 그는 다음과 같이 쓰고 있다. "다음의 분석들에서 표현의 서투름과 '멋없음'에 관해, 우리는 존재자(beings)를 서사적으로 보고하는 것과 존재자를 그것들의 존재(being) 속에서 붙잡는 것은 다른 일이라는 사실을 언급해도 될 것이다. 후자의 작업에서는 대부분의 단어들뿐만 아니라 무엇보다 '문법'이 부족하다"(Heidegger 1986, 38-39).

은 현상학적 방법의 출발점의 불합리성이나 무용함을 드러내는 것이 아니라 그저 탐구되고 있는 것의 성격을 드러낼 뿐이다.[16]

지평과 현전

후설에 대한 가장 널리 유포된 비난들 중 하나, 즉 후설이 직관주의자intuitionist라는 비난을 살펴보면서 시간성에 대한 논의를 끝맺는 것은 지당할 것이다. 이러한 비판은 해석학적 관점과 해체론적 관점 양쪽 모두에서 제기되었는데, 장애물은 종종 무전제성의 철학의 가능성에 대한 후설의 주장이었다.

보다 일반적으로는, 후설의 현상학은 종종 현전의 형이상학metaphysics of presence이라 불린 것의 전형적 예로 간주되어왔다. 즉 후설이 주관성을 순수한 자기현전으로 정의하고, 의미, 진리, 실재를 주관에게 직관적 직접성 안에서 주어질 수 있는 것과 등치시킨다고 주장하곤 했다.

이에 대한 반대는 아주 많았다. 어떤 이들은 주관의 자기소여란 결코 직접적이지 않고, 언제나 시간, 세계, 언어, 신체 그리고 상호주관성에 의해 매개된다고 주장했다. 또 어떤 이들은 언어나 전통을 고려하지 않고서는 의미, 진리, 실재를 충분히 설명할 수 없다고 주장했다. 왜냐하면 우리는 언제나 개인을 초월하는 전통 안에 놓여 있기 때문이다. 결국 더욱 근본적 수준에서는 또한, 현전이라는 개념 자체가 단순하고 일차적인 것이 아니라 구조적 복합성을 전제한다고 주장되었다. 궁극적으로, 차이와 부재가 현전을 구성하는 것이지 그 반대가 아니다.

첫 번째 두 반대에 대해서는, 신체, 상호주관성, 생활세계에 대한

---

16 Held 1966, 77, 160.

후설의 분석을 논의하면서 간접적으로 답할 것이다. 우리가 살펴보게 되듯이, 후설은 결코 현전에 대한 순진한 예찬에 압도되지 않았다. 반대로, 가장 직접적인 경험으로 나타나는 것조차 습득된 지식뿐 아니라 이전의 경험이 침투해 있고, 그것으로부터 영향을 받는다는 사실을 아주 잘 알고 있었다.

1917~21년의 시기에, 후설은 정적static 현상학과 발생적genetic 현상학이라 불리는 것을 구별하기 시작한다. 정적 현상학은 가령 우리가 『논리연구』나 『이념들 I』에서 만나는 유형의 현상학이다. 정적 현상학의 주된 과제는 작용과 대상 간의 관계를 설명하는 것이다. 그것은 보통 어떤 특정한 대상 영역(가령, 이념적 대상이나 물리적 대상)을 출발점으로 삼고, 이러한 대상과 상관적으로 관계 맺고, 이러한 대상을 구성하는 지향적 작용들을 탐구한다. 이러한 탐구는 대상 유형과 지향적 구조 둘 모두가 손쉽게 주어질 수 있으므로, 정적인 것으로 특징지어진다. 그러나 후설은 결국에는 지향적 구조 자체뿐 아니라 이러한 대상 유형들 모두가 근원과 역사를 갖는다는 사실을 깨닫게 된다. 후설은, 이해와 기대의 형태들이 점차 어떻게 설립되어 뒤따르는 경험에 영향을 주게 되는지를 기술하면서, 침전sedimentation 과정에 대해 이야기한다. 특정한 경험 유형들(가령, 선언어적 경험들)은 후의 더욱 복잡한 경험 유형들(가령, 과학적 탐구)을 조건 짓는다. 발생적 현상학의 과제가 바로 이러한 다양한 유형의 지향성들의 근원과 형성을 탐구하는 것이다Hua 11/345. (그러나 후설은 그러한 형성이 종속된 본질 구조에 관심을 가졌다는 사실이 주목되어야 한다. 후설은 어떤 사실적[개체발생적 또는 계통발생적] 발생에 관심을 가졌던 것이 아니다.)

더욱이 두 반대는 모두 부분적으로 잘못되었다. 우선 그것들은 '어떻게 의식이 자신을 의식할 수 있는가'의 형식적 의미에서의 자기소여와 '내가 누구인가'라는 실질적 의미에서의 자기인식을 혼동하고 있다. 둘째, 후설이 현상들에 대한 무전제성의 기술에 대해 이야기할 때, 이것은 무개념적이거나 비이론적인 설명으로 이해되어서는 안 되고, 단지 분석되는 것을 단순히 흐리게 하고 왜곡시킬 지 모르는 여러 가지 불필요한 관심이 아닌, 사태 자체에 의해 규정되는 기술로서 이해되어야 한다. 물론 후설이 관심을 두고 있는 '사태들'이란 동전이나 아네모네나 텔레비전 혹은 엑스레이 사진과 같은 구체적 대상들이 아니라 현상들의 근본적 구조와 현출의 가능 조건에 대한 영역 존재론적인 분석들 혹은 초월론적 철학적인 분석들이다. 우리가 이미 살펴보았듯이, 후설에게 이것은 결코 쉬운 작업으로 간주되지 않았다. 반대로, 그것은 수많은 방법론적 작업들, 수많은 환원이나 해체 destruction(또는 우리가 이미 후설에게서 발견하고 있는, 현상학적 전통에서 온 다른 말을 사용하자면, 수많은 탈구축deconstruction[*Aufbau*])를 요구한다. 왜냐하면 실제로 대상, 그림, 가치 또는 실제적이거나 단순히 상상된 어떤 것을 의미하는 것에 대한 우리의 이해는 아주 종종 전통적 선입견들에 의해 덮여 가려지고 왜곡되어 있기 때문이다.

이제 현전의 복합성에 관해 언급하는 마지막 반대 주장에 대한 몇 가지 논평으로 이 절을 마무리짓고자 한다.

이미 언급되었다시피, 후설이 직관에 특권적 지위를 부여한 것은 사실이다. 만일 우리가 꽃피는 사과나무에 대한 지각과 그러한 사과나무에 대한 회상이나 상상을 비교해본다면, 세 경우 모두에서 우리가 (사과나무에 대한 마음의 그림이나 복사본이 아니라) 사과나무를 향하고 있다는 것은 옳다. 그러나 사과나무가 이러한 세 가지 작용들에서 나타나는 방식들 사이에는 여전히 결정적이 차이가 있다. 공허한 방식으로 사과나무를 지향하는 지향과 지각적으로 주어진 사과나무에 의해 충족된 지향 사이에는 차이가 있다. 따라서 후설은 꽃피는 사과나무는 직관에서 가장 원본적으로originarily 주어진다고 주장한다. 즉 그것은 '생생하게 자기소여되는'leibhaftig selbst-gegeben 반면, 회상이나 상상에서는 우리는 그러한 종류의 현전을 결여한다. 이러한 두 작용들에서, 사과나무의 소여는 매개된다mediated. 가령 이것은 회상이나 상상의 지향적 구조가 지각을 지시한다는 사실에서 분명하다. 예를 들어, 회상은 후설에서 회상 이전의 지각에 대한 의식이고, 그러한 의미에서, 소여의 파생된 양상으로서, 원본적 직관에 대한 지시를 포함한다.

이 모든 것들은 후설을 현전의 형이상학에 귀속시키는 테제를 지지하는 듯 보인다. 대상이 주관에게 자신을 더욱 직접적으로 보여줄수록 그것은 더욱 현재에 있다. 그리고 더욱 현재에 있을수록, 더욱 실제적이다. 이러한 생각은 결국 대상의 현존existence(그것의 존재)은 주관에 대한 그것의 직관적 소여에 상관적이라는 사실을 후설이 완고하게 강조하는 데서 절정에 달한다. 존재하는 대상과 허구의 대상을 구분시키는 것은 정확히 바로 전자는 자신의 고유한 모습으로propria persona 직관적으로 나타날 수 있다는 데 있다.

그러나 또 다른 측면이 있다. 내가 이미 보여주었듯이, 후설은 언제나 지각된 대상의 초월transcendence를 강조한다. 대상이 나의 지각적 작용의 일부가 아니라는 사실은 대상의 관점적·지평적 소여로부터 자명해진다. 내가 사과나무를 볼 때, 나타나는 것과 나타남 자체를 구별하는 것은 필수적이다. 왜냐하면 사과나무는 결코 전체로 주어지지 않고 언제나 어떤 제한된 관점으로부터 주어지기 때문이다. 나에게 주어지는 것은 결코, 사과나무의 앞면과 뒷면, 아랫면을 포함한 사과나무 전체가 아니고, 심지어 가장 완전한 직관 속에서조차 오직 단일한 음영만이 직관적으로 주어진다. 그럼에도, 우리가 지향하고 경험하는 것은 (보통) 나타나는 대상이지 직관적으로 주어진 음영이 아니다. 이제 중심적인 물음은 이것이다. 어떻게 이것이 가능한가?

후설에 따르면, 직관적으로 현전하는 것이 실제로 단지 단일한 음영일 뿐인데도, 우리가 사과나무 자체를 지각하는 이유는 후설이 '지평 지향성'horizontal intentionality이라고 부르는 것 덕분이다. 후설은 대상의 현전하는 음영에 대한 우리의 직관적 의식은 언제나 부재하는absent 음영들인 대상의 지평에 대한 지향적 의식을 동반한다고 주장한다 Hua 6/161. 우리가 오직 직관적으로 주어지는 것만을 향한다면, 바로 그 대상에 대한 어떠한 지각적 의식도 가능하지 않을 것이다.

본래적이지 않게 현상하는 대상적 규정성들이 함께 파악되지만, 그것은 감각적으로 지각되지는 않는다. 다시 말해 그것은 감각적인 것, 즉 감각자료를 통해 제시되지는 않는다. 그럼에도 어쨌든 그것들이 함께 파악된다는 것은 자명하다. 왜냐하면 그렇지 않다면 우리는 어떠한 대상도 눈앞에 가질 수 없으며, 대상의 측면은 오직 대상을 통해서만 측면일 수 있으므로, 심지어 대상의 한 측면조차 눈앞에 가질 수 없을 것이기 때문이다.(Hua 16/55)

(보통 '외부 지각'이라 불리는) 모든 공간사물적 지각은, 그것이 비록 지각일지라도, 즉 그것의 고유한 의미에 따르면 직접적인 자체 파악일지라도, 기만적일 수 있다. 그것은, 바로 정확히 말해, 그것의 고유한 의미에 따르면, 선취하고 있다(선취는 함께 생각된 것과 관계한다). 이것은 너무도 철저해서, 주어진 지각의 계기 속에서

자체 파악된 것의 내용들 속에 조차도, 정확히 고찰해보면, 선취의 계기가 놓여 있다. 근본적으로, 지각된 것 속에는 순수하고 충전적으로 지각된 어떠한 것도 존재하지 않는다.(Hua 8/45. cf. 9/486)

후설의 주장을 과소평가하지 않는 것이 중요하다. 그는 그저 대상에 대한 모든 지각은 지각적으로 현전하는 것 이상의 것을 필수적으로 포함함에 틀림없다고 주장하고 있는 것이 아니다. 무언가를 나무로 보기 위하여, 우리는 직관적으로 주어진 음영을 초월하여 나무의 부재적 음영을 비주제적으로 함께 지향해야만 한다(이러한 이유에서 모든 지각은, 후설의 말로, '넘어 지시함'*Hinausdeutung*을 수반한다Hua 11/19). 다른 말로 하자면, 사과나무는 현전(직관적으로 주어진 음영)과 부재(직관적으로 주어지지 않은 다양한 음영들)사이의 이러한 활동 속에서만 직관적으로 주어진 초월적 대상으로 나타날 수 있다.[17] 그래서 후설은 마침내, 직관적으로 주어진 음영은 오로지 대상의 부재적 음영들과의 관계 때문에 대상을 제시해주고 있으며, 현전적 음영이 현전적 음영으로서 구성되는 것은 오직 그것이 (부재의) 지평 속에 묻혀 있기 때문이라고 주장한다. 그러나 후설은 결코 부재에 우선권을 주는 데까지 나아가려 하지는 않았다. 누군가에 대한 부재이면서 현전적인 것과 관계맺지 않는 부재가 있다는 주장은 현상학적으로는 거의 옹호될 수 없다.

후설의 지향성 이론에서 지평이라는 이러한 개념이 수행하는 중심

---

17 후설의 상호주관성 이론에 대한 나의 설명을 통해 분명해지겠지만, 후설은 또한 객관성과 실재성은 자기충족적 주관에 최적의 현전이라는 견지에서 정의될 수 없다고 주장한다. 그 반대로 이는 언제나 타자의 타자성을 통해 매개되는 타당성의 형식들이다(cf. 201쪽).

적 역할을 강조하는 것이 중요하다. 지평적으로 함께 주어지는 것은 그저 우리에게 주제적으로 경험된 대상의 측면만이 아니다. 바로 그 대상은 훨씬 넓은 지평 속에 놓여 있다. 내가 몰두하고 있는 레몬은 여러 가지 부엌세간에 둘러싸인 주방 테이블에 놓여 있다. 배경에는 수도꼭지에서 물이 똑똑 떨어지고, 주방 창문을 통해 나는 놀고 있는 아이들의 고함소리를 듣고 있다. 내가 레몬에 관심을 기울일 때, 나는 레몬을 둘러싸고 있는 이러한 환경을 다소간 함께 의식한다. 그리고 실제로 지각된 것과 그와 함께 의식된 환경, 둘 다에 어떤 모호하고 비규정적인 지평과의 관련성이 스며들어 있다Hua 3/57. 이제 우리는 여기서 무궁무진하고, 그래서 결코 완전하게 주제화될 수 없는 세계 지평과 마주하게 된다.

우리가 주관의 자기소여의 문제로 시선을 돌릴 때, 우리는 또 다시 순수 현전의 불가능성에 대한 주장과 만나게 된다. 이미 언급했다시피, 근원인상은 언제나 시간적 지평 속에 놓여 있다. 살아 있는 지금은 근원인상-파지-예지라는 삼중의 구조를 가지고 있다. 이것이 바로 후설이 모든 의식은 파지적 지향들과 예지적 지향들을 갖는다고 말하는 이유다Hua 11/337. 바로 동일한 이유에서, 고립된 근원인상이란 존재하지 않으며, 순수한 자기현전은 존재하지 않는다.

지금까지의 논의를 통해 우리는 후설이 탁월한 현전의 철학자라는 주장은 더욱더 부당하다는 인상을 받아야만 할 것이다. 이제 한 가지 발언을 덧붙임으로써 이 여론을 끝맺고자 한다.

후설의 중요한 발견 중 하나는 파지가 그저 음만을 간직하는 것이 아니라 근원인상 또한 간직한다는 것이다. 만약 $P(t)$가 어떤 음에 대한 근원인상의 명칭이라면, 새로운 근원인상이 생겨날 때, $P(t)$는 $Rp(t)$라는 파지 속에 간직된다. 이러한 표기가 분명하게 하듯이, 간직되는 것은 음 뿐이 아니고, 음에 대한 우리의 의식 또한 간직된다. 다른 말로 하자면, 흐름의 실제 국면은 방금 있었던 음을 간직하고 있을 뿐 아니라, 흐름의 경과하고 있는 국면 역시 간직하고 있다.[18] 따라서, 지속하는 대상과 흐르는 의식은 함께 주어지고, 이러한 상호 의존적 방식 속에서만 나타날 수 있다. 나는 대상의 지속을 의식할 때에만, 나의 의식의 흐름을 선반성적으로 알 수 있으며, 그 역도 마찬가지다Hua 10/83. 달리 표현하자면, 의식은 어떤 낯선 것과 관계 맺을 때에만 시간적으로 자기소여될 수 있다Hua 14/14, 379. 그러나 물론, 이러한 점은 후설의 지향성 이론에서 이미 밝혀진 것이었다.

> 자아는 그것이 지향적으로 관계 맺고 있는 비-자아 없이는 생각될 수 없다.(Hua 14/245, cf. 13/170, 14/51, 13/92)

그러나 만약 주관의 자기소여가 타자와의 만남과 함께 가는 것이라면, 주관성은 순수한 자기현전으로 정의될 수 없다. 따라서 여기서 다시 한 번, 후설이 순진한 현전의 철학을 옹호한다는 주장은 틀린 것으로 입증되고 만다.[19]

B. 신체

이미 몇 번이나 언급했듯이, 지각에 대한 후설의 분석에 널리 스며

---

18 Brough 1972, 319.
19 후설의 시간의 철학을 더 폭넓게 다루고 있는 문헌으로는 Brand 1955; Held 1966; Derrida 1967a; Brough 1972, 1993; Sokolowski 1974; Bernet 1983; Zahavi 1999b, 63-90을 보라.

들어 있는 특징은 지각적(시공간적) 대상의 관점적 소여에 대한 그의 반성이다. 대상은 결코 전체로 주어지지 않고, 언제나 특정한 음영 속에서 주어진다. 겉보기에는 진부해 보이는 이러한 사실을 주의 깊게 고찰해보면, 여기서 후설이 신체에 돌린 중요성의 이해와 직접적으로 관련된 몇 가지 함축들이 드러난다. 이러한 고찰들은 1907년의 『사물과 공간』*Ding und Raum* 강연에까지 멀리 거슬러갈 수 있다.

신체와 관점

모든 관점적 현출은 나타나는 무언가를 함축할 뿐 아니라, 그것이 누구에게 현출하는가 하는 그 누군가를 함축한다. 다른 말로 하자면, 현출은 언제나 누군가에 대한 무언가의 현출이다. 모든 관점적 현출은 언제나 그것의 소유격과 여격을 갖는다.[20] 공간적으로 나타나는 것은 언제나 어떤 특정한 거리에서, 특정한 각도로부터 나타난다는 사실을 우리가 깨달을 때, 이러한 점은 분명해진다. 어떠한 순수한 관점도 존재하지 않고, 어떠한 전지적 관점도 존재하지 않는다. 오직 신체화된 관점만이 존재할 뿐이다. 모든 관점적 현출은 경험하는 주관이 그 자체 공간 속에 주어져 있음을 전제한다. 주관은 오직 그것이 형체를 가짐으로써 공간적 위치를 소유하기 때문에Hua 3/116, 4/33, 13/239, 후설은 공간적 대상들은 신체화된 주관들embodied subjects에게만 나타날 수 있고, 오직 그러한 주관에 의해서만 구성될 수 있다고 주장한다.[21]

---

20 이러한 적절한 표현에 대해서는 Prufer 1988; Sokolowski 1978, 128; 그리고 Hart 1992, 162 참조.

21 나의 지각적 대상의 지평적 현전(그리고 여기 함축된, 현전적 음영과 부재의 음영 사이의 차이)이, 내가 중심적 '여기'에 있음과 상호 관련되어 있다는 것이 참일지라도(Hua 4/158), 그리고 지각하는 어떠한 주체라도 '여기'와 '거

신체의 특징은 영점zero point, 즉 대상이 그것과의 관계 속에서 방향 지워지는 맥락 지시적인 '여기'로서의 어떤 관점적 경험 속에 존재한 다는 것이다. 신체는 그것의 주위에, 그것과의 관계 속에서 (자기중심적) 공간이 펼쳐지는 중심이다Hua 11/298, 4/159, 9/392. 따라서 후설은, 신체는 공간적 대상에 대한 지각과 더불어 공간적 대상과의 상호 작용의 가능 조건이며Hua 14/540, 모든 세속적 경험은 우리가 신체를 가짐으로써 가능하고 이러한 신체를 통해 매개된다고 주장한다Hua 6/220, 4/56, 5/124.

지각적 지향성의 가능 조건으로서의 신체의 역할에 대한 이러한 고찰들은 후설이 신체를 더는 그저 방향 설정의 중심으로서의 그것의 기능 속에서 분석하지 않고, 신체적인 가동성mobility과 더불어 지각적 실재의 구성에 그러한 신체적 가동성이 기여하는 역할을 고찰하기 시작할 때, 본격화된다. 깁슨James Gibson이 지적하듯이, 우리는 여기저기로 움직일 수 있는 신체에 붙어서, 이리 저리 돌릴 수 있는 머리에 달린 '움직일 수 있는' 눈을 가지고 본다. 따라서 정지된 관점은 다만 움직이는 관점의 한계 상황일 뿐이다.[22] 유사한 방식으로, 후설은 시공간적 대상에 대한 우리의 경험에 있어서, 움직임(눈의 움직

기'에 동시에 놓여 있는 것은 원리적으로 불가능하므로 대상은 오직 지평적으로만 주어진다는 것이 참일지라도, 대상의 지평적 소여가 그저 관찰자의 유한성과 물질성을 드러내줄 뿐이라고 결론내리는 것은 옳지 못할 것이다. 후설은 지평적 구조에 대한 어떠한 인간학적 해석도 거부하는 것으로 잘 알려져 있다. 결국, '여기'에 놓여 있는 주관에게만 대상이 주어질 수 있다고 요청하는 것은 대상의 존재론적 구조(그것의 초월과 세계성)이다. 『이념들 I』에서 후설이 쓰고 있듯이, 심지어 (절대적 앎의 이념적 대표자로서의) 신조차도 사물을 그것의 음영들 속에서 지각해야만 할 것이다(Hua 3/351).

22 Gibson 1979, 53, 205.

임, 손의 접촉, 신체의 걸음 등등)이 수행하는 역할에 주의를 기울이고[Hua 11/299], 결국 지각은 특정한 유형의 신체적 자기감응self-sensitivity을 전제한다고 주장한다. 지각적 대상들에 대한 우리의 경험은 운동감각적 경험이라 불리는 것, 즉 신체의 위치와 움직임에 대한, 함께 기능하지만 비주제적인 경험을 동반한다.[23] 내가 피아노를 칠 때, 건반들은 손가락 움직임의 감각과 함께 주어진다. 내가 말 경주를 볼 때, 달리는 말은 눈 움직임의 감각과 함께 주어진다. 이러한 운동감각적 경험은 신체적 자기의식의 한 형태에 해당한다. 그런데 후설에 따르면, 이것은 단순히 어떤 수반되는 현상으로 간주되어서는 안 된다. 반대로, 그것은 지각적 대상 구성의 문제로 올 때, 절대적으로 필수불가결한 것이다[Hua16/189, 11/14-15, 4/66, 16/159, 6/109].

이러한 주제들에 대한 후설의 고찰은 원래 다음과 같은 질문에서 촉발되었다. 우리가 다수의 서로 다른 현출들을 하나의 동일한 대상에 대한 현출로 간주할 수 있도록 하는 것은 무엇인가? 우리가 일련의 변화하는 현출들 속에서 하나의 동일한 대상을 지각할 수 있도록 하는 것은 무엇인가? 말할 것도 없이, 이러한 현출들은 어떤 공통의 성질들을 지녔음에 틀림없다. 저녁 식탁의 아랫면의 현출과 건초 더미의 앞면의 현출은 하나의 동일한 대상의 현출들로 간주되기에는 너무 다르다. 그러나 심지어 질적 어울림조차도 그저 필요조건일 뿐,

---

23 공간적 사물 구성에 있어서 운동감각(키네스테제)의 중요성에 대한 이러한 분석들은 후설 저작 곳곳에 흩어져 있다. 그러나 중심적인 두 곳은 ('지각 대상 구성에 있어서 키네스테제 체계의 의미'라는 부제를 단) 『사물과 공간』 제4부와 ('감성적 신체와 관련된 감성'이라는 부제를 단) 『이념들 II』 제1부 제3장이다. 이러한 주제들에 대한 후설의 고찰들은 여러 가지 면에서 깁슨(Gibson)의 저작뿐 아니라 메를로퐁티 및 라코프(Lakoff)의 저작을 예견하고 있다.

충분조건은 아니다. 결국, 어떤 종이의 앞면과 다른 종이의 뒷면은 아주 잘 어울리지만, 그럼에도 우리는 그것들은 유사하지만 두 개의 서로 다른 대상의 현출들이라고 생각한다Hua 16/155. 그렇다면 더 필요한 조건은 이러한 현출들이 동일한 연속체에 속하는 것으로 경험되어야 한다는 것이다. 상이한 현출들은, 오직 그러한 현출들이 연속적 종합 속에서 주어질 수 있을 때에만, 즉 그것들 사이에 미끄러지는 이행이 존재할 때에만, 하나의 동일한 대상을 우리에게 제시하는 것으로 간주된다. 후설에 따르면, 그러한 연속체에 대한 우리의 의식은 운동감각(키네스테제)의 기여를 전제한다.

이러한 후설의 생각을 구체적 예를 가지고 설명해보도록 하자. 실제로 주어진 옷장 앞면은 특정한 신체 위치와 관련된 반면, 함께 지향되지만 지금 순간에는 부재하는 옷장의 음영들의 지평(옷장의 뒷면, 바닥 등)은 나의 운동감각적 지평, 즉 가능한 움직임에 대한 나의 능력과 관련된다Hua 11/15. 부재하는 음영들은 '만일 이러하다면, 이러하다'의 지향적 연관에 연결되어 있다. 만일 내가 이런 식으로 움직인다면, 이 음영은 시각적으로 혹은 촉각적으로 접근가능하게 될 것이다Hua 6/164. 옷장의 부재하는 뒷면은, 오직 그것이 특정한 신체적 움직임에 의해서만 현전적인 것으로 될 수 있다는 바로 그 이유에서, 지금 내가 지각하고 있는 동일한 옷장의 뒷면이다.

공간대상인 어떤 대상의 모든 가능한 음영들은 어떤 체계를 이루고, 하나의 운동감각 체계에, 그리고 전체로서의 운동감각 체계에 귀속된다. '만일' 하나의 임의의 운동감각이 경과하면, 거기에 관련된 어떤 음영들이 '필연적으로' 함께 경과하는 방식으로 그러하다.(Hua9/390)

후설이 모든 지각은 이중의 수행을 포함한다고 주장할 수 있었던 것은 바로 이러한 배경에서다. 한편에서 우리는 일련의 운동감각적 경험들을 갖고, 다른 한편에서 우리는 이러한 경험들에 기능적으로 관련된, 일련의 동기 부여된 지각적 현출들을 갖는다. 비록 운동감각적 경험들이 지각된 대상에 속하는 것으로 해석되지 않더라도, 그리고 그것들 자체가 대상을 구성하는 것은 아닐지라도, 운동감각적 경험들은 신체적 자기소여를 드러내고, 그럼으로써 지각적 현출들과 관계 맺으며Hua 11/14, 이러한 지각적 현출들이 대상-지시를 획득하여 무언가의 현출들일 수 있도록 응집시켜주는 어떤 통일체와 뼈대를 드러낸다Hua 4/66, 16/159, 6/109. 따라서 우리는 지각적 지향성은 움직이는 주관, 즉 육체를 갖는 주관을 전제한다고 말할 수 있을지 모른다Hua 16/176.[24] 요약하자면, 후설이 강조하는 논점은 우리가 움직임을 지각할 수 있다는 것이 아니라 우리의 바로 그러한 지각이 움직임을 전제한다는 것이다.

주관으로서의 신체와 대상으로서의 신체

신체라는 것이 주관적 '경험의 기관'으로서 모든 유형의 지각 작용에 구성적 역할을 수행한다는 사실을 일단 우리가 깨닫게 되면 Hua4/144, 11/13, 기능하는 주관적 신체Leib와 경험된 객관적 신체Leibkörper 의 관계가 분석될 필요가 있는 것과 꼭 마찬가지로, 우리는 여전히 주관성과 신체화의 관계를 해명할 필요가 있다. 그러나 우리는 즉각 후설의 전체 논의가 고약한 순환성의 위협을 받는 것처럼 보인다는 문제에 직면하게 된다. 신체가 그 자체로 공간적 대상이라면, 우리는

---

24 cf. Merleau-Ponty 1964, 284.

어떻게 신체가 공간적 대상들의 구성적 가능 조건이라고 주장할 수 있을까? 그러나 후설은 1) 모든 공간적 경험들을 동반하고 조건 짓는, 비주제적이고 선반성적으로 겪어진 신체의식body-awareness과 대상으로서의 신체에 대한 차후의 주제적 경험을 구별하는 것이 중요함을 반복해서 강조한다. 우리는 기능하는functioning 신체와 주제화된 thematized 신체를 구별하고, 이것들 간의 정초 관계를 해명할 필요가 있다. 나의 원본적 신체의식은 공간적 대상으로서의 신체에 대한 경험이 아니다Hua 13/240. 반대로, 주제화된 신체는 (여타의 지각 경험과 꼭같이) 비주제적으로 함께 기능하는 신체의식에 의존하고 그에 의해 조건 지워지는 자기객관화를 통해 나타난다.

> 여기서 또한 유의해야 할 것은, 모든 사물 경험에서 신체가 (한갓 사물이 아니라) 기능하는 신체로서 함께 경험된다는 사실, 그리고 신체 자체가 사물로 경험될 때는 한 번에 바로 이중적으로, 그러니까 경험된 사물인 동시에 기능하는 신체로 경험된다는 사실이다.(Hua 14/57. cf. 15/326, 9/392)

따라서 후설은, 나는 원래 나의 신체를 객관적 공간 속의 대상으로 경험하는 것이 아니라고 주장한다. 신체는 관점적으로 주어지지 않고, 나는 나 자신에게 공간적 대상에 속한 것으로서 주어지지 않는다. 원래 나는 대상으로서의 나의 신체에 대한 어떠한 의식도 갖고 있지 않다. 나는 그것을 지각하고 있는 것이 아니라, 나는 그것이다. 원래 나의 신체는 능동성activity과 촉발성affectivity의 단일화된 장으로서, 의지적 구조 즉, '나는 한다'와 '나는 할 수 있다'라는 가동성의 잠재력으로서 경험된다Hua 11/14, 1/128, 14/540, 9/391. 신체가 움직이고 행동할 때, 나는 움직이고 있고 행동하고 있다Hua 14/540. 달리 표현하자면, 대상으로서의 신체의 구성은 육체를 벗은 주관에 의해 수행되는 것이 아니다. 반대로 이는 기능하는 신체의 자기객관화다. 그것은 이미 신체적으로 존재하는 주관에 의해 수행된다.

공간적 대상으로서의 이러한 신체의 구성은 어떻게 일어나는가? 후설에 따르면, 객관적 즉 상호주관적 공동 공간의 구성과 신체의 자기객관화 사이에는 밀접한 연관이 있다. 객관적 공간은 정확히 말해, 자기중심적 공간을 초월하는 것으로서 구성된 공간이다. 그것의 좌표는 더 이상 나의 맥락 의존적인 지시적인 '여기'에 의존하여 취해지지 않고, 나의 방향 지음과 움직임에 독립적이다. 그러나 그것의 맥락 의존적 지시성, 즉 우리가 공간을 가로질러 걷는 경험을 가질 때 이미 발생하는 어떤 것이 극복되고 중단되는 것은 바로 정확히 신체를 객관화함을 통해서, 그리고 신체를 대상들 가운데의 한갓 대상으로 간주함을 통해서 가능하다. 따라서 균질적 좌표 체계로서의 객관적 공간의 구성은, 기능하는 신체의 객관화를, 즉 다시 말해 나의 절대적 '여기'에 대한 맥락 의존적인 지시적 관계가 중단되는 기능하는 신체의 객관화를 전제한다. 그러나 또 다시 이러한 질문이 제기된다. 이러한 객관화는 어떻게 일어나는가?

이미 언급되었다시피, 후설은 신체는 원래 통합된 의지적 구조로서, 움직임의 잠재성으로서('나는 할 수 있다'와 '나는 한다'로서) 주어진다고 주장한다. 그 다음에 이 체계는 서로 다른 신체 부분들에 속하는 것으로서 나뉘어 파악되는데, 감각함이 어떤 신체 부분에 위치 지워지고localized, 우리가 손가락, 눈, 다리 등의 체험하는 하부 체계들을 만나는 것은 오직 차후의 일이다Hua 4/56, 155, 5/118.

만약 내가 책상을 만진다면, 나는 책상에 속하는 것으로 파악되는 일련의 현출들을 만난다. 나의 손이 탁자 위로 미끄러질 때, 나는 딱딱함, 부드러움 그리고 책상이 연장되어 있음을 지각한다. 그러나 책상의 속성들에 몰두하는 대신에, 만지고 있는 손을 주제화하고, 손의 객관적 속성으로 파악되지는 않았지만, 그럼에도, 체험하고 있는 기관으로서 자신의 기능을 드러내는, 손에 위치 지워진 압력이나 움직임의 느낌을 자각하도록 주의를 변화시키는 것(일종의 반성)이 가능하다Hua 4/146. 따라서 하나의 동일한 감각은 근본적으로 서로 다른 두 가지 방식으로, 즉 체험된 대상의 현출로서 그리고 체험하고 있는 연관된 신체적 부분에 위치 지워진 감각함으로서 해석될 수 있다(이러한 이중성을 가리키기 위해 후설은 감각*Empfindung*과 정위감각 *Empfindnis*이라는 용어를 사용한다)Hua15/302, 13/273, 5/118-119.

그러나 후설이 잘 알고 있었듯이, 내가 만진 대상과 만지고 있는 나의 손은 전혀 동일한 방식으로 나타나지 않는다. 물질적 대상의 속성은 음영지어 구성되지만, 신체에 자리 잡은 정위 감각의 경우는 그렇지 않다Hua 4/149-150. 후설이 꽤 적절하게 언급하고 있듯이, '만짐의 감각은 마치 유기체적 조직의 일부인 양 피부 속에 있는 것이 아니다' Hua 13/115. 사실, 정위감각은 손이 갖는 물질적 속성이 전혀 아니다. 그것은 바로 신체화된 주관성 그 자체다. 따라서 하나의 동일한 감각이 두 가지 서로 다른 방식으로 해석될 수 있다고 말하기보다는 감각은 근본적으로 서로 다른 두 차원을 포함한다고 말하는 편이 나을 것이다. 즉 우리는 감각하는 것the sensing과 감각되는 것the sensed을 구별해야 하며, 우리는 양자 어느 것에든 초점을 맞출 수 있다.

감각이 위치 지워지는 과정에서, 즉 감각이 어떤 특수한 신체적 부분에 속하는 것으로 해석되는 과정에서, 운동감각적 감각은 시각적으로 지각되는 신체의 움직임과 연관된다. 즉 운동감각적 감각은 의

지적 지향의 표현으로도 해석될 수 있고 공간 속의 단순한 움직임으로도 해석될 수 있는 어떤 움직임과 관련을 맺게 되는 것이다Hua 15/268, 13/283. 하나의 동일한 움직임에 대한 이러한 두 가지 해석의 차이를 잠정적으로 보여주는 예로서, 우리는 어떤 몸짓에 대한 보여진 것으로서의 체험과 느껴진 것으로서의 체험을 비교할 수 있다. 시각적 경험이 손을 객관화하면서 주어진 몸짓에 독립적으로 존재하는 어떤 것으로서(즉 손이 움직이며 통과하는 어떤 것으로서) 공간을 제시하는 반면, 운동감각은 그 몸짓의 경험과 독립적인 어떤 공간의 경험을 우리에게 제공해주지 않는다. 공간은 정확히 손의 가동성의 장으로서 경험된다.

내 손이 무언가를 느끼고 있다거나 내가 손을 움직이고 있다는 것을 깨달을 때, 혹은 내 발목이 욱신거린다거나 등이 아프다는 것을 깨달을 때, 나는 신체의 서로 다른 부분들에 감각함을 위치지우고 있다. 이러한 위치 지움의 과정 자체는 그러나 우리로 하여금 신체를 대상으로서 대면하게 하지 않는다. 내 손이 책상을 만지고, 내가 바로 그러한 만짐에 주의를 기울일 때, 나는 결국 경험하고 있는 기관을 의식하고 있는 것이지 경험된 기관을 의식하고 있는 것이 아니다. 그러나 이것은 내가 내 발을 응시하거나 한 손이 다른 손을 만지는 경우에 일어나듯이, 신체가 자신을 객관화하는 순간 변화하게 된다.

그래서 후설은 신체의 독특한 두 측면을 열심히 강조하고자 한다 Hua 9/197, 14/414, 462, 4/145. 나의 신체는 시각적으로 그리고 촉각적으로 나타나는 외면성exteriority으로서 뿐만 아니라 내면성interiority으로서, 즉 의지적 구조와 감각함의 차원Hua 14/540, 9/391으로서 주어진다. 그러나 후설이 '내적 신체성'Innenleiblichkeit이라고 부르는 것과 '외적 신체성'Aussenleiblichkeit라고 부르는 것들 간의 관계는 무엇인가?Hua 14/337 두 가지 경우 모두에서 나는 나의 신체를 마주하고 있다. 그러나 시각적으로 그리고 촉각적으로 나타나는 신체는 어쨌든 왜 나의 신체의 외면성으로서 경험되는가? 오른손이 왼손을 만지는 경우를 관찰할 때, 만지는 손은 만져지는 손의 표면을 느낀다. 그러나 왼손이 만져질 때, 왼손은 만짐 자체를 느끼므로 왼손은 한낱 대상으로서만 주어지는 것이 아니다(만져지는 손에 이러한 경험이 없다면, 그것은 신체적 자기 소여를 결여할 것이고, 더는 나의 손으로 느껴지지 않을 것이다)Hua 4/145. 자신의 팔을 베고 잠들었다가 무감각해진 팔로 깨어나는 느낌이 얼마나 이상한지는 누구라도 알 것이다. 무감각해진 팔은 만져도 아무런 반응이 없고, 그래서 마치 타인의 팔처럼 느껴질 수 있다.

따라서 자기 자신의 신체를 만지는 것과, 생명이 없는 사물이든 타인의 신체든 자기 신체 이외의 것을 만지는 것 사이의 결정적 차이는 그것이 이중감각double-sensation을 포함하는가 하는 데 있다. 후설은 또한 신체의 서로 다른 부분들 사이에서 발생하는 신체적 반성bodily reflection에 대해서도 이야기한다Hua 1/128, cf. 15/302. 그러나 결정적으로 중요한 것은 만지고 있는 것과 만져지는 것의 관계가 역전될 수 있다는 것이다. 왜냐하면 만지고 있는 것은 만져지고 있으며, 만져지는 것도 만지고 있기 때문이다. 바로 이러한 가역성이 내면성과 외면성이 동일한 것의 상이한 나타남임을 입증해준다Hau 14/75, 13/263, Ms. D 12 III 14.

따라서 이중감각의 현상은, 만지고 있는 것과 만져지고 있는 것의 두 역할을 손이 계속 번갈아서 하는 애매한 상황을 제시해 준다. 즉 이중감각의 현상은 우리에게 신체의 이중적 본성에 대한 경험을 제공해 준다. 만져지는 것과 만지는 것이라는 두 가지 상이한 방식으로 번갈아 나타날 수 있는 것은 바로 동일한 손인 것이다. 따라서 가

령 판단 작용과 같은 자기현현과는 대조적으로, 나의 신체적 자기소
여는 나의 외면성과의 맞닥뜨림을 허용한다. 후설에서 이러한 경험
은, 자기파악의 다양한 소외 형식의 발판으로 기능하는 타인경험[25]에
있어 결정적이다Hua 15/652. 따라서 나로 하여금 타자의 신체화된 주
관을 인식하고 경험할 수 있도록 하는 것은 주체이면서 동시에 객체
일 수 있는 신체의 바로 이러한 독특한 지위, 그리고 이중감각의 특징
인 자아성ipseity과 타자성alterity의 놀라운 상호작용이다Hua 8/62, 15/300,
14/457, 462, 9/197, 13/263.

나의 왼손이 오른손을 만질 때, 나는 타자가 나를 경험하는 방식과
내가 타자를 경험하는 방식 둘 모두를 기대하는 방식으로 나 자신을
경험하고 있다. 이것은 사회성의 가능성은 그 어떤 신체의 상호주관
성을 전제한다고 후설이 말할 때 그가 지시하고 있는 것일지 모른다

---

25 [옮긴이 주] 자하비가 empathy로 번역하고 있는 이 용어의 독일어 표현은
'Einfühlung'이다. 이 용어는 국내에서 흔히 '감정이입'으로 번역되었다. '감
정이입'은 립스(Lipps)의 감정이입론에서 학술적 개념으로 처음 등장했는
데, 후설은 립스의 감정이입론이 타인을 나에 의해 완전히 동일화될 수 있는
단순한 나의 표상으로 간주하고 있다고 비판한다. 후설에 의하면 우리는 타
인을 결코 단순한 나의 복사물로 경험하는 것이 아니라 나를 초월해 있는 그
무엇으로서 그 자체로 현실적으로 존재하는 그 무엇으로서 경험한다. 그런
데 'Einfühlung'을 감정이입으로 번역하는 것은 후설의 타인경험이론에 등
장하는 'Einfühlung'을 립스의 감정이입론에 등장하는 'Einfühlung'과 유사
한 것으로 오해하게 할 우려가 있다. 따라서 후설의 타인경험이론에 등장하는
'Einfühlung'은 다양한 유형의 타인경험을 지칭하는 말, 즉 '타인경험'으로 번
역되는 것이 더 적절할 것 같다. 'Einfühlung'의 번역과 관련한 논의들에 대해
서는, 이은영, 「립스 감정이입론에 대한 에디트 슈타인의 논쟁」, 『철학과 현상
학 연구』, 한국현상학회, 2008, 103쪽, 주석 5; 이남인, 「상호주관성의 현상학-
후설과 레비나스」, 『철학과 현상학 연구』, 한국현상학회, 2002, 40~42쪽, 주석
21 참조.

Hua 4/297. 만져진 것 혹은 보여진 것으로서의 신체 역시 연장, 질량, 부드러움, 매끄러움 등과 같은, 세계 속의 대상들과 공유하는 수많은 공통적 속성들을 가지고 있다고 할지라도, 신체는 운동감각이나 촉감이 위치 지워져 있는 장이라는 점에서 일상적 대상들과는 근본적으로 상이함을 강조하는 것이 여전히 중요하다Hua 4/151-152, 16/162.

비록 신체에 대한 우리의 탐구가 신체의 대상화를 수반한다고 할지라도, 그것은 신체가 주관성이기를 완전히 멈춘다는 것을 함축하지는 않는데, 왜냐하면 바로 만져진 손이 만짐을 느낀다는 이유에서다. 물론 그렇다고 해서 자신의 신체를 그저 대상으로 바라보는 것이 불가능하다는 것은 아니다. 그러나 후설에 따르면, 이러한 자기이해는 우리가 직접적으로 도달할 수 없다. 내가 나 자신의 신체를 여타의 대상들 가운데 인과적 그물망 속에 놓여 이를 통해 규정되는 것으로 바라보면서, 자신의 신체에 대한 구체적이거나 추상적인 관점을 채택할 수 있도록 하는 것은 오직 나의 신체에 대한(어떤 점에서는, 가령 나의 목이나 눈을 보는 데서는 나 자신의 지각보다 우월한) 또 다른 주관의 지각이며, 이러한 또 다른 주관의 관점의 차용이다Hua 14/62-63.

후설은 때때로 공간적 대상 구성과 신체 구성이 상호의존한다고 이야기한다. 대상에 대한 탐구와 구성은 바로 그것 자체가 동시에 자기탐구와 자기구성을 함축한다. 이것은 우리가 우리의 신체를 체험하는 방식이 대상-지향성의 하나의 형식임을 말하는 것이 아니다. 이것은 그저 스스로 주어진 것이 지향성의 특징을 갖는 신체화된 주관임을 의미한다. 신체는, 우리에게 우선 주어지고 난 다음 차후에 세계를 살피는 것이 아니다. 반대로, 세계가 신체를 통해 살펴지는 것으로서 우리에게 주어지고, 신체는 세계에 대한 이러한 탐구 속에서 우리에게 드러난다Hua 5/128, 15/287. 달리 표현하자면, 우리는 우리의 신체를 앎으로써, 그리고 우리의 신체와 지각적 대상들이 어떻게 상호작용하는지를 앎을 통해서 지각적 대상들을 알게 된다. 즉 우리는 주제적이든 비주제적이든, 신체적 자기인지self-awareness를 수반하지 않고서는 물리적 사물들을 지각할 수 없다Hua 4/147.

하지만 결국 그 역도 타당하다. 신체는 그것이 그 무언가와, 혹은 타자로서의 그것과 관계 맺을 때에만 오직 그 자신에게 나타난다Hua 13/386, 16/178, 15/300. 후설은 다음과 같이 이야기한다. '우리는 신체를 지각한다. 그러나 그것과 더불어 신체에 의해 지각되는 사물들도 함께 지각한다Hua 5/10.' 자기촉발self-affection과 타자촉발hetero-affection 사이의 이러한 상호관계가 촉각 영역만큼 분명한 곳은 아마도 없을 것이다. 손은 만질 때면 언제나 만져지며 스스로 소여된다. 다른 말로 하자면, 만지는 것과 만져지는 것은 동일한 과정 속에서 구성된다Hua 14/75, 15/297, 15/301. 그리고 후설에 의하면, 이것은 우리의 감각 일반에도 적용된다.[26]

그러나 만약 만짐의 자기소여가 만져지는 것의 나타남과 분리불가능하다면, 더 일반적으로는 자기촉발에 언제나 세계의 촉발이 관통한다면Hua 10/100, 주관성과 세계 사이의 정초함-정초됨의 관계를 끌어들이는 것은 유지될 수 없는 듯 보인다. 왜냐하면 이것들은 서로 분리

---

26 후설은 운동감각적 감각과 질료적 감각 사이의 관계에 대하여 다음과 같이 쓰고 있다. '운동감각의 체계는 그러나 미리 구성되는 것이 아니다. 그것의 구성은 그것이 그때그때 목표하는 질료적 대상들의 구성과 함께 일어난다.…' 'Das System der Kinästhesen ist aber nicht im voraus konstituiert, sondern seine Konstitution erfolgt in eins mit der Konstitution hyletischer Objekte, auf die es jeweils hinauswill…'(Ms. D 10 11a).

불가능하고 상호 의존적이기 때문이다. 후설 자신이 말하고 있듯이, 모든 경험은 자아적 차원과 비자아적 차원을 소유한다Ms. C 10 2b. 이러한 두 가지 측면은 서로 구별될 수는 있지만 분리될 수는 없다.

자아는 혼자 있는 것이 아니다. 그리고 비자아는 자아와 분리된 것이 아니다. 양자 사이에는 몸을 돌릴 공간이 없다. 자아와 비자아는 분리할 수 없는 것이다.(Ms. C 16 68a cf. Ms. C10 2b)[27]

(내 생각에 이는 아마 후설도 인정했을 텐데) 메를로퐁티가 이야기하고 있듯이, 그것이 세속적 실체들이건 타자들이건, 주관성은 본질적으로 그것 자신이 아닌 것을 향해 열려 있다. 그리고 주관성이 자신에게 자신을 드러내는 것은 바로 이러한 열려 있음 속에서다. 따라서 코기토가 나타내는 것은 폐쇄되어 있는 내재, 혹은 순수 내부적 자기현전이 아니라 다른 것들을 향해 열려 있음이자 외향화의 움직임이요 지각적 자기초월이다. 우리가 우리에게 현재 존재하는 것은 세계에 현재 존재함 때문이고, 우리가 세계를 의식할 수 있는 것은 우리 자신에게 주어져 있음 때문이다.[28]

지금까지 나는 주관성, 신체, 세계가 서로 어떤 관계 속에서 위치하는가 하는 것만을 기술했다. 그러나 후설은 또한 상호주관성을 이해하는 문제에서도 우리의 신체가 결정적 역할을 수행한다고 주장한다. 이것은 신체에 의한 구성적 수행에 상호주관성이 중요한 영향을

27 'Das Ich ist nicht etwas für sich und das Ichfremde ein vom Ich Getrenntes und zwischen beiden ist kein Raum für ein Hinwenden. Sondern untrennbar ist Ich und sein Ichfremdes'(Ms. C 16 68a).
28 Merleau-Ponty 1945, 344, 431-432, 467, 485, 487, 492.

줄 수 있는 것과 꼭 마찬가지다. 그러나 이 문제를 다루는 것은 다음 절까지 보류한다.

후설은 자기중심적 공간의 구성은 기능하는 신체를 전제한다고 주장하고, 객관적 공간의 구성은 신체적 자기대상화를 전제한다고 주장한다Hua 16/162. 요약하자면, 구성하는 주관은 신체화되어 있고, 이러한 신체적 주관은 이미 언제나 자신을 세계에 속한 것으로 해석하기 때문에 세계 없는 주관에 대한 논제들은 매우 문제적이라고 또 다시 결론 내려야만 한다. 달리 말하자면, 후설은 신체에 대한 분석에서 『이념들 I』에서 그의 데카르트적 입장에 반대하는 논거들을 제공해 주고 있다.

오해를 예방하기 위해, 후설이 모든 종류의 경험이 신체적 경험이라고 주장하려 한다고 내가 말하는 것은 아니라는 점을 덧붙이고 싶다. 나는 단지 후설이 몸을 감각 경험에 필수 불가결한 것으로, 그래서 모든 종류의 경험에 중대한(정초해주는) 의미를 갖는 것으로 취하고 있다는 것만을 주장한다. 후설은 『이념들 II』와 『이념들 III』에서 다음과 같이 쓰고 있다.

> 따라서 이러한 방식으로 인간의 의식 전체가 자신의 질료적 하부 토대를 통해 자신의 신체에 모종의 방식으로 묶여 있다. 그러나 물론 지향적 체험 자체는 더는 직접적으로 그리고 본래적으로 신체에 위치 지워져 있지 않다. 그것들은 더 이상 신체에 어떠한 층도 이루지 않는다.(Hua 4/153)

> 물론 감각은 순수 의식의 관점에서, 모든 근본적 종류의 노에시스들의 필수불가결한 물질적 토대다.… (Hua 5/11)

지금까지의 논의로 후설의 신체 분석은 단순한 영역존재론적 탐구 이상이라는 사실이 분명해졌을 것이다. 오히려, 우리는 주관성과 세계의 관계를 더욱 근본적으로 이해하기 위한 폭넓은 함축을 지니는 초월론적 철학적 연구에 직면해 있다. 이 해석을 지지하는 두 개의 다른 논거들을 언급하면서 후설의 신체의 현상학에 대한 이 장을 끝마치고자 한다.

1. 제1부에서 나는 후설의 지향성 이론에서 감각이 하는 역할을 언급한 바 있다. 후설에 의하면, 감각은 비지향적이다. 즉 감각은 대상에 대한 지시를 결여하고 있으며, 그것이 대상화하는 해석 작용의 지배를 받는 순간에만 이러한 대상 지시를 획득한다. 이러한 이론은 종종 후대의 현상학자들에게 비판받았는데, 그들에 따르면, 형식도 내용도 없는 감각이란, 올바른 현상학적 분석의 결과가 아니라, 후설이 영국 경험론에서 물려받은 이론적 선입견을 반영할 뿐이다.[29] 일상생활에서 (이런 식으로 가정된,) 의미를 결여한 감각을 찾아내기란 매우 어렵다. 왜냐하면 일상생활에서 우리는 이미 언제나 의미를 지닌 경험과 마주하고 있으며, 우리가 지각하는 것은 언제나 이미 무언가로서 해석된 것이기 때문이다. 게다가 또한 우리의 감각이 그 자체로는 의미 없는 촉발이라고 해석하려는 시도는 감각된 것이 어떻게 우리의 해석을 이끌어내고, 우리의 해석을 한계 지우는지를 이해할 수 없게 만든다. 만약 감각이 의미를 결여하고 있다고 한다면, 감각적 경

---

29 Tugendhat 1970, 73; Melle 1983, 40-52; Gallagher 1986; Adorno 1981, 152-164 참조. 특히 사르트르, 메를로퐁티, 거비치의 고전적 비판이 요약되어 있는 Mohanty 1972, 108-113을 참조하라.

험과 개념적 사유 사이의 매개는 자의적인 것이 되어 버릴 것이다.

　이러한 비판들은 어느 정도까지는 정당화된다. 그러나 이것들이 사태의 전부를 말해주지는 않는다. 후설의 감각 개념은 애매하기로 악명 높다. 또한 이 개념은 후설 철학의 발달 과정에서 계속 변화했다. 감각에 대해서 이야기할 때, 우리는 바로 감각하는 과정을 언급할 수도 있지만, 감각된 것을 언급할 수도 있다. 그리고 두말할 것도 없이, 우리의 감성에 나타나는 일화적 인상에 대해 말하는 것과 초월적인 무언가의 감성적 현전에 대해 말하는 것은 서로 다르다.[30] 달리 말하자면, 신체에 대한 후설의 탐구는 우리가 두 가지 종류의 감각을 구별해야 한다는 것을 분명히 보여준다.

　한편에서, 우리는 운동감각들을 가지는데, 이들은 노에시스적으로 해석되어야 한다. 이들은 신체적 자기인지를 구성하지만, 대상을 지향하지는 않는다. 다른 한편, 우리는 질료적 감각들을 가지는데, 후설은 때때로 이를 특징감각들*Merkmalsemphindung* 혹은 관점자료들*Aspektdaten* 이라고 부른다. 이러한 감각은 형식이 없는 것도 아니고 의미를 결여하는 것도 아니다. 이것들은 언제나 의미에 물들어 있고, 운동감각 장과의 상호관계 속에서 형성되어 있다.[31] 감각된 것으로서의 질료적 자료는 내재적인 것도 아니고 세계를 결여한 내용이거나 성질인 것도 아니다. 또한 주관성과 세계의 매개자도 아니다. 오히려 우리의 감각함은, 심지어 대상들의 세계가 아닐 때조차도 이미 세계를 향

30　Sokolowski 1974, 91. cf. Hua 5/10-11, 16/148.
31　따라서 후설은 감각들의 순수 수동적 세계에 대해 이야기하는 것은 하나의 추상이라고 이야기할 수 있다. 감각들은 능동적 운동감각과의 상호 관련 속에서만 이해될 수 있기 때문이다(Hua 2/185). Claesges 1964, 71, 123, 131, 134-135, 그리고 Landgrebe 1963, 120. 참조.

해 열려 있음이며, 질료적 자료란 이러한 세계적 존재의 원초적 나타남manifestation이다. 그럼에도, 질료적 감각과 대상을 구별 짓는 문제는 여전히 남는다. 어떤 점점 커지는 소리를 듣는 것과 자동차가 오고 있음을 듣는 것을 구별하는 것, 혹은 특정한 신체 부위의 어떤 아픔을 느끼는 것과 바늘에 찔렸다고 느끼는 것을 구별하는 것은 여전히 가능하다. 감각 자체는 불충분하게 규정되어 있는 것이다. 왜냐하면 완전한 대상이 구성되는 것은 오직 그러한 감각을 무언가로 파악하고 해석함을 통해서만 가능하기 때문이다.

2. 초월론적 주관이 신체화되어 있다고 후설이 이야기할 때 우리가 다루고 있는 것은, 본래 칸트가 도입했던 초월론적 주관성 개념으로부터의 의미심장한 일탈이라는 점을 분명히 해야겠다. 칸트에 따르면, 초월론적 주관성은 초개인적인, 추상적으로 연역된 정당화의 원리인 반면, 후설에서 그것은 구체적이고 유한한 주관을 의미한다. 이러한 배경에서 후설의 신체 분석이 결국 후설을 초월론적 주관성의 탄생과 죽음에 대한 문제로 이끌었다는 점은 지극히 당연한 일이다.

처음에 후설은 초월론적 주관의 탄생과 죽음을 논하는 것은 일종의 범주오류라고 생각했다. 구성적 원리로서, 그리고 시간성의 원천이자 모든 종류의 현전과 부재의 조건으로서, 초월론적 주관성은 발생했다가 사라지는 일종의 단순한 '사물'이 아니다. 그러나 신체는 죽기 때문에, 후설은 초월론적 주관성이 신체를 떠나서 존속할 수 있으며, 따라서 죽음은 꿈이 없는 잠과 유사한 어떤 것, 즉 세계로부터의 분리로 간주되어야 한다고 말해야만 했다Hua 11/379-381, 13/399. 그러나 이 경우에 우리는 빈곤해진 주관에 대해 이야기하고 있다는 점을 분명히 해야 한다Hua 13/464-465. 혹은 더 정확히 이야기하자면,

이로써 우리가 접근하고 있는 주관성 개념은 절대적 한계개념limit-concept이다.[32]

그러나 1930년대 초에, 후설은 점차 생각을 바꾼 듯이 보인다. 이제 더 이상 탄생과 죽음을 오직 경험적 주관에만 속하는 무언가로 간주하지 않는다. 왜냐하면 후설은 세대성(세대의 변화)뿐만 아니라 탄생과 죽음도 모두 객관적이고 역사적 세계의 구성을 위한 가능 조건이라고 쓰고 있기 때문이다Hua 15/171-172. 후설의 생활세계 개념에 대한 분석에서, 나는 후설의 이러한 놀라운 주장을 해석해볼 것이다. 그러나 후설이 살아 있는 전통tradition 속에 우리가 놓여 있다는 것을 구성적 함축을 지니는 것으로 생각했다는 사실을 우리는 이제 언급할 수 있게 되었다.

후설이 주관성의 탄생과 죽음이라는 매우 난감한 문제를 어떻게든 풀어냈다고 주장한다면 이는 과장일 것이다. 그러나 이러한 주제들에 대해 후설이 산발적으로 표명하고 있는 여러 성찰들은 그럼에도 불구하고 그의 사유의 부단한 발전의 예증으로 기능할 수 있다. 마지막으로, 우리가 지금 현상학이 다룰 수 있는 주제들에 대해 이야기하고 있는 것인지, 아니면 오직 사변적 형이상학으로만 언급될 수 있는 어떤 것에 직면해 있는지 하는 문제는 열린 물음으로 남겨져야 할 것이다.[33]

---

32 잠에 대한 후설의 현상학적 분석에 대한 몇몇 논평들에 대해서는 Zahavi 1999b, 209-210 참조.

33 후설의 신체 개념에 대한 더욱 폭넓은 분석에 대해서는 Claesges 1964; Franck 1981; Gallagher 1986 그리고 Zahavi 1999b 참조.

C. 상호주관성

후설은 상호주관성이 지극히 중대한 주제라고 생각했다. 순전히
양적 관점에서만 보더라도, 후설은 그 어떤 후대의 현상학자들보다
도 이 주제에 많은 지면을 할애했다.[34] 여러 이유에서, 상호주관성에
대한 후설의 분석은 상세히 다룰 가치가 있는데, 특히 이 분석이 후
설 '체계'에 중요한 개선책을 이루기 때문이다. 더 정확히 말하자면,
그것은 우리가 상호주관성에 대한 후설의 분석을 고려해야만 후설
의 초월론적 관념론 입장을 올바로 이해할 수 있기 때문이다. 후설은
종종 방법론적 유아론자methodological solipsist로 간주되어왔지만, 그럼에
도[35] 실은 이후에 아펠Karl-Otto Apel과 하버마스Jürgen Habermas를 알려
지게 한 것, 즉 초월론적 철학의 상호주관적 변형이라는 문제에 착수했
었다.

유아론

후설의 현상학은 본성상 유아론적이라고 꽤 자주 비난받아왔다.
보통 우리는 유아론을 오직 하나의 의식만이, 즉 자기 자신만이 존

---

34 가끔 후설은 상호주관성이 처음으로 중요한 역할을 떠맡은 곳으로 1910/11
    년의 『현상학의 근본문제들』(*Grundprobleme der Phänomenologie*)이라는 강
    연(Hua 13/111-194)을 상기시킨다(Hua 17/250, 5/150, 13/245, 8/433,
    14/307). (1913년의) 『이념들 I』에서 후설의 고찰들이 엄밀히 말해 자아론적
    으로 보일지라도, 후설은 당시에 이미 상호주관성의 중요성을 인지하고 있었
    다. 그리고 그가 나중에 썼듯이(Hua 5/150), 후설은 원래 『이념들 I』에서의 설
    명이 『이념들 II』에서 발견되는 상호주관성에 대한 고찰들로 보충되도록 기획
    했다. 그러나 이러한 고찰들은 그의 사후에야 출간되었다.
35 가령 Apel 1973, 1/60, 2/315 그리고 Habermas 1985, 178 참조.

재한다고 주장하는 입장, 혹은 사실상 자신의 곁에 어떤 다른 주관이 있는지 아는 것이 불가능하다고 주장하는 입장으로 이해한다. 그러나 이러한 비판은 어째서인가? 그것은 바로 판단중지와 초월론적 환원의 수행이 현상학의 탐구 분야를 개인 자신의 고유한 의식과 현상들을 현상화하는 것으로 미리 제한하는 듯이 보이기 때문이다. 만일 지향적이고 구성적인 분석의 목적이 나에 대한 세계의 소여를 탐구하는 것이라면, 그 분석은 어떻게 다른 주관이 스스로에게 주어짐을 밝힐 수 있으며, 어떻게 타자에게 세계가 주어짐을 밝힐 수 있단 말인가? 우리가 다른 주관, 즉 타자에 대해 의미 있게 말하려 한다면, 우리는 그저 나에 대한 소여로 환원될 수 없는 무언가를 다루고 있음이 자명하다. 그러나 만일 현상학이 나에게 명증하게 주어지는 것으로 귀환할 것을 요청한다면, 여기서 문제가 발생하게 되는 것처럼 보인다.

더 정확하게 말하자면, 후설의 상호주관성의 현상학은 두 가지 상호 관련된 난점들에 직면해 있는 듯 보인다. 첫째, 타자로서의 타자가 그저 구성의 산물 이상의 것이어야만 한다면, 도대체 내가 어떻게 타자를 구성할 수 있는가? 둘째, 다른 주관성으로서의 타자의 특징이 접근 불가능성이라면, 다시 말해 언제나 나에 대한 소여를 초월한다면, 타자의 소여를 기술하는 것은 현상학적으로 어떻게 가능할까?

이러한 문제들은 현상학자는 유아론자로 시작해야 하며Hua 8/176, 17/276, 적어도 처음에는 반드시 이른바 원초적 환원, 즉 자신의 고유한 영역(어떤 다른 주관들의 기여 없이 고립화된 자아에 의해 구성될 수 있는 모든 것들의 총체Hua 1/124, 17/248)을 고립시킬 것을 목적으로 하는 환원을 수행해야 한다고 후설이 주장하기 시작하는 순간 증대된다. 후설이 말하고 있듯이, 오직 이렇게 함으로써만 타자의 구성된 존재론적 타당성을 파악하는 것이 가능할 것이기 때문이다Hua 15/270-271.

대체로 이러한 고찰들은 명백히 표준적 비판들을 지지하는 듯 보인다. 그 비판들이란 후설이 유아론적 패러다임에 붙들린 채 남아 있었으며, 후대의 현상학자들과는 대조적으로, 상호주관성의 중요성을 깨닫지 못했다는 것이다.

그러나 실제 상황은 훨씬 복잡하다. 이제 왜 그런지 설명해보겠다.

초월론적 상호주관성

상호주관성에 대한 후설의 분석을 소개하는 가장 쉬운 방법은 그의 지향성 이론과 관련이 있다. 후설에 따르면, 나의 지각들은 상호주관적으로 접근할 수 있는 존재, 즉 나에게만 존재하는 것이 아니라 모두에게 실재하는 존재를 나에게 제시해준다Hua 9/431, 14/289, 390, 17/243, 6/469. 나는 대상들, 사건들, 행위들을 사적인 것이 아니라 공공의 것으로 경험한다Hua 1/123, 15/5. 따라서 후설은 존재론적 분석은, 그것이 세계의 존재의미Seinssinn를 상호주관적으로 타당한 것으로 드러내는 한, 다른 주관성과의 초월론적 관련성의 해명에 이르게 하며, 따라서 결국 초월론적 상호주관성transcendental intersubjectivity의 탐구에 이르게 한다고 주장한다Hua 15/110. 후설은 결국 다음과 같이 정식화한다.

구체적이고 완전한 초월론적 주관성은 자아들의 열린 공동체의 총체이다. 이 총체는 내부로부터 오는 것, 즉 순수하게 초월론적으로 결합된 것이며, 오로지 이런 방식으로만 구체적인 것이다. 초월론적 상호주관성은, 그것으로부터 모든 객관적인 것이, 객관적으로 실재하는 존재자들의 총체가, 또한 모든 객관적 이념 세계가 자신의 의미와 자신의 타당성을 길어 올리는, 절대적이며 오로지 자립적인 존재 토대*Seinsboden*다.(Hua 9/344)

후설이 상호주관적이고 초월론적인 사회성을 모든 사실적 진리와 존재의 원천으로 특징지을 수 있는 것은Hua 1/35, 182, 8/449, 9/295, 474, 그리고 현상학의 발전은 반드시 자아론적 현상학에서 초월론적 사회학적transcendental-sociological 현상학으로의 전진을 함축한다고 쓰면서, 심지어 종종 그 자신의 기획을 사회학적인sociological 초월론적 철학으로 기술할 수 있는 것은Hua 9/539 이러한 고찰들에 비추어서다.[36] 초월론적 현상학은 단지 언뜻 보기에만 유아론적이다. 그리고 원초적 환원을 도입하는 이유는 본성상 방법론적인 것이다. 단일한 주관이 저 혼자만으로 해낼 수 있는 것이 얼마나 적은가 하는 것을 깨달을 때만이 상호주관성의 중요성을 완전한 범위에서 깨달을 수 있다. 다른 말로 하자면, 초월론적 환원의 철저한 완수는 결국 초월론적 상호주관성의 해명에 이르게 할 것이다Hua 1/69, 9/245-246, 8/129.

이러한 배경을 알게 되면, 후설이 상호주관성이라는 주제에 왜 그처럼 강렬하게 몰두했었는지를 이해하기가 상당히 쉬워진다. 후설은 상호주관성의 문제가 객관적 실재성과 초재의 구성을 파악하는 열쇠라고 확신했다. 또한 후설은 그것을 초월론적 현상학의 가장 중요한 임무 중 하나라고 간주했기 때문에Hua 8/465, 상호주관성에 대한 그의 분석이 어떤 종류의 체계적 중요성을 지니는지, 그리고 그것이 실제로 얼마만큼 중대성을 지니는지 하는 것들이 분명해져야 한다. 초월

---

36 이러한 정식화는 후설의 1922년 런던 강연에서 제시되었는데, Schuhmann 1988, 56에서 찾을 수 있다.

론적 현상학이 어떤 이유에서 (경우에 따라서는 그것이 이른바 방법론적 유아론 혹은 주관적 관념론이라는 이유로) 원리적으로 상호주관성을 설명하지 못한다면, 그 결과는 그저 특수하고 분명하게 구획된 문제에 대한 탐구의 수행 불능에 그치는 것이 아니라 근본적인 철학적 기획의 실패가 되고 말 것이다.

상호주관성에 대한 후설의 현상학적 탐구는 상호주관성의 초월론적 혹은 구성적 기능에 대한 분석이며, 그의 성찰의 목표는 정확히 말해 초월론적 상호주관성 이론을 정식화하는 것이지 구체적 사회성이나 특수한 나-너 관계에 대한 상세한 탐구를 제공하는 것이 아니다. 이것이 강조되어야 하는 이유는 후설의 상호주관성의 현상학에 대한 비판적 평가의 주요한 부분이 (이것은 종종 『데카르트적 성찰』의 제5성찰에서의 후설의 설명을 분석하는 것에 한정되어 있는데) 정확히 바로 이러한 국면들에 초점이 맞추어져 있기 때문이다. 그래서 한 편에서는 후설의 타인경험*Einfühlung* 개념이 타자에 대한 직접적 경험을 의미하는지 아니면 간접적 경험을 의미하는지, 그리고 이러한 설명이 현상학적으로 건전한지를 논의하고, 다른 한편에서는 후설의 (관념론적) 구성 모델이 나와 타자 간의 대칭적 관계를 확립할 수 있는지를 논의하는 것이 통상적이었다. 그러나 이러한 논의는 상당히 불충분했는데, 왜냐하면 여기서는 구성의 실제 의미를 함께 분석하지 않았고, 그저 그것에 대한 (그릇된) 해석만을 전제했기 때문이다.[37]

이러한 문제들이 완전히 관련성이 없다고 주장하는 것은 잘못일 것이다. 왜냐하면 특히 후설의 상호주관성 개념은 사실 상호*inter*-주

---

37 가령 Theunissen 1977, §19-28; Schütz 1957, 107; Ricoeur 1981, 124-125; Rohr-Dietschi 1974, 144-150을 보라.

관성에 대한 개념, 다시 말해 주관들 사이의 관계에 대한 개념이기 때문이다. 따라서 그것은 내가 어떻게 다른 주관을 경험할 수 있는가 하는 타인경험의 문제의 탐구를 함축한다. 현상학적 접근에 따르면, 상호주관성은 삼인칭적 관점에서는 적절하게 탐구될 수 없고, 일인칭적 관점에서 경험적으로 나타난 것 속에서 분석되어야 한다. 후설이 『위기』에서 쓰고 있듯이, 상호주관성은 오직 철저한 '나 자신에게 묻기'Hua 6/206를 통한 초월론적 문제로서 다루어져야 한다. 즉 타자를 전제하는 나의 경험들과 더불어 다른 주관과의 관계에 대한 나의 경험만이 '상호주관적'이라 불릴 자격이 있다.

통상적 방식으로 나아가는 것이 여전히 문제적인 까닭은 초월론적 상호주관성에 대한 후설의 분석으로 가는 방법과 그러한 초월론적 상호주관성의 분석의 목적을 혼동해서다. 후설의 초월론적 상호주관성의 분석은 타인경험의 실제적 진행과 구성적 구조에 대한 그의 분석에 어느 정도 독립적이라는 점이 간과된다. 설령 타인경험에 대한 후설의 설명이 실패했다고 할지라도, 그것이 그의 탐구의 나머지 부분의 파멸을 의미하지는 않을 것이다. 더욱이 곧 밝혀지겠지만, 후설의 상호주관성 이론은 보통 가정된 것보다 훨씬 복잡하다. 후설은 여러 가지 종류의 상호주관성을 다루었고, 이 때문에 신체를 매개로 하는 상호주관성에 대한 후설의 설명에 문제를 제기함으로써 그의 분석의 전체 토대가 무너지리라고 가정하는 종류의 비판은 막아낼 수 있다.[38]

나는 후설의 상호주관성 분석의 진정 본질적인 부분은 구성하는 상호주관성에 대한 설명이라고 생각하는데, 이리로 향하기 전에 타자를

---

38 이것은 Schütz 1957, 81–107도 마찬가지다.

구체적으로 경험함에 대한 후설의 기술에 대해 몇 마디 말해두겠다.

타자에 대한 경험

후설에서 타자에 대한 구체적 경험은 언제나 신체적 현출 속에서의 타자에 대한 경험이다. 이러한 이유로 구체적 상호주관성은 육화된 주관들 사이의 관계로 이해되어야 한다. 타인경험의 복잡한 구조에 대한 후설의 정확한 분석에 대해서는 상세히 설명하지 않겠다(이것은 파생현전*Appräsentation*과 짝짓기*Parrung*와 같은 관념에 대한 확장된 논의를 함축하게 될 것이다).[39] 하지만 후설이, 타인경험이 내가 마주치는 다른 신체화된 주관과 나 자신 사이의 어떤 유사성을 전제한다고 생각했다는 것만 언급해두기로 하겠다. 나 자신이 어떤 신체적 주관이 아니라면, 나는 다른 신체화된 주관을 인식할 수 없을 것이다. 그러나 이것은 타자에 대한 나의 경험이 실제로 유비추론의 사건임을 함축하지는 않는다Hua 1/141, 13/338-339. 이는 어떠한 종류의 추론도 아니며, 실제 경험이다. 그리고 후설은 이 경험의 구조를 해명하고자 한다. 그러므로 후설은 타자에 대한 경험을 기초적인, 분석될 수 없는 사실로 취하는 것을 거부한다(후설은 셸러Max Scheler가 이렇게 했다고 비난한다Hua14/335). 반대로 그것의 발생과 그것의 특정한 전제들이 해명되어야 한다. 우리는 타인경험, 특히 경험하는 주관의 본성과 관계하는 것들의 가능 조건을 밝힐 필요가 있다. 그래서 가령 후설이 지적하듯이, 나로 하여금 다른 신체를 신체화된 다른 주관성으로 인식하게끔 하는 것은 바로 정확히 나의 신체의 독특한 주관-객관 지위다Hua 8/62. 후설의 신체의 현상학에 대한 설명에서 이미 언급

---

39 가장 폭넓은 분석들은 Yamaguchi 1982 그리고 Depraz 1995에서 발견된다.

했듯이, 나의 왼손이 나의 오른손을 만질 때, 나는 내가 타자를 경험하고 타자가 나를 경험하는 방식을 기대하는 방식으로 나 자신을 경험한다.

이렇듯 신체의 중요성에 초점을 맞추는 것은 또한 후설이 신체 경험(타자의 신체뿐만 아니라 자기 자신의 신체에 대한 경험)이 모든 여타의 경험들의 토대와 규준을 구성한다고 쓸 때 전면에 등장한다 Hua 14/126. 따라서 후설은 때때로 엄마-아이 관계가 물리적 대상 경험에 선행한다고 주장하면서, 모든 관계들 중 가장 근원적인 관계라고 이야기한다Hua 15/511, 15/582, 15/604-605. 다른 말로 하자면, 중심 문제는 내가 어떻게 물리적 대상 경험으로부터 다른 주관에 대한 경험에 이르는가 하는 것이 아니라, (다른 주관성뿐 아니라 나 자신의 주관성을 포함하여) 육화된 주관성에 대한 나의 경험이 어떻게 단순한 사물에 대한 경험을 조건 지우는가 하는 것이다Hua 15/637.

내가 타자에 대한 실제적 경험을 갖는다는 것, 그리고 한갓 추론으로 그렇게 할 필요가 없다는 것은 타자가 자기 자신을 경험하는 것과 동일한 방식으로 내가 타자를 경험할 수 있다는 것을 의미하는 것도 아니고, 내가 나 자신이 지닌 의식에 접근하는 것과 동일한 방식으로 타자가 지닌 의식에 접근할 수 있음을 의미하는 것도 아니다. 그러나 이것은 문제가 되지 않는다. 반대로 그 혹은 그녀가 타자로서 경험되는 것은 오직 다른 주관이 나의 직접적 경험을 이런 식으로 피해가기 때문이다. 후설이 쓰고 있듯이, 내가 나 자신에 접근하는 것과 동일하게 타자의 의식에 접근한다면, 타자는 타자이기를 그칠 것이고 대신 나 자신의 일부가 될 것이다Hua 1/139. 타자의 자기소여는 접근할 수 없고 나에게 초월적이다. 그러나 내가 경험할 수 있는 것은 정확히 바로 이러한 한계다Hua 1/144, 15/631. 내가 다른 주관에 대한 진정한 경험을 가질 때, 나는 정확히 타자가 (사물과 대조적으로) 나를 교묘히 빠져나가고 있음을 경험하고 있다. 더 요구하는 것, 즉 내가 타자의 경험에 대한 일인칭적 소여에 접근할 수 있을 때만 타자를 경험한다고 주장하는 것은 후설이 부단히 이야기했던 타자의 초월을 존중하지 않고, 그것을 폐지하고자 하는, 하나의 근본적 오해다.[40]

따라서 후설이 비록 우리가 타자를 경험한다고 주장했을지라도, 그렇다고 해서 타자가 한갓 지향적 대상으로 환원된다는 것은 아니다. 반대로 타자가 정확히 자신의 접근불가능성 속에서 경험되는 한, 우리는 주관-주관 관계를 다루는 셈이다. 그리고 그것이 비대칭성을 포함한다는 것은 주관-주관 관계의 현상학적 기술에 있어서 본질적인 것이다. 경험하는 주관과 경험된 주관 사이에는 차이가 있다. 그러나 이러한 비대칭성은 상호주관성의 올바른 기술의 일부다. 비대칭성이 없다면 상호주관성이란 없을 것이요, 그저 차별화되지 않는 집합체만 있을 것이다.

이러한 설명은 후설이 자아가 타자를 구성한다고 말할 때 실제로 무엇을 의미했는지를 이해할 수 있게 해준다. 타자가 현출하지 않는다면, 타자를 만나고 타자의 환원 불가능한 타자성alterity을 존중하는 것이 불가능하다. 이러한 타자성이 이러 저러한 방식으로 현상으로서 현출하지 않는다면 우리는 절대적으로 다른 것에 대해 의미 있게 이야기할 수 없다.[41] 타자에 대해 이야기하는 것, 혹은 다른 어떤 것에 대해 이야기하는 것은 그것들과 대조적인 것으로서 자아를 전제하는

---

40 Waldenfels 1989; Boehm 1969; 그리고 Zahavi 1996/2001 참조. 레비나스는 다음과 같이 이야기한다. '타자의 부재는 정확히 타자로서의 그의 현전이다' (Levinas 1983, 89).

41 cf. Derrida 1967b, 181.

의미를 지니는 관계 개념을 사용하는 것이다. 다른 것은 정확히 나에 대해 다른 것이며, 타자는 정확히 나와의 관계 속에서 타자이지, 그것 자신과의 관계 속에서 타자인 것이 아니다. 후설이 타자의 구성을 이야기할 때, 후설은 정확히 이러한 사실을 언급하고 있다. 그러나 후설은 자아가 타자의 자기소여, 그러니까 나 자신의 자기소여와 동일한 종류의 직접성과 확실성으로 특징지어지는 자기소여를 구성한다고 주장하려하지는 않았을 것이다Hua 15/43. 후설이 반복해서 강조하듯이, 나는 타자를 구성할 때 타자를 창조하는 것도, 고안하는 것도, 산출하는 것도 아니다Hua 1/168, 17/244, 258, 15/13. 만일 그렇지 않다면, 그 것은 다른 주관성을 부정함을 함축하게 될 것이고, 후설은 유아론을 벗어날 수 없었을 것이다.

이러한 고찰들은 한 가지 수정되어야 할 지점이 있다. 어느 정도까지, 타자의 자기존재는 사실상 나에게 의존하는데, 그것은 각각의 모든 주관의 자기존재는 다른 주관과의 관계에 의존하는 한에서 그러하다. 다음에서 분명해지겠지만, 후설은 초월론적 주관의 자기구성의 문제로 올 때 상호주관성에 결정적 중요성을 돌린다. 이것은 나 자신뿐만 아니라 모든 자아들에 유효하다. 완전한 구체성 속에 있는 어떠한 주관(심지어 타자조차)도 타자에 독립적으로 존재할 수 없다. 이러한 점에서는 후설은 자아와 타자 사이의 강한 대칭적 관계를 옹호한다.

구성하는 상호주관성

이제 중심 주제로 돌아가보자. 이미 언급했다시피, 후설은 세계의 객관성과 초월은 상호주관적으로 구성된다고 주장했으며, 따라서 이러한 구성의 해명은 초월론적 상호주관성에 대한 분석, 더 구체적으로는 다른 주관에 대한 나의 경험의 고찰을 요구한다고 주장했다. 그러나 타자를 경험한 후에야 주관이 객관성을 구성할 수 있다는 것은 왜 그러한가? 타자는 왜 객관적 세계에 대한 나의 경험의 가능성의 필요조건인가? 내가 다른 주관성을 경험하는 순간 대상에 대한 나의 경험은 왜 철저히 변화하는가? 기본적으로, 후설의 테제는 객관적 타당성에 대한 나의 경험은 다른 주관성의 초월(과 접근불가능성)에 대한 나의 경험에 의해 가능해지며, 이러한 초월(후설은 이것을 첫 번째 사실적 타자성으로, 그리고 모든 종류의 사실적 초월의 원천으로 부른다)이 세계에 객관적 타당성을 부여한다는 것이다Hua 14/277, 15/560, 1/173.

> 여기서 우리는 진정으로 그러한 이름을 지닐 가치가 있는 유일한 초월을 갖는다. 그리고 초월적이라고 불리는 그 밖의 모든 것들은, 그러니까 객관적 세계와 같은 것들은 이 다른 주관성의 초월에 의존한다.(Hua 8/495)

> 이런 의미에서, 모든 객관성은 구성적으로, 고유한 의미의 자아에 속하지 않는 것에, '나 이외의 누구'라는 형식으로서, 나의 고유한 자아가 아닌 다른 자아에 소급 관련된다. 그것은 '다른 자아'라는 형식으로서 비자아다.(Hua 17/248)

다른 주관성은 왜 초월적 대상의 구성을 위한 그러한 근본적 가능조건인가? 왜 대상은 오직 타자를 통해서만 초월적인 것으로서 현출할 수 있는가? 후설이 제시한 설명은, 대상은 그것이 타자에 의해서도 경험될 수 있다면, 한갓 나의 지향적 상관자로 환원될 수 없다는 것이다. 대상의 상호주관적 경험 가능성은 대상의 사실적 초월을 보증해 준다. 그래서 초월적 대상에 대한 나의 경험(구성)은 반드시 다른 초월적 주관에로의 대상의 소여에 대한 나의 경험에 의해, 즉 세계를 향하고 있는 다른 주관에 대한 나의 경험에 의해 매개된다(타자의 초월이 그토록 중요한 것은 바로 이러한 이유에서다. 만일 타자가 단지 나의 지향적 변양이거나 형상적 변경이라면, 그가 나와 동일한 것을 경험한다는 사실은—비트겐슈타인의 예를 빌리자면—마치 우리가 같은 신문의 여러 부수에서 똑같은 기사를 발견하듯이 결정지어져 있을 것이다). 타자가 내가 경험하는 것과 동일한 대상을 경험함을 경험하는 한에서만 나는 이러한 대상을 객관적이고 사실적인 것으로서 실제로 경험하게 된다. 오직 이러할 경우에만 대상들은 그것들을 한갓 지향적 대상 이상으로 만들어주는 타당성을 가지고 나타나게 된다. 이제 그것들은 사실적인(객관적인, 즉 상호주관적으로 타당한) 지향적 대상들로 주어진다. 타자와의 모든 구체적 만남이 틀릴 수 있는 반면(타자에 대한 타당한 경험이라 여겼던 것이 그저 환각으로 판명날 수 있다), 상호주관성과 객관성 사이의 바로 이러한 구성적 관계는 본성상 아프리오리한 것이다.

　원리적으로 타자들에 의해 경험될 수 없는 것은 초월성과 객관성을 가질 수 없다. 그러나 비록 우리가 상호주관성과 실재성 사이에 관계가 있다고 인정하더라도, 풀리지 않는 문제가 있다. 일상적 상황들에서 나는 여전히 내가 때때로 홀로 경험하는 것(가령 내가 지금 작업하고 있는 이 컴퓨터)을 초월적이고 객관적이고 사실적인 것으로 경험하는데, 이와 동시에 타자들이 이 대상을 경험하고 있음을 내가 경험하고 있지 않더라도 그러하다. 그리고 심지어 후설도 이것을 암묵적으로 시인하는데, 후설은 비록 전 세계에 전염병이 돌아 나 자신을 빼고 모든 생명체가 없어졌다는 것을 내가 절대적으로 확실하게 안다고 할지라도, 나의 세속적 경험은 여전히 함께 기능하는 초월론적 상호주관성에 의존할 것이라고 쓰고 있다Hua 1/125, 15/6, 6/81.

그러나 우리가 타자에 대한 우리의 최초의 원초적 경험(이것이 객관성, 실재성 그리고 초월을 최종적으로 가능하게 하고, 따라서 우리의 경험의 범주들을 영속적으로 변형시킨다)과 그에 후속하는 모든 타자 경험들을 구별할 때 문제는 해결될 수 있다. 이것은 이러한 모든 후속하는 경험들이 중요치 않다는 것을 의미하지는 않는다. 그러나 이러한 경험들의 기여는 다른 본성을 지닌다. 이것들은 더 이상 객관성과 초월의 범주들의 구성을 가능하게 하는 것이 아니라, 그것들을 충족시킨다. 달리 표현하자면, 컴퓨터에 대한 나의 혼자만의 경험은 사실적이고 객관적인 것으로서의 컴퓨터에 대한 경험일지라도, 타당성의 이러한 구성요소들은 먼저 오직 기호적으로 주어진다. 타자도 실제로 또한 그것을 경험한다는 것을 내가 경험하는 오직 그 순간, 나의 경험에 대한 타당성 주장이 직관적으로, 즉 명증적으로 충족된다.

내가 지적했듯이, 다른 주관에 대한 나의 경험은 다른 경험하는 주관에 대한 경험이라는 사실이 중요하다. 실제로 후설은 심지어 다른 주관의 경험에 대한 타당성은 그러한 주관에 대한 나의 경험에 따라서 수용된다고 주장한다Hua 14/388.[42] 이것은 후설의 신체 분석을 참

---

42 타자에 대한 그러한 모든 경험들은 타자의 경험의 타당성이 오해되어서는 안 된다는 것을 함축한다. 당연히 후설은 불일치나 이의에 대해 이야기하는 것이 가능하지 않다고 주장하는 것도 아니고(다만, 모든 불일치는 공통의 세계를 전제한다고 주장한다), 타자에 대한 우리의 경험에 언제나 타자가 경험하는 내용을 주제적으로 재현함이 수반된다고 주장하는 것도 아니다. 후설의 주장은 단지 우리가 타자를 경험할 때 그 타자의 경험의 타당성(validity)이 암묵

고해보면 설명될 수 있다. 신체 분석에서 후설은, 육화된 주관으로서의 타자에 대한 경험은 객관적으로 (상호주관적으로 타당한 것으로) 공유되는 세계를 구성하기 위한 첫 걸음이라고 주장한다Hua 14/110, 15/18, 15/572. 그 이유는 내가 어떤 것을 다른 사람 몸으로 경험함에는 그 사람이 바로 그것을 자기 몸으로 경험함이 동반되어야 하기 때문이다Hua 13/252, 14/485. 다른 사람의 몸에 대한 경험에서, 우리는 자신의 경험과 타자의 경험이 일치함을 알게 된다. 후설에 따르면, 이러한 일치는 상호주관적 대상, 즉 타자들에 의해서도 경험되고 (경험될 수 있는) 대상에 대한 모든 뒤따르는 경험의 토대다.

후설은 특별한 종류의 타자 경험을 기술하면서 그의 분석을 계속해나가는데, 그러한 타자 경험이란 곧 내가 경험하는 나 자신을 타자로 경험하는 상황들을 일컫는다. (토이니센Michael Theunissen이 '타자화'Veränderung[43]라고 부른) 이러한 종류의 '원본적 상호공존'에서 나는 나를 객관화하는 타자의 파악을 인수하고, 나의 자기파악은 타자를 매개로 이루어지며, 나는 스스로를 낯설게 경험하게 된다. 이것이 객관적 세계의 구성에 결정적 중요성을 갖는다. 타자가 나에게 그럴 수 있는 것과 꼭 마찬가지로, 내가 타자에게 다른 자아alter ego일 수 있다는 것을 깨달을 때, 나 자신의 구성적 중요성에 두드러진 변화가 일어난다.

적으로 수용되며, 따라서 우리 자신의 경험 대상은 타 주관에 의해서도 경험될 수 있는 무언가로서 파악된다는 것, 이러한 이유로 그것은 초월적임에 틀림없다는 것이다(Hua 6/308, 13/469). 나의 테니스 상대가 공을 받아치는 것을 내가 경험할 때, 나는 그가 내가 지각하는 것과 같은 공을 지각하고 있음을 암묵적으로 받아들인다.

43 Theunissen 1977, 84.

자기와 다른 자아 사이의 구별은 사라진다. 내가 타자를 나와 다른 것으로 파악하듯이, 타자는 나를 자신과 다른 것으로 파악한다. 타자 자신이 '자기'다. 따라서 동등성이 생겨난다. 느끼고 의지하는 자아들은 다수이고, 그 종에 있어서 동일하며, 같은 의미에서 서로 독립적이다.(Hua 13/243-244; cf. 15/635)

타자와 만날 때, 세계에 대한 나의 관점은 단지 많은 관점들 가운데 하나라는 것을 나는 깨닫게 된다. 그러나 이것을 깨닫게 되면, 나는 더 이상 경험 대상과의 관계 속에서 나의 특권적 지위를 유지할 수 없다. 경험의 주체가 나인가 타자인가 하는 것은 그러한 경험의 타당성에 있어서 어떠한 차이도 낳지 않는다Hua 17/245, 15/645, 1/157.

따라서 후설은, 타자가 나와 같은 것을 경험한다는 것을 내가 경험할 때, 그리고 나 자신이 타자에 의해 경험된다는 것을 내가 경험할 때, 나의 경험은 변한다고 주장한다. 이때부터, 나의 경험 대상은 더 이상 그저 나에게만 존재하는 것으로 환원될 수 없다. 타자를 통해서 그것은 주관을 초월하는 타당성을 가지고 구성되었다. 나는 더 이상 그것을 나와 나의 사실적 실존에 의존하는 것으로 경험하지 않는다. 반대로, 상호주관적 대상으로서, 그것에는 나의 유한한 실존을 초월하는 존재의 자율성이 부여된다cf. Hua 15/218, 8/495, 13/242.[44]

---

[44] 이것이 (후설이 주장하기에) 타자의 공존이 고려된 이후에도 여전히 숨겨진 채 머물러 있는 유한성(그리고 필멸성)이다. "여기에 죽음의 가능성의 장소가 있다. 그러나 죽음은 자아론적 자기관찰 속에서는 대상화될 수 없으며, 결코 경험적으로 직관될 수 없다. 왜냐하면 죽음은 타자의 죽음에 대한 이해를 통해서만 나에게 의미를 획득할 수 있기 때문이다."(Hua 15/452. cf. Ms. C 17 32a)

요약하자면, 후설은 초월성, 객관성, 실재성이라는 범주와 그들의 의미는 상호주관적으로 구성된다고 주장한다. 이러한 타당성 범주들은 다른 주관을 경험한 주관에 의해서만 구성될 수 있다. 그러나 후설은 또한 내재성, 주관성, 현출이라는 범주도 마찬가지임을 강조한다. 후설 생각의 요지는 다음과 같다. 내가 나의 경험 대상이 또한 타자에 의해서도 경험될 수 있다는 것을 깨달을 때, 나는 또한 사물 자체와 나에 대한 그것의 현출 사이에 차이가 있음을 깨닫는다Hua 6/167, 4/82. 그래서 무언가를 그저 현출이라고, 그저 주관적이라고 말하고 부르는 것은 오직 내가 다른 주관을 경험했고, 그래서 상호주관적 타당성의 관념을 획득했을 때에만 의미를 지닐 수 있다Hua 9/453, 13/382, 388-389, 420-421.

지금까지 강조한 구조들(세계를 향하는 초월적인 다른 주관에 대한 나의 경험, 나 자신에 대한 타자의 경험에 대한 나의 경험)은 상호주관성의 초월론적-구성적 기능에 대한 후설의 설명에서 결정적인 부분을 차지한다. 그러나 후설이 상호주관성을 오직 구체적으로 신체적으로 매개된 상호작용에만 부착된 어떤 것으로 이해하고 있다고 가정하는 것은 오류일 것이다. 만약 그랬다면, 우리는 바로 이러한 종류의 경험은 우연적이고 오류가능하며(이것은 후설 자신도 인정했다Hua 14/474-475), 바로 이러한 이유로 그것은 초월론적 철학의 가장 설득력 있는 토대는 될 수 없다는 사실을 지적하며 후설을 비판할 수도 있었을 것이다.[45] 그러나 후설은 (흔히 있었던 가정처럼) 한 가지

---

45 유사한 종류의 논변이 Carr 1973, 14-35에도 있다. 카(Carr)는 우리들은 생각한다(nos cogitamus)가 나는 생각한다(ego cogito)와 같은 종류의 오류 불가능한 필증적 확실성을 소유하지 않기 때문에, 후설이 초월론적 상호주관성을 받아들이는 것은 그의 초기 철학 개념을 근본적으로 수정한다고 주장한다(Carr

종류의 초월론적 상호주관성만을 다룬 것이 아니라, 여러 상이한 종류의 초월론적 상호주관성을 다루었다. 이미 기술한 종류의 것과는 별도로, 후설은 또한 세계와의 지향적 관계 속에서 상호주관성의 자리를 논의했다. 즉 후설은 때때로 나의 지향성이, 다른 주관에 대한 나의 구체적 경험 이전에 즉 아프리오리하게 이미 다른 주관과의 관련을 함축한다고 주장했다. 후설은 또한 구성적 기능은, 우리들의 상속된 언어적 정상성(우리의 전통)에서 드러나는 익명적 공동체에 귀속되어야 한다고 주장했다.

이러한 마지막 두 가지 종류의 상호주관성을 상세히 논의하는 것은 이 절의 범위를 넘어서는 일이 될 것이다. 그러나 후설의 생각의 개요를 간략하게만 언급해보도록 하겠다.[46] 최초의 그리고 가장 근본적인 종류의 상호주관성에 관하여, 후설은 초월론적 자아의 분석은 결국 그러한 초월론적 자아의 필증적인 상호주관적 구조의 해명에 이른다고 쓰고 있다Hua 15/192.[47] 왜 그러한가? 그것은, 후설이 주장하듯이, 나의 지각적 대상들 모두는 경험하는 주관으로서의 나 자신과의 관련을 함축할 뿐 아니라 공동주관으로서의 타자와의 관련을 함축하기 때문이다Hua 6/468. 후설은 C 17 원고에서 다음과 같이 쓰고 있다.

세계 경험으로서의 나의 경험은 (따라서 이미 모든 나의 지각은) 타인들을 세계 속의 대상들로서 포함하고 있을 뿐 아니라, 존재적 공동 타당성 안에서 지속적으로 그 타인들을 공동 주관으로서 포

1973, 32-35). 이것은 부분적으로만 참이라는 사실이 곧 밝혀질 것이다.
46 더 폭넓은 논의에 대해서는 Zahavi 1996/2001 그리고 1997을 보라.
47 1932년 6월 4일 후설과 가졌던 대화에 대한 케언스(Dorion Cairns)의 설명을 보라(Cairns 1976, 82-83).

함하고 있다. 그리고 이 양자는 분리 불가능하게 얽혀 있다.(Ms. C 17 36a)[48]

후설의 이론은 부분적으로는 지평적 지향성에 대한 탐구에 근거하고 있는 듯 보인다. 나의 지각적 대상은 그것의 지평적 소여에 의해 특징지어 진다. 나의 지각적 대상들은 나에 대한 현출 속에서 남김없이 드러나는 것이 아니다. 오히려 그것들은 언제나 함께 현존하는 음영들의 지평을 갖는다. 이러한 음영들은 비록 당장에는 나에게 접근될 수 없을지라도(가령 나는 의자의 앞면과 뒷면을 동시에 볼 수는 없다) 다른 주관에게는 지각될 수 있다. 다른 주관들이 실제로 그 자리에 나타나는지 나타나지 않는지 막론하고, 지각 대상은 언제나 그들을 위해서도 거기 존재하므로, 그 대상은 이러한 다른 주관들과 관련되어 있다. 그리고 바로 그 때문에, 그 대상은 본질적으로 상호주관적이다. 대상은 그저 나에게만 존재하는 것이 아니라, 복수의 가능한 주관들과 관계한다. 그리고 내가 이러한 상호주관적으로 접근 가능한 대상들에 향할 때마다 나의 지향성도 복수의 가능한 주관들을 지시한다. 즉 나의 지각적 지향성은, 내가 타자를 경험하느냐 아니냐와 관계없이, 그리고 참으로, 타자들이 실제로 존재하느냐 존재하지 않느냐와 관계없이 타자에의 지시연관을 포함한다. 따라서 나의 지각적 지향성은 후설이 때때로 '열린 상호주관성'이라고 부르는 그 무엇과의 아프리오리한 관계를 포함한다고 이야기할 수 있다. 후설은 『상

---

48 'Meine Erfahrung als Welterfahrung (also jede meiner Wahrnehmungen schon) schließt nicht nur Andere als Weltobjekte ein, sondern beständig in seinsmäßiger Mitgeltung als Mitsubjekte, als Mitkonstituierende, und beides ist untrennbar verflochten'(Ms. C 17 36a)

호주관성의 현상학 II』*Zur Phänomenologie der Intersubjektivität II*에서 다음과 같이 쓰고 있다.

> 따라서 경험 속에서(그리고 일차적으로 지각 속에서) 내 앞에 있는 모든 객관적인 것들은 나 자신이나 다른 이의 가능한 경험들이 이루는 통각적 지평을 갖는다. 존재론적으로 말해서, 내가 갖는 모든 현출들은 처음부터 끝없이 열린, 그러나 명시적으로 현실화되지 못한, 동일한 것의 가능한 현출 영역의 지절이다. 그리고 이러한 현출들의 주관성은 열린 상호주관성이다.(Hua 14/289, cf. 9/394, 15/497)

만일 이러한 고찰들이 다른 신체적 주관에 대한 실제적이고 지평적인 경험에 대한 후설의 설명과 결합된다면, 열린 주관성으로의 아프리오리한 지시연관이 이미 전제되어 있음은 분명하다. 내가 타자와 구체적으로 만나기 전에, 상호주관성은 이미 공동주관성으로서 현재한다. 이러한 이유로, 지각적 지향성에 대한 후설의 분석은 유아론적 입장을 지지할 수 없음이 증명된다고 이야기할 수 있다. 아마도 후설은 C 17원고에서 다음과 같이 이야기했을 때, 이것을 언급하고 있었을 것이다. "타인경험이 발생할 때, 공동체, 상호주관성은 미리 이미 거기에 있는 것이 아닌가? 따라서 타인경험은 그저 드러내는 작업수행이 아닌가?"Ms. C17 84b[49] 이어서 후설은 이 질문에 긍정으로 답한다.

---

[49] 'Wenn Einfühlung eintritt—ist etwa auch schon die Gemeinschaft, die Intersubjektivität da und Einfühlung dann bloß enthüllendes Leisten?'(Ms. C 17 84b)

지금까지 우리는 두 가지 유형의 상호주관성을 다루었다. 타자에 대한 구체적 경험은, 비록 그것이 지평적 지향성에서 작동하는 상호주관성을 전제할지라도 여전히 초월론적이라는, 다시 말해 구성적이라는 사실을 강조하는 것이 중요하다. 따라서 신체적 타자에 대한 구체적 경험은 단순히 물질계에서 일어나는 일화에 불과한 것이 아니다. 왜냐하면 내가 진정한 타자성과 타자의 초월을 경험하고 나 자신에 대한 그의 객관화하는 파악을 인수할 수 있는 것은 오직 여기에서이기 때문이다. 후설에 따르면, 진정한 객관성의 구성을 위한 가능 조건은 정확히 이러한 경험들이다.

그러나 후설은 또한, 앞의 두 가지 종류의 상호주관성을 전제하기는 하지만 이 앞의 두 가지 종류와는 다른 세 번째 유형의 초월론적 상호주관성을 다룬다.[50] 다음 절에서 후설의 생활세계 개념을 다루면서 더 상세히 보여주겠지만, 후설은 또한 특정한 유형의 자아 파악과 세계 파악이 오직 언어적으로 침전되고 역사적으로 전승된 정상성에 의해서만 가능하다고 주장했다. 따라서 익명적 공동체로서의 정상성 normality 또한 구성적 함축을 갖는다.

주관성–상호/주관성

지금까지 후설이 상호주관성의 문제를 매우 진지하게 생각했다는 것은 충분히 드러났다. 그래서 후설이 주관은 오직 공동체의 일원인 한에서만 세계를 경험할 수 있다고Hua1/166, 다시 말해 자아는 오

---

50 세 가지 종류의 상호주관성들 간의 관계는 정초 관계라는 사실이 강조되어야 한다. 다른 말로 하자면, 이 세 가지 유형은 위계적으로 구조화되어 있지만, 각자가 그들 자신의 고유한 특수한 구성적 기능과 수행을 담당하는, 상이하고 환원 불가능한 종류의 초월론적 상호주관성들이다.

직 사회적 존재socius로서, 즉 사회성의 일원으로서만 존재한다고 주장함과 동시에 철저한 자기 반성은 필연적으로 절대적 상호주관성의 발견으로 이끈다고 주장할 때Hua 6/275, 472, 사상의 일반적 요지가 드러나고 있다. 후설은 초월론적 주관성이 (적어도 부분적으로는) 초월론적 상호주관성에 의존한다고 생각했다. 이러한 해석은 후설 저작의 수많은 구절들에서 입증될 수 있다. 가령, 『제1철학 II』*Erste Philosophie II*에서, 후설은 초월론적 주관성은 그것의 완전한 보편성 속에서는 정확히 상호주관성이라고 쓰고 있다Hua 8/480. (『상호주관성의 현상학 I』*Zur Phänomenologie der Intersubjektivität I*에 실려 출판된) 1927년의 연구 수고에서 후설은 절대자는 자신을 주관들 사이의 상호주관적 관계로 드러낸다고 쓰고 있다Hua 13/480. 따라서 후설이 되풀이하는 요지는, 초월론적 환원을 충분히 철저하게 수행하면 주관성뿐만 아니라 상호주관성에 이르게 된다는 것이다Hua 9/344. 그래서 라이프니츠를 언급하면서, 후설이 그 자신의 이론을 초월론적 모나드론transcendental monadology이라고 부르고Hua 8/190, 이를 통해 구성적 중심들이 다수임을 강조하는 것은 어떤 점에서 우연이 아니다.[51]

이미 언급되었다시피, 초월론적 자아에 대한 후설의 관점은 칸트의 관점과는 다르다. 후설은 초월론적 자아의 복수성에 대해 말하는 것이 가능하다는, 즉 정합적coherent이라는 이단적 입장을 옹호할 뿐 아니라, 최종적으로는 심지어 그것이 필연적necessary이라고 말하면서 이러한 주장을 강화한다. '주관성은 오직 상호주관성 안에서만 그것인 바대로(즉, 구성적으로 기능하는 자아로서) 존재'하기 때문이다

---

51 후설의 라이프니츠 활용에 대한 더욱 상세한 설명은 Cristin 1990, 163-174를 보라.

Hua 6/175. 주관성은 타자와의 관계를 통해서만 충실하게 구성적이게, 즉 초월론적이게 된다는 주장은 초월론적 주관성에 대한 어떠한 전통적인 칸트적 이해와도 현저히 대비된다. 매우 기묘하게도, 슈츠A. Schütz가 후설의 상호주관성 이론에 대한 그의 잘 알려진 비판에서 암묵적으로 받아들이는 것은 바로 이러한 전통적 이해다. 슈츠는 다음과 같이 쓰고 있다.

> 후설의 개념에서 초월론적 자아가 본질적으로 라틴어 문법학자들이 '복수형 없는 명사'singulare tantum라고 부르는 것이 아닌지, 다시 말해 복수가 될 수 없는 용어가 아닌지 진지하게 물어야 한다. 심지어 더 나아가, 타자의 존재가 초월론적 영역의 문제인지, 즉 상호주관성의 문제가 초월론적 자아들 사이에 존재하는지, 아니면 상호주관성 그리고 따라서 사회성이 오히려 오로지 우리의 세속적인 생활세계 영역에만 속하는 것은 아닌지 하는 것들이 전혀 확립되어 있지 않다.[52]

그러나 후설은 『위기』 보충판으로 출판된 수고에서 이러한 입장에 이의를 제기한다. 여기서 후설은 주관성과 세계의 초월론적 해명의 가능성은, 만일 우리가 초월론적 주관성을 고립된 자아로 해석하고, 따라서 초월론적 상호주관성의 문제를 무시하는 칸트적 전통을 따른다면, 길을 잃고 만다고 명시적으로 언급한다Hua 29/120. 이러한 발언은 아펠에게도 쉽게 돌려질 수 있을 것이다. 그러나 후설이 언어 철학자들과 대조적으로, 자신의 상호주관성의 현상학이 (올바르게 이해

---

52 Schütz 1962, 167.

된) 주관성의 철학과 단절된다고 생각하지는 않았다는 것에 주목하는 것이 매우 중요하다. 더욱이 후설의 수고에서는 초월론적 자아의 중요성에 대한 발언, 심지어 초월론적 근원자아*Ur-Ich*는 복수화될 수 없다는 진술과 더불어, 이와 나란히 상호주관성의 근본적 중요성에 대한 고찰들을 발견할 수 있다Hua 6/188.

적어도, 이것은 후설 사유의 핵심의 부정합성을 함축하는 듯 보인다. 두 가지 널리 알려진 '해법'이 있었는데, 먼저 첫 번째 해법은 후설이 (『데카르트적 성찰』에서) 자아에 우선성을 두다가, (『위기』에서) 상호주관성에 우선성을 두면서, 몇 년만에 입장을 바꿨다는 해석이다. 두 번째 해법은 후설은 결코 그의 자아론적 출발점을 포기하지 않았으며, 이러한 이유로 후설이 다루는 상호주관성은 피상적 수준에 머물러 있으며 어떤 사실적 철저함을 결여하고 있다는 해석이다. 그러나 이러한 해석은 모두 다 어떤 명백한 문제에 봉착한다. 첫 번째 해석은 『데카르트적 성찰』과 『위기』 둘 모두에서 각각이 선택될 수 있다고 주장될 수 있기 때문에 문제가 있다. 두 저작 모두에서 후설은 자아와 상호주관성 모두의 근본적 중요성에 대해 이야기한다. 두 번째 해석 역시 문제적인데, 왜냐하면 그것은 꽤 분명하게 상호주관성에 근본적이고 결정적인 역할을 귀속시키는 (몇몇은 이미 인용된) 후설의 방대한 구절들을 우리가 맞닥뜨리게 되기 때문이다.

자세히 읽어보면 후설에 돌린 부정합성은 단지 언뜻 보기에만 그럴 뿐임이 드러난다. 이러한 부정합성은 근원 자아의 유일성에 대한 후설의 강조가 초월론적·철학적 기획의 상호주관적 변형과 어떠한 점에서도 충돌하지 않는다는 것을 우리가 깨닫는 순간 사라지게 된다. 후설의 상호주관성의 현상학의 성격이 한 번 더 강조되어야 한다. 초월론적 상호주관성은 삼인칭적 관점에서 기술되고 분석될 수 있는, 세계 내에 객관적으로 존재하는 어떤 구조가 아니라 자아 자신이 참여하는 주관들 사이의 관계다. 달리 표현하자면, 초월론적 상호주관성은 자아의 경험 구조에 대한 철저한 해명을 통해서만 밝혀질 수 있다. 이것은 자아에 상호주관적 구조를 지시할 뿐 아니라 자아론적으로 상호주관성이 뿌리박혀 있음을 지시한다.[53]

자아의 근본적 중요성에 대한 후설의 강조는, 다른 말로 하면, 상호주관성 즉 타자에 대한 나의 관계가 관계항의 하나로서 나 자신의 주관성을 전제한다는 사실에 대한 강조로 간주되어야 한다. 오직 이러한 관점에서만 상호주관성과 구성적 중심의 복수성이 현상학적으로 접근될 수 있다.

남아 있는 문제는 후설이 초월론적 근원 자아를 유일한 것으로 지정하는 주장을 어떻게 끝가지 밀고 나갈 수 있는지 설명하는 것이다. 하지만 B I14원고를 살펴보면 이 문제를 해결할 수 있다. 후설은 '나'는 이 말이 그것의 본래적 의미로 사용되는 한 복수를 허용하지 않는다고 쓰고 있다. 타자들은 나인 것으로 그들 자신을 경험할 수 있지만, 오직 나만이 나 자신을 나로서 경험할 수 있다. 나 자신 이외에 내가 '이것은 나다.'라고 말할 수 있는 어떠한 '나'도 존재하지 않는다. 정확히 이러한 이유로 '나'가 정말로 나를 의미하는 한 어떤an 나에 대

---

53 마르바흐(Marbach 1974, 5장)는 『논리연구』에서 옹호했던 비자아론적 의식 이론을 후설이 포기해야 했던 것이 바로 후설이 초월론적 상호주관성 이론을 설명할 필요성을 통찰했기 때문이었다고 주장한다(Zahavi 1999b, 138-156). 이와 관련된 방식으로, 거비치는 그 자신의 비자아론적 의식 이론에서 초월론적 상호주관성 문제가 불필요하다고 주장했다. 만약 초월론적 자아는 없고 오직 경험적 자아만 있다면, 자아와 타자의 관계는 경험적이고 세속적인 문제가 될 것임에 틀림없다(Schütz & Gurwitsch 1985, 369).

해서 말하는 것은 불가능하다. 나는 절대적으로 유일하고 개별적이다 Ms. B I 14 138a. 후설이 자아의 절대적 유일성에 대해 언급하고 그것이 복수일 수 있음을 부정할 때, 그는 명백히 나 자신의 의식의 유일한 자아 중심적 소여를 말하고 있는 것이다. 나는 오직 나 자신만을 자각하지, 그 밖의 어떤 누구도 자각할 수 없다. 그러나 이러한 유일성은 타자를 허용하는 종류의 유일성이다. "유일한 나-초월론적 나. 그것의 유일성 속에서 그것은 '다른' 유일한 초월론적 자아들을 ('타자들'로서) 정립한다. 타자들 자신은 다시 유일성 속에서 다른 타자들을 정립한다"Ms. B I14 138b[54] cf. Hua 14/212. 물론 후설은 이러한 일인칭적 유일성이 그저 우연적인 언어적 사실이라는 점을 부정하려 할 것이다. 반대로 이는 자기소여와 내적 시간의식이라는 중대한 주제에 궁극적으로 결부된 초월론적 필연성이다. '나는 있다'는 그것을 생각하는 자아의 지향적 토대다. 후설이 이야기하듯이, 그것은 철학자로서 내가 결코 간과해서는 안 되는 근원적 사실이다Hua 17/243-244, 14/307, 29/165.

이것은 단지 후설의 입장의 일관성에 대한 증명으로 제공되었다. 후설이 자아의 절대적 우선성에 대해 이야기할 때, 이것은 존재의 절대적 장으로서의 초월론적 상호주관성에 대한 그의 고찰들과 모순되지 않는다. 초월론적 상호주관성은 초월론적 토대다. 그러나 후설이 이야기하고 있듯이, 거기에는 필연적으로 자아중심화가 있다Hua 15/426. 상호주관성은 오직 유일한 주관들 사이의 관계 속에서만 펼쳐질 수 있다. 후설은 이러한 이유에서 환원에 의해 수행된 초월론적 주

---

54 'Das einzige Ich – das traszendentale. In seiner Einzigkeit setzt es "andere" einzige transzendentale Ich – als "andere", die selbst wieder in Einzigkeit Andere setzen'(Ms. B I 14 138b).

관성을 해명하는 일은 상호주관성뿐 아니라 주관성에도 이르게 한다는 점에서 양의적이라고 이야기한다Hua 15/73-75. 주관성과 상호주관성은 서로 경쟁하는 선택지들이 아니라 사실은 서로 보완적이고 상호의존적인 개념들이다.

이러한 점에서, 가장 근본적 수준에서, 즉 주관의 자기시간화와 관련해서 상호주관성이 수행하는 역할에 대해 보다 상세한 연구를 제공하는 것이 적절한 일이 될 것이다. 한편에서는 주관의 자기구성의 문제에서 상호주관성의 중요성을 강조하는 것이 중요하다. 다른 한편에서는 또한 각각의 단일한 주관이 어느 정도의 존재론적 자율성을 소유하고 있다는 사실을 주장하는 것이 중요하다. 왜냐하면 이러한 자율성의 완전한 제거는 상호주관성이라는 바로 그러한 개념을 불가능하게 만들 것이기 때문이다. 주관들 사이의 차이가 부정된다면, 어떠한 복수성도 존재하지 않을 것이고 따라서 어떠한 상호-주관성도 존재하지 않을 것이다Hua 15/335, 339. 따라서 우리가 상호주관성을 보존하고 개별적이고 초월적인 주관들의 복수성을 유지하고자 한다면, 그들이 그들의 존재의 토대를 앞선 통일성 속에서 갖는다는 가정[55]을 반드시 거부해야 한다. 그러나 (상호주관적으로 구성된 것들과 상호주관성이라는 개념이 정합적이기 위해 그 자체로 전제되어야 하는 것들을 구별함을 포함하여) 자아의 여러 구조적 계기들에 대한 후설의 복잡한 설명을 상세히 분석하는 것은 이 책의 범위를 벗어나

---

[55] 이러한 제안은 핑크에 의해 이루어졌는데, 이외의 다른 문제들에서는 후설에 아주 정통한 그의 수많은 논문들 속에 나타나 있다. 가령 Fink 1976, 223을 참조하고, Schütz, 1975에 실린 「후설에서 초월론적 상호주관성의 문제」 영어판에 대한 핑크의 논평을 참조하라. 더 폭넓은 비판들에 대해서는 Zahavi 1994c를 보라.

는 일이 될 것이다. 다만 주관성의 가장 근본적 차원을 구성하는 의식의 시간적 흐름은 타자와의 관계에 의존하지 않는 과정이라는 후설의 입장은 분명하다는 것만을 언급해두도록 하겠다Hua 14/179-175. 그러나 동시에 후설은 때때로 타자에 열려 있음을 바로 시간성의 구조 속에서 정초하고자 했다. 후설이 지적하듯이, 타인경험과 회상 사이에는 구조적 유사성이 있다cf. Hua 1/144, 3/325, 8/175, 6/189, 13/188, 15/447, 15/641, 15/416. 회상은 자기치환과 자기거리두기를 수반한다. 이것들은 내가 타인경험을 할 수 있기 위해, 즉 내가 타자를 자신으로서 만나려 하기 위해 필요한 속성들이다. 이러한 생각의 요지는 후설이 원본적 시간화에 의해 수행되는 탈현전과 타인경험에서 발생하는 자기소외 사이의 유사성에 대해 이야기할 때 계속 유지된다.

> 말하자면 탈현전화*Ent-Gegenwärtigung*(재기억)를 통한 자기시간화의 유비물이 자기소외*Ent-Fremdung*다(더 높은 단계의 탈현전화로서의 타인경험, 즉 나의 근원현전*Urpräsenz*을 한갓 현전화된*vergegenwärtigt* 근원현전으로 탈현전화함).(Hua 6/189, cf. Hua 15/642, 634)

따라서 후설은 탈현전에서 자기소외로의 일보를 타자성의 강화로 간주하는 듯 보이며, 더 일반적으로는, 시간화 과정에 의해 야기되는 탈자 중심적 자기차이화가 타인경험과 타자에로 열려 있음을 위한 가능 조건이라고 생각하는 듯 보인다.[56]

---

56 이는 하이데거(Heidegger 1989, 360, 377, 426)와 메를로퐁티(Merleau-Ponty 1945, 428)의 경우에도 그러하다. 후설의 상호주관성 이론에 대한 더 많은 연구를 살펴보려면, Schütz 1957; Waldenfels 1971; Held 1972; Theunissen 1977; Yamaguchi 1982; Hart 1992; Depraz 1995; Steinbock 1995; Zahavi

D. 생활세계

생활세계(선과학적 경험 세계)에 대한 후설의 분석은 후설의 가장 잘 알려진 연구 중 하나로 손꼽히며, 현상학 바깥에서(가령 사회학 일부에서) 가장 폭넓게 수용되고 있는 연구 중 하나다.[57] 이러한 광범위한 분석들에서 발견되는 중심적인 생각들을 간략히 요약하려면, 후설 사상의 세 가지 요지를 강조함이 마땅하다.

1) 우선, 생활세계에 대한 후설의 분석은 과학적 이론과 실천적으로 정향된 선과학적 경험 사이의 관계를 해명하는 것이다. 이러한 해명은 오늘날 아주 널리 만연해 있는 객관주의와 과학주의scientism에 의문을 제기한다. 2) 둘째, 생활세계에 대한 후설의 분석은 초월론적 현상학적 환원으로의 새로운 입문 혹은 길로서 간주될 수 있다. 이 길은 후설 사유의 수많은 데카르트적 동기들을 철저히 문제 삼고 주관성과 세계와의 관계를 『이념들 I』에서와는 아주 다른 방식으로 이해한다. 3) 마지막으로, 생활세계에 대한 후설의 분석은 역사성, 세대성generativity, 전통, 정상성 같은 개념들이 중심적인 초월론적 철학적인 중요성을 띠고 주어지는 한, 상호주관성에 대한 분석의 철저화로 간주될 수 있다.

생활세계와 학문의 위기

후설의 생활세계 개념과 여기에 수반된 주제들은 그의 초기 저작

1996/2001 참조.

57 cf. Habermas 1981, II/171-293; Schütz & Luckmann 1979.

들에서 이미 발견되지만,[58] 그것을 가장 체계적으로 다룬 곳은 그의 마지막 저서 『유럽 학문의 위기와 초월론적 현상학』이다. 후설은 여기서 어떤 '위기'를 언급하고 있는가? 약간 역설적으로 말하자면, 실증 학문, 더 특수하게는 과학의 객관주의 패러다임이 지나치게 성공적이어왔다고 말할 수 있으리라. 위기는 극적 몰락에서만 드러나는 것이 아니라, 조용하게 작동하는 무지에서도 드러난다. 후설에 따르면, 실증 과학은 더 이상 자신의 토대를, 그리고 자신의 최종적 한계를 반성하지 않을 만큼 막대한 성공을 거두었지만, 그저 기술적 진보의 문제에만 관심이 있을 뿐이다. 이러한 학문들이 작동하는 바로 그러한 (형이상학적) 틀에 붙어 있는 근본적 문제들은 시야에서 사라졌다. '진리란 무엇인가?' '지식이란 무엇인가?' '실재란 무엇인가?' '훌륭하고 의미 있는 삶이란 무엇인가?'와 같은 문제들이 그러하듯이. 달리 말하자면, 실증 과학들은 존재론적·인식론적 해명을 필요로 할 뿐 아니라, 또한 그들의 실존론적 타당성을 잃어버렸다. 이러한 이유로 후설은 학문이 철학적으로뿐만 아니라 윤리적으로 파산해버렸다고 고발한다.

후설의 진단에 따르면, 이러한 위기는 르네상스 시대의 과학혁명 (이러한 혁명은 방법에 대한 양적 이상, 사실과 가치의 날카로운 구분, 과학 그리고 과학만이 실재를 있는 그대로 기술할 수 있다는 고집으로 특징지어진다) 이후를 지배해온 객관주의의 직접적 결과다. 이러한 전체 기획의 화신이라고 후설이 칭했던, 갈릴레오를 인용해보자.

철학은 이러한 거대한 책, 우리의 시선에 끊임없이 열려 있는 우주

---

58 cf. 가령 Hua 4/375, 9/56.

에 쓰여 있다. 그러나 이 책은 먼저, 그것이 구성된 언어와 글자를 파악하고 읽는 법을 배우지 않으면, 이해할 수 없다. 그것은 수학의 언어로 쓰여 있다. 그리고 그것의 문자는 삼각형, 원, 혹은 다른 기하학적 도형들이다. 이것들이 없다면, 우주라는 단일한 단어를 이해하는 것이 인간으로서는 불가능하다. 이것들이 없다면, 우리는 어두운 미궁 속에서 헤매게 된다.[59]

후설에 따르면, 현재의 학문의 위기를 극복하고 학문의 세계와 일상생활의 세계 사이의 비참한 불화를 치유하는 유일한 길은 군림하고 있는 이러한 객관주의를 비판하는 것이다. 바로 이러한 이유에서 후설은 생활세계에 대한 분석에 착수했다. 생활세계는 학문의 역사적이고 체계적인 토대인데도, 학문에 의해 망각되고 억눌려 있던 것이다.

*

우리의 선과학적 경험에서, 세계는 구체적으로, 감각적으로, 그리고 직관적으로 주어진다. 이와 대조적으로, 과학적 세계는 원리적으로 감각적 경험을 초월하는 이념성들의 체계다. 생활세계가 상황에 처해진, 상대적 진리들의 세계인 반면, 과학은 주관적인 일인칭적 관점과의 관계로부터 완전히 자유로운, 엄밀하고 객관적인 지식의 이념을 실현하고자 한다. 생활세계의 대상들이 지니는 특징은 상대적, 근사적, 관점적 소여(내가 물을 차갑다고 경험할 때, 나의 친구는 이 물이 따뜻하다고 경험할 수 있다. 책상에 대한 나의 지각은 책상에 대

---

59 Galileo 1957, 237-238.

한 옆사람의 지각과 완전히 동일하지는 않다)인 반면, 과학의 대상들은 비상대적이고, 무관점적이고 명료하며 정확한 것으로 특징지어진 다Hua 6/309. 과학(우리는 주로 자연과학에 대해 이야기하고 있다)은 따라서 세계와의 우리의 신체적, 실천적 상호작용, 그리고 세계에 대한 우리의 신체적, 실천적 경험을 특징짓는 모호함과 상대성을 초월하려는 시도로 특징지어진다. 과학은 세계가 어떻게 우리에게 존재하는가에 대한 지식을 획득하려는 것이 아니라, 세계가 의식에 독립하여, 즉 '그 자체로' 어떻게 존재하는지에 대한 지식을 획득하고자 한다Hua 13/381, 4/207.

감각에 주어지는 1차 성질과 2차 성질 사이의 고전적 구분 뒤에는 이와 같은 생각들이 숨어 있다. 따라서 대상의 형태, 크기, 무게 등 양적으로 수학적 정확성을 가지고 기술될 수 있는 이와 같은 모든 속성들은 객관적 속성들인 반면, 대상의 색깔, 맛, 냄새 등은 어떠한 객관적인, 즉 의식으로부터 독립적인 실재성도 결여하고 있는 그저 주관적 부수현상이라는 생각이 전통적으로 당연한 것으로 여겨져 왔다.[60] 그러나 후설이 지적하고 있듯이, 이러한 고전적 구분은 시간이 지나면서 더욱 철저해졌다. 이제 주관적이라고 생각되는 것은 현출하는 대상의 특정한 속성들만이 아니라 현출하는 모든 것이다. 주관적이라고 여겨지는 것은 바로 현출이고, 과학이 대상의 진정한 본성을 파악하려고 초월하고자 하는 것은 바로 이러한 현출, 즉 이러한 현상적 차원이다.

만일 우리가 물을 분석하고자 한다면, 우리가 물을 마시고 그 안에서 헤엄친다는 사실은 그것의 색깔이나 맛, 냄새가 완전히 비본질적

---

60 cf. Descartes 1984, II/56-57.

인 것으로 간주되는 만큼 무관한 것으로 고려된다. 그러나 더 일반적으로, 이것은 또한 감각적 현출의 전체에 대해서도 유효하다. 왜냐하면 감각적 현출의 전체는 단지 기저에 놓인 참된 실재의 주관적 왜곡일 뿐이기 때문이다. 결국 우리의 목표는 대상의 물리적 구조를 드러내는 것이어야 한다. 물=H_2O. (객관적으로, 그리고 의식에 독립하여 실제로 존재하는) 참된 실재는 따라서 우리가 선과학적 경험에서 만나는 것과 완전히 다르다고 주장된다. 과학은 처음에 회의주의의 맹공에서 세계를 구출하기 위해 출발했지만, 우리가 거의 인식할 수 없는 세계로 우리를 되돌려 놓음으로써 분명히 그렇게 했다.

후설이 이러한 설명에 동의하지 않았다는 것에 놀라서는 안 된다. 이미 『이념들 I』40절 이하와 52절에서 후설은 이러한 설명과 관련된 수많은 범주오류들에 주목하고 있다. 지향성 분석이 보여주었듯이, 현출하는 대상, 즉 우리의 지향적 대상이 마음 내부적이라는 의미에서 주관적이라고 주장하는 것은 간단히 틀렸다. 이것은 심지어 환각 속의 분홍 사슴과 같이 명백히 비실재적인 것에도, 심지어는 초록색 풀이나, 맛있는 달콤한 향의 복숭아에도 적용된다.

현출하는, 직관적으로 주어진 대상이 실제 물리적 대상의 한갓 재현이라는 주장 또한 문제 삼아야 한다. 지각에 대한 표상 이론에 대한 후설의 비판은(이는 제1부에서 설명했다), 여전히 타당하다. 무언가의 표상이라는 것은 대상의 본래적 속성이 아니다. 반대로, 대상은 오직 지향적 해석을 통해서만 표상 기능을 지니게 된다cf. 37쪽. 더 일반적으로, 후설은 어떠한 정당화된 이론적 주장도 직접적으로든 간접적으로든 경험을 통해 지지되어야 한다고 주장할 것이다. 이것은 천체 물리학이나 식물학에서만큼 산술학에서도 그러하다. 따라서 우리는 후설이 경험 개념을 매우 폭넓게 사용했다는 점을 간과해서는 안 된다cf. 70쪽. 이념적 대상들 또한, 비록 감각적 방식은 아닐지라도, 범주적 방식에서 직관적으로 현출할 수 있다.

후설이 결코 실재에 대한 과학적 탐구가 틀리고, 부당하고, 불필요하다고 암시했던 것은 아니라는 점을 강조해야겠다. 반대로 후설이 비판하고자 했던 전부는 바로 과학의 우쭐대는 자기이해에 있는 어떤 요소들이다. 한편으로, 후설은 실재가 과학에 의해 정의된다는, 다시 말해 실재는 물리학에 의해 파악되고 기술될 수 있는 것과 동일하며, 따라서 책상, 의자, 책, 국가와 같은 일상적 대상들의 실재에 대한 상식적 믿음은 그저 거대한 환영일 뿐이라는 과학적 가정에 도전하고자 했다. 다른 한편에서 후설은, 과학의 무미건조한 객관주의(실재를 주관성과 해석, 그리고 역사적 공동체로부터 절대적으로 독립적인 것의 견지에서 정의하고자 하는 시도)에 의문을 제기하고자 했다.

후설은 과학적 이론과 기술의 타당성을 인정하며, 심지어 이것들이 우리의 일상적 관찰보다 더욱더 높은 정도의 객관성을 획득한다는 것조차 시인하려 할 것이다. 그러나 후설이 반복해서 지적하듯이, 우리가 이러한 배경에서 1)오직 과학적 설명만이 참된 실재를 포착할 수 있다거나 2)과학적 설명들이 아주 철저한 의미에서 우리의 경험적, 개념적 관점에 독립적인 무언가를 어떻게든 붙잡아준다고 결론 내린다면, 우리는 잘못된 추론에 직면해 있는 것이다. 과학이 실재에 대한 절대적 기술, 즉 전지적 관점에서의 기술을 줄 수 있다고 생각하는 것은 단순히 오해다. 우리는 물리학이 존재하는 것의 유일한 결정권자이며, 진지하게 취해져야 할 모든 개념들이 정밀과학의 어휘와 개념적 장치로 환원되어야 한다는 가정을 거부해야만 한다.

후설이 지적하듯이, 자연과학 그 자신은 감각적으로 주어진 것과 물리적으로 규정된 것 사이의 범주적 구분을 손상시킨다. 결국, 자연과학은 내가 마시고 있는 물이나 내가 감탄하면서 바라보고 있는 다이아몬드를 탐구한다고 주장하지 이와는 완전히 다른 대상을 탐구한다고 주장하지 않는다. 자연과학은 자신이 포착하고자 하는 것이 경험된 대상의 진정한 본성이라고 주장하는 것이다.

> 그[물리학자]가 관찰하고, 실험하고, 지속적으로 보고, 손에 갖고서 저울 위에 올려놓거나, 용광로에 가져가는 사물. 이러한 사물 그리고 그 어떤 다른 사물도 무게, 질량, 온도, 전기저항 등과 같은 물리학적 술어들의 주어가 되지 않는다.(Hua 3/113)

후설에 따르면, 물리학은 우리에게 완전히 새로운 물리적 대상을 제시해주는 것이 아니라 우리가 일상생활에서 만나는 동일한 대상에 대한 상이하고 더 고차적인, 그리고 더욱 정밀한 객관적 규정을 제시한다Ms. A III9 8b. 물이 따뜻한지, 뜨거운지 혹은 물맛이 이상한지에 대한 나의 평가와는 대조적으로, 물을 H_2O로 정의하는 것은 나 개인뿐만 아니라 모든 주관들에게 타당하다. 그러나 심지어 가장 정밀하고 추상적인 과학적 결과들도 직관적으로 주어지는 주관 상관적인 생활세계의 명증에 뿌리박고 있다Hua 6/142. 이 명증의 형식은 과학적 지식으로 가는 불가결한 (그러나 그렇지 않다면 무관할) 중간지점으로 기능할 뿐 아니라, 의미와 정당화를 위해 반드시 필요한 지속적 원천으로 기능한다.

과학은 이념화를 향한 욕구 속에서, 그리고 정밀하고 객관적인 지식에 대한 탐색 속에서 주관 상관적 명증과의 결정적 대결을 통해 미덕을 쌓았다. 그러나 과학은 이를 통해 자신의 더욱 정제된 측량이 불가피하게도 직관의 기여에 계속해서 의존한다는 점(가령 실험을 설정할 때, 측정 도구를 읽을 때, 혹은 해석하고 비교할 때, 그리고 다른 과학자의 결과에 대해 토의할 때처럼)을 간과했다. 우리는 경험적 이론들이 실험적인, 그리고 경험에 의한 명증에 토대를 두고 있다는 사실을 잊어서는 안 된다Hua 6/128. 과학적 이론이 그것의 이념화에 있어서 비록 구체적이고 직관적으로 주어지는 생활세계를 초월할지라도, 생활세계는 준거점과 의미 토대로 남아 있다Hua 6/129.

그러나 생활세계란 정확히 무엇인가? 불행히도 이에 대해 간단히 답하는 것은 불가능하다. 후설의 개념은 다의적이며, 이 용어의 정확한 의미는 문맥에 달려 있다. 꽤 일반적으로, 우리는 생활세계에 대한 존재론적 개념과 초월론적 개념을 구분해야 한다. 존재론적 개념은 다시 다음의 방식으로 나뉠 수 있다. 1) 때때로, 이 개념은 단순히 선학문적으로 주어지는 경험의 세계, 우리가 일상생활에서 당연시 하는 세계, 우리에게 친숙하고 그래서 우리가 의문을 제기하지 않는 세계를 지시한다. 2) 그러나 후설은 때때로 생활세계가 점차 학문 이론들을 흡수한다고 이야기하면서, 이러한 기술을 수정한다Hua 6/132. 학문은 생활세계에 토대를 두고, 결국 자신이 서 있는 지반 속으로 가라앉을 것이다. 시간이 지나면서, 이론적 가정들은, 생활세계의 일부가 되어, 일상적 활용에 흡수된다. 가령 지구가 둥글다는 것을 본 사람은 거의 없지만, 우리는 모두 지구가 둥글다고 가정한다. 우리는 가령 비타민이라든가 썬 오일처럼 그 사용이 과학적으로 동기 지어진 보조물들을 자주 이용한다. 생활세계에 대한 이러한 수정된 개념의 성격을 나타내는 특징 중 하나는 이것이 정적이지 않다는 것이다. 구체적 생활세계는 발생하며 지속적으로 변형되는 것이다.

이러한 두 개념 사이의 구분은 어느 정도까지는 후설 사상의 내적 발달과 연관 지을 수 있다. 후설은 이미『이념들 I』에서 이념적인 학문적 이론들과 경험의 선언어적 세계 사이의 연관과 토대 관계를 주제화했지만, 후설이 학문적 이론의 실제적 역사성에 관심을 갖게 된 것은 오로지 후기, 특히 『위기』에서였다.

이러한 문제는 후설이 생활세계에 대한 단순한 경험적 탐구를 수행하는 것만으로는 충분하지 않다고 믿었다는 사실에 의해 더욱 복잡해진다. 철학적 작업은 생활세계의 아프리오리, 즉 그것의 존재론적 본질을 해명하는 것이어야 한다. 생활세계가 구체적이고 상대적인 본성을 가졌다면, 이러한 작업은 처음부터 실패할 운명은 아니었는지가 물어져야 한다. 생활세계는 정확히 말해, 이론으로 고정시킬 수 없는 무언가가 아닌가? 그러나 생활세계가 비록 그것의 관점적, 상대적 본성에 의해 특징지어지더라도, 후설은 여전히 생활세계가 불변하는 형태학적morphological 구조를 갖는다고 생각했다.

여기서, 후설은 형태학적 본질과 이념적 본질 간의 구분을 이용한다. 만일 우리가 출발점을 지각적 세계에서 취한다면, 그리고 우리가 보통 둘러싸여 있는 대상을 탐구한다면, 그것이 칼이나 펜, 컵과 같은 도구들이든, 새나 나무, 혹은 돌과 같은 자연적 대상이든 그것들은 모두 본질적 모호함으로 특징지어지고, 이러한 대상들에 대한 우리의 분류 작업은 본성상 대략적인 것이다. 만약 우리가 생활세계의 현상들에, 가령 우리가 기하학에서 발견하는 것과 같은 정밀성과 정확성을 부과하려고 한다면, 우리는 그것들을 훼손하는 셈이 된다.

기하학자는 기술적 자연과학자들이 그러는 것처럼 사실적이고 감각적이며 직관적인 형태들에 관심을 갖지 않는다. 모호한 형태 유형들은 감각적 직관에 의거하여 직접적으로 파악되고, 그들이 원래 그런대로 모호한 개념이나 용어로 고정되는데, 기하학자는 이러한 모호한 형태 유형들에 대한 형태학적 개념들을 형성하지 않는다. 개념들이 모호하다는 것, 즉 개념들이 적용되는 영역이 유동적이라는 것은 그 개념들에 부착된 결함이 아니다. 왜냐하면 그 개념들이 사용되는 인식 영역에서는 그러한 개념들이 한마디로 필수 불가결하기 때문이다. 혹은, 그 인식 영역에서 그들은 유일하게 정당한 개념들이기 때문이다. 만약 직관적으로 소여되는 본질적 특성들을 지닌 직관적 사물 소여들을 개념적으로 적합하게 표현해야 한다면, 그들을 주어진 그대로 취해야 할 것이다. 그런데 이들은 바로 유동적으로 주어진다. 그리고 이들에게서 유형적 본질은 오직 직접적으로 분석하는 본질직관 속에서만 파악된다. 가장 완전한 기하학을 지니더라도, 그리고 그것을 실천적으로 가장 완전하게 통달하더라도, 기술적 자연과학자가 '톱니 모양의' '금이 그어진' '콩 모양의' '산형 꽃 모양의'와 같은 말로 아주 간단하고 이해하기 쉽고 완전히 적합한 방식으로 표현하는 것을 (정밀한 기하학적 개념들을 가지고) 표현할 수 있도록 곧바로 도와주지는 못한다. 이러한 개념들은 우연적이 아니라 본질적으로, 정밀하지 않고 따라서 비수학적 개념들인 것이다.(Hua 3/155)

생활세계의 현상들에 대한 모호하고 정밀하지 않은 기술들이 그 현상들의 형태학적 구조 속에서 존재론적 상관자를 갖는 반면, 정밀한 학문은 이러한 모호함을 극복하고자 하고, 이로써 후설이 이념화 idealization라고 부르는 무언가를 이용한다. 충분히 세밀한 측정도 언제나 약간의 오차를 드러내기 때문에, 완벽한 직선을 긋는 것은 불가능하다. 그러나 사유에서는 이러한 불완전함들을 초월하는 일이 가능하다. 우리는 절대적인 직선에 대한 이념을 이해할 수 있고, 그것을 근접될 수 있는 이상으로서 취할 수 있다. (우리가 실제로 그것의 구체적 예시를 볼 수 있는 무언가를 지칭하는) '개'라는 관념과 같은 형태학적 관념과 대조적으로, 완벽한 직선은 정밀한 (그리고 추상적인) 개념이다. 이것은 실제로 자연에 존재하는 것을 기술하지 않는다. 이것은 이념적 구성물이다.

살펴본 바와 같이, 후설은 생활세계가 그것의 형태학적 유형화로 특징지어진다고 생각했다. 후설의 관점에서, 이것은 생활세계 자체에 대한 이론적 탐구를 가능하게 할 뿐만 아니라, 모든 여타의 학문을 가능하게 한다. 생활세계가 완전히 무질서한 것이라면, 체계적 이론들은 그것이 근거할 어떤 것도 갖지 못하고, 따라서 어떠한 토대도 갖지 못할 것이다Hua 6/142-145. 따라서 실제로 후설은, 생활세계가 지리학적으로, 역사적으로, 문화적으로 얼마나 상이한가와 관계없이, 모든 가능한 생활세계에 보편적이고 본질적인 구조가 있다고 주장한다. 그리고 비록 이종 문화 간의 초역사적 이해를 실제로 보증하지는 못할지라도, 상대주의 논의에 대한 후설의 기여를 설명하는 것, 적어도 이것을 가능하게 하는 것은, 바로 이러한 보편성이다.

그렇다면 이러한 본질적 구조는 무엇으로 이루어져 있는가? 후설의 답변은 또 다시 불분명하다. 후설은 종종 공통의 시공간적 세계 형식과 같은 수많은 다소 형식적인 특성들을 강조한다Hua 1/161-162, 4/83. 그리고 자연은 무조건적으로 보편적이고 동일한 것이라고 이야기한다Ms. C 17 45a. 그러나 어떤 곳에서는 후설은 다소 상이하게, 훨씬 더 구체적인 접근법을 선택한다. 그래서 후설은 모든 생활세계는 기능하는 신체functioning body에 상호 연관되어 있다는 사실에 주목하고, 계속해서 다음과 같이 주장한다. 즉 어떤 상상 가능한 생활세계가 그에 부합해서 구조화되는 보편적 틀을 만드는 것은 바로 이러한 신체성과 (성적 충동, 영양상 필요들, 탄생과 죽음, 공동체와 전통 등) 여기에 속한 모든 것들이다Hua 15/433.

나는 앞서 생활세계의 존재론적 개념과 초월론적 개념의 구분을 언급했다. 이제 이러한 구분이 환기될 필요가 있다. 생활세계에 대한 존재론적 분석과 다른 과학적 영역(화학, 생물학, 물리학 등등의 영역)에 대한 존재론적 분석 사이에 차이가 있음에도 불구하고, 여기에는 또한 공통분모가 존재한다. 두 경우 모두 자연적 태도에 속하며 따라서 초월론적 환원의 수행을 전제하지 않은 존재론적 분석이다. 이 자체가 우리가 아직 연구의 끝에 도달하지 않았다는 사실을 분명하게 보여준다. 사실『위기』에서의 후설의 기획은 수많은 그의 이전 저작들의 기획과 동일했는데, 그것은 우리에게 초월론적 현상학으로의 입문을 제공하는 것이었다. 더 정확히 말하자면,『위기』특유의 특징은 초월론적 현상학으로 가는 길이 객관주의에 대한 비판을 경유해서 진행된다는 것이다. 먼저 학문적 이론이 생활세계에 뿌리박고 있다는 것을 보여주고 난 다음 생활세계의 존재론을 구성적 분석의 실마리로 삼음으로써cf. 94쪽, 후설은 생활세계와 학문 양자가 모두 초월론적 (상호)주관성에 의해 구성된다는 것을 보여주고자 했다. 이러한 이유로 객관주의와 과학주의는 모두 거부되어야만 한다. 결국 생활세계에 대한 후설의 분석이 초월론적 기획과의 결별을 구성한다는 취지의 어떠한 주장도 오류다. 생활세계는 주관적 관점들에 의해 구성되고 초월론적 (상호)주관성에, 혹은 후설의 마지막 해의 용어를 빌리자면, 세계의식을 지닌 상호주관적 삶에 상호 연관된다Hua 15/539.

따라서 과학적 객관주의에 대한 후설의 중심 주장은 본성상 초월론적이다. 지향적 상관자는 관점적으로 주어지는 대상들뿐 아니라,

이론적 이념성들에도 적용된다. 이론적 이념성들 또한 오로지 초월론적 (상호)주관성과의 상관관계 속에서 탐구될 때만 완전한 이해를 획득하게 되는, 구성된 지향적 대상들이다.

정상성과 전통

실재성이 상호주관적으로 구성된다는 후설의 확신을 받아들인다면, 우리는 세계를 경험하는 주관들의 합의 뿐 아니라 불일치dissent도 진지하게 고려해야만 한다. 이러한 문제에 대한 후설의 확장된 분석은 상호주관성에 대한 이론의 정교화로 간주될 수 있는데, 이러한 분석은 결국, 전통적으로 정신병리학, 사회학, 인류학, 민족학에 맡겨진 영역들에 후설이 발을 들여놓도록 만들었다. 엄밀한 칸트적인 초월론적 철학은 그러한 경험적, 세속적 영역들이 아무런 초월론적 의미를 갖지 않는다고 생각할 테지만, 후설은 초월론적 상호주관성에 대한 관심 때문에 이러한 것들을 초월론적 견지에서 고려해야 한다고 느꼈다Hua 15/391. 따라서 나는 후설 후기 사상의 특징이 초월론적인 것과 경험적인 것의 관계에 대한 결정적 재검토이며 그 결과 초월론적 영역이 확장되었다고 믿는다. 이러한 재검토는 부분적으로는 상호주관성에 대한 관심에서 생겨났으며, 이 때문에 후설은 세대성, 전통, 역사성, 정상성의 초월론적 의의를 고찰할 수밖에 없었다.[61]

---

61 초월론적 주관성의 상호주관적 구조에 대한 후설의 생각에 대하여 메를로퐁티는 다음과 같이 논평한다. "이제 만일 상호주관성이 초월론적이라면, 초월론적인 것과 경험적인 것의 경계가 불명료해지는 것은 어떻게 피할 수 있는가? 왜냐하면 다른 사람과 마찬가지로, 다른 사람이 나에게서 보는 모든 것(나의 모든 사실성)은 주관성에 재통합되거나, 적어도 주관성의 정의에 있어 필수불가결한 요소로서 정립되기 때문이다. 따라서 초월론적인 것은 역사성으

정상성의 문제에 초점을 맞추어 보자. 후설은 수많은 다양한 맥락에서 이 문제에 할애하고 있으며, 이 문제가 구성의 문제에 있어서 핵심 개념이라고 생각했다. 기본적으로, 후설은 우리의 경험은 정상성의 기대들에 의해 인도된다고 주장한다. 우리의 파악, 경험, 구성은 그러한 정상적이고 유형적인 구조와 모델들, 그리고 이전의 경험들에 의해 확립된 패턴들에 의해 형성된다Hua 2/186. 우리가 경험하는 것이 우리의 이전 경험들과 충돌한다면(그들과 상이하다면) 우리는 비정상성anomality을 경험하게 되고, 이 때문에 이후의 우리 기대들은 변양될 수 있다Ms. D 13 234b, 15/438.

우선, 후설은 이러한 정상성의 영향을 단일한 유일한 주관의 삶에서 발생하는 수동적 종합passive synthesis의 분석과의 연관 속에서 고찰한다. 그러나 후설이 결국 깨닫게 되듯이, 상호주관성이 결정적 역할을 한다. 나는 내가 기억하는 한, 사람들 사이에 있었고, 나의 기대들은 상호주관적으로 전수된 통각 형식에 따라 구조화되었다cf. 14/117, 125, 15/136. 정상성은 또한 관습성conventionality이다. 이러한 관습성은 그것

로 하강한다. 혹은 이렇게도 말할 수 있는데, 역사적인 것은 더는 둘 혹은 그 이상의 절대적으로 자율적인 주관들 간의 외적 관계가 아니다. 그것은 내부를 가지며, 바로 그러한 주관들의 정의에 내재적으로 속하는 측면이다. 주관들은 더 이상 자신을 그저 그들의 개별적 자아들과 관련해서만 주관들로 인식하는 것이 아니라, 서로와의 관계 속에서도 인식한다(Merleu-Ponty 1960, 134 [1964, 107])." 후설과 메를로퐁티 사이에는 많은 유사성이 있다. 그래서 메를로퐁티는 주목할 만한 가치가 있는데, 메를로퐁티는 이미 제2차 세계대전 이전에 후설의 미출간된 수고들(cf. Van Breda 1962, 410-430)에 접근할 수 있었고, 후설을 당시 우세했던 관점과는 일치하지 않는 방식으로 해석했다. 가령 메를로퐁티는 후설이 역사성의 문제를 하이데거보다 더 진지하게 고려했다고 주장했다(Merleau-Ponty 1988, 421-422). cf. Zahavi 2002a.

의 존재에 있어서 개인을 초월한다Hua 15/611.[62] 따라서 『이념들 II』에서 후설은 이미 다른 사람들로부터 기원한 경향들 외에, 관습과 전통에 의해 만들어진 무규정적·일반적 요구들도 있음을 지적했다. 즉 '우리는' 그러하게 판단하고, '우리는' 그러그러한 방식으로 포크를 잡는다, 등등Hua 4/269. 나는 타인들로부터 무엇이 정상적인 것인지를 배운다(그리고 무엇보다 나의 가장 가까운 친척들로부터, 즉 나를 키워주고 양육해준 사람들로부터 배운다). 이로써 또한 나는 여러 세대들의 사슬을 통해 어슴푸레한 과거로 뻗어나가는 공통의 전통과 관련된다.

막 언급했던 바와 같이, 상호주관성에 대한 후설의 논의에 있어서 하나의 중요한 점은 후설이 세계를 경험하는 주관들 간의 불일치disagreement 또한 진지하게 취급해야만 한다는 것이다. 만약 객관성에 대한 나의 구성이 타자들이 나와 동일한 것을 경험하고 경험할 수 있다는 사실에 대한 나의 확신에 의존한다면, 타자들이 뭔가 다른 것을 경험하고 있다고 주장하는 것은 문제가 된다. 비록 불일치가 있다는데 우리가 동의할 수 있다는 사실이 이미 모종의 공통적 지반을 지시하더라도 말이다Hua 15/47. 그러나 후설이 오직 공동체의 정상적인 구성원들 간의 (불)일치만이 관련된다고 강조하는 것은 바로 이러한 맥락에서다. 실제적 존재는 모든 사람에 의해 경험될 수 있다고 말할 때, 후설이 이야기하듯이, 우리는 어떤 평균성과 이념화를 다루고 있는 것이다Hua15/141, 231, 629. '모든 사람'이란 정상성의 주관들에 속한 사람이자, 공동체 안에서 그리고 공동체를 통해서 꼭 정상적인 사람을 말한다Hua 15/142. 오직 이러한 사람들하고만 우리는 진리와 거짓

---

62 cf. Brand 1979, 188.

에 대해, 우리의 공통의 생활세계에 대한 존재와 비존재에 대해 논쟁할 수 있다. 오직 정상적인 사람만이 상호구성적인 존재로 파악되고 Hua 15/162, 166, 9/497, 어떤 비정상적인 것과의 나의 불일치는 (우선은) 하찮은 것으로 고려된다.[63]

구체적이고 꽤 단순한 예를 들어보겠다. 내가 낡은 돛단배를 감탄스럽게 바라보며 다리 위에 앉아 있다고 상상해보자. 나는 나의 친구에게 이렇게 묻는다. "이 배가 정말 아름답다고 생각하지 않니?" 만일 그가 동의한다면, 나의 경험의 타당성에 대한 암묵적 승인이 발생한다. 나는 정말로 존재하는 돛단배를 정말로 지각하고 있다. 만일 그가 당황하면서 "어떤 돛단배?"라고 묻는다면, 나 자신의 경험의 타당성은 어떤 변양을 겪을 것이다. 만약 문제의 대상이 타자들에게 접근될수 없다면, 나는 내가 (그저 환각 속의 것과 대조적으로) 실제 돛단배를 경험하고 있다는 나의 믿음을 유지할 수 없을 것이다. 그러나 문제의 타자는 정상적 타자다. 만일 내 친구가 위와 같이 질문한 후에, 자신이 시각장애인이라는 것을 내가 잊었는지를 묻는다면, 우리의 불일치는 더 이상 유의미하지 않을 것이다cf. Hua 1/154, 15/48.

이것은 곧바로 적어도 정상성의 두 가지 근본적 유형들 간의 구분

---

63 구체적 예를 들어보자면, 우리의 색 구성은 색을 지각할 수 없는 색맹인 사람들이 있다는 사실에 의해 방해받지 않는다(Hua 1/154, 15/48). 이 문제를 더욱 확장해서 다루고 있는 곳으로는 가령, '유아론적 정상성과 상호주관적 정상성, 그리고 객관성 구성'이라는 제목의 『상호주관성의 현상학 I』(*Zur Phänomenologie der Intersubjektivität I*)의 문헌(Hua 13/360-385), 그리고 각각 '정상인의 세계, 그리고 비정상인의 세계 구성 참여의 문제'(Hua 15/13-142), '초월론적 주관성의 필증적 구조. 정상성으로부터 세계의 초월론적 구성 문제'(Hua 15/148-170)라고 불리는 『상호주관성의 현상학 III』(*Zur Phänomenologie der Intersubjektivität III*)의 두 문헌을 보라.

을 필연적으로 입증해보인다. 우선, 우리가 성숙하고 건강한, 그리고 이성적인 사람과 관계할 때, 우리는 정상성을 이야기한다. 여기서 비정상적인 것은 유아, 시각장애인 또는 조현병 환자가 될 것이다. 둘째, 우리 자신의 고향세계homeworld와 관계할 때, 우리는 정상성을 말한다. 이때 비정상성은 외국인들에게 귀속된다. 그러나 이들도 만일 어떤 조건들이 충족되면 다른 정상성foreign normality의 구성원으로 파악될 수 있다.[64]

불일치가 생명력 넘치는 구성적 의의를 얻게 되는 것은 정확히 이러한 맥락에서다. 후설에 따르면, 정상적인 주관들 사이의 불일치의 경험은(이것은 그들 각자가 무엇이 참인지에 대한 자신의 고유한 관념을 갖는, 복수의 정상성들의 현존의 경험을 포함한다) 우리가 이러한 상이한 관점들을 포함할 수 있는 한에서, 세계에 대한 한층 심화된 이해로 이끌 뿐만 아니라, 우리가 우리 모두에게 타당할 진리에 도달하는 것을 목표하는 한, 학문적scientific 객관성의 구성을 동기 지을 motivate 수 있다. 이미 언급되었다시피, 학문의 과제는 실재성의 본성을 그러한 바대로, 모든 (이성적) 주관들에게 무조건적 타당성을 지니는 것으로 규정하는 것이다Hua 6/324. 그러나 이러한 기획의 결정적 동기는 우리가 동일한 방식으로 세상을 경험하지 않는다는 것을 깨닫는 바로 그러한 상황이다. 그러한 경험이 없다면, 상대적이지 않은 지식에 대한 학문적 탐색을 시작할 어떠한 동기도 없을 것이다.

후설은 또한 몇 가지 서로 다른 단계의 객관성을 구별하는 것이 가능하다고 주장한다. 색맹 주관들의 공동체가 공동 연대적으로 그림을 관찰할 때, 그들은 상호주관적으로 구성된 대상을 다루고 있다. 정

---

64 cf. Held 1991; Lohmar 1994; Steinbock 1995.

상 시각의 사람들이 '동일한' 그림을 관찰할 때, 그들 또한 상호주관적으로 구성된 대상을 다루고 있다. 그러나 두 그룹의 파악은, 더 형식적인(그리고 비어 있는) 타당성 덕택에 더 높은 정도의 객관성을 소유하는 기하학적 기술에 의해 중재될 수 있다.

따라서 다음을 구별할 필요가 생긴다. 1) 일상생활에 충분하고, 단지 어떤 제한된 상호주관성과 상호 관련된 객관성의 종류. 2) 모든 주관들에게 무조건적으로 타당한 '엄밀한' 또는 학문적 객관성Hua 14/111. 그러나 상대적이지 않은 진리라는 이러한 이상은 사실 대부분의 일상적 관심과는 무관하다는 사실이 강조되어야 한다. 일상생활에서 우리는 이념적인 이론적 대상들과 상호작용하는 것이 아니라 도구들, 가치들, 그림들, 조각상들, 책들, 탁자들, 집들, 친구들 그리고 가족과 상호작용하고Hua 4/27, 우리의 관심은 실천적 관심들에 의해 인도된다. 실천적 활용에서 충분한 것은 사물 그 자체로 간주된다Hua 11/23.

최후의 가장 높은 단계의 구성(이론적 학문적 객관성의 구성)과 관련하여, 후설은 글writing의 중요성을 언급한다. 의미는 오직 기록되어 사람, 시간, 장소에 대한 그것의 지시 맥락적 연관과 분리되는 순간에만 완전한 객관성을 획득할 수 있다. 뿐만 아니라 의미는 기록되었을 때 후대의 세대들에게 전수되어 여러 세대의 학자들이 이용하고 덧붙이는 지식 집단에 편입될 수 있다. 후설이 『기하학의 근원』 *Ursprung der Geometrie*이라는 유명한 부록에서 말하고 있듯이, 광범위하고 복잡한 이론들은 여러 세기에 걸쳐 발달하므로, 만약 글이 지닌 기록하고 보존하는 기능이 없었다면 결코 가능하지 않았을 것이다Hua 6/369-374, 17/38, 349.

글은 일종의 집단적 기억, 지식의 저수지로 기능함으로써 중요한 구성적 영향력을 발휘한다Hua 15/224. 그러나 후설의 견해로는 그것은 또한 두 가지 위험에 연관되어 있다. 우선 후설은 언어의 유혹적 seductive 힘에 주목한다Hua 6/372. 적절한 명증에 기반을 두고, 책임성 있게 살고 행동하는 대신, 우리는 손쉽게 언어에 뿌리를 둔 전수된 가정들, 이해의 구조들, 그리고 해석의 형식들에 유혹된다cf. Hua 4/269.[65] 둘째, 우리는 객관주의의 위협에 주의할 필요가 있다. 이념성이 그것의 주관 상관적인 기원과 분리되는 순간, 구성하는 주관성을 완전히 망각하기 쉽다. 마지막으로 후설은 이러한 두 가지 위험 모두가 현대 학문의 위기에 책임이 있다고 생각했다.

후설에 따르면, 학문적 이론들은 실천적 삶 때문에 점차 증가한다. 역사적으로 말해서, 지평을 확장하는 수많은 '근원설립들' Urstiftungen 이 일어났다. 즉 가령 새로운 유형의 대상들, 기하학적 이념성들이 처음으로 구성되는 곳에서 일련의 사건들이 발생했다. 점차 이해의 이러한 새로운 유형들은 점점 더 널리 이용되었고, 그것들은 세대를 거쳐 전수되어 마침내는 아주 친숙해지고 자명해져서, 그저 당연한 것으로 여겨지게 되었는데, 이런 이유로 그것의 역사적이고 주관적인 기원은 망각되었다. 갈릴레오와 그의 동시대 수학자들은 이미 높은 수준으로 발달한 수학을 자신들 곁에 갖고 있었다. 그것은 당연시되었고, 심지어 참된 실재성을 표현하는 것으로 간주되었다. 그러나 이러한 견해는 우리가 생활세계의 초월론적-역사적 기능을 깨달을 때에는 더 이상 유지될 수 없다. 학문의 객관주의적 이상 그리고 우리가

---

65 후설의 분석은, '그들'이라는 공공성 속에서의 현존재의 퇴락에 대한 하이데거의 고찰과 어느 정도 닮아 있다. 『존재와 시간』에서 하이데거의 잡담 분석(§ 35)을 참조하라.

수학에서 발견하는 이론적인, 이념화하는 태도는 결코 자연적으로 당연한 것이 아니고, 오히려 역사적으로 발달한 방법의 산물들이다. 이러한 사실은 이후에 망각되었을 뿐이다.

학문의 역사적 기원에 대한 후설의 강조가 학문적 이념성들을 경험적이고 사실적인 실재성들로 환원하려는 시도를 내포하지는 않는다는 사실을 이해하는 것이 중요하다. 후설은 이러한 이념성의 타당성들을 사실적 환경들에 근거 지우고자 시도하지 않았다. 후설의 이른바 '되돌아 묻기'*Rückfrage*(이것은 '거꾸로 거슬러 향하는 탐구' 또는 '되돌아옴의 연구'로 번역될 수 있다)는 기하학의 실제적 발견을 확인하려는 시도도 아니고, 이론의 사실적 발달을 재구성하려는 시도도 아니다. 후설은 갑자기 심리학주의의 사촌인 역사주의에 우호적으로 된 것이 아니다. 반대로 후설은 다음의 물음들에 답하고자 애썼다. 학문이 필연적으로 특정한 역사 속의 시점에 등장했고, 발달하여 세대를 거쳐 전수되었다는 사실이 우리가 학문을 평가함에 있어 갖는 함축은 무엇인가? 후설의 결론은 칸트적인 초월 철학의 정적 본성에 대한 비판으로 간주될 수 있는데(칸트에게 초월론적 범주는 한 번에 최종적으로 주어진다), 그러한 후설의 결론은 학문적 합리성으로 가능해지는 구성적 수행은 발생을 갖고 시대를 거쳐 발달한다는 것이었다. 그것의 현재의 형태에서 학문은 하나의 전통이고, 초월적 주관들의 역사적 공동체에 의해 구성된 하나의 문화적 형성물이다.[66]

객관주의에 대한 후설의 비판은 또한 진리의 학문적 개념의 타당

---

66 이러한 과정에 대한 후설의 가장 잘 알려진 설명은 『위기』의 세 번째 부록에 있다. 이 부록에 대한 데리다의 광범위한 논평들(1989)을 참조하라.

성의 범위를 한계 지으려는 시도로 간주될 수 있는데, 그것은 우리로 하여금 여러 가지 상이하고 동등하게 타당한 유형들의 기술의 존재를 인정하도록 해준다. 후기 비트겐슈타인의 논법과 유사한 논법으로,[67] 후설은 다음과 같이 이야기한다.

> 한편으로는 진리의 상대성과 그것의 명증이, 그리고 다른 한편으로는 그것 위에 세워진 무한하고 이념적이고 절대적인 진리가 각자 나름의 권리를 갖는다면, 그리고 서로가 서로를 요구한다면 어떻겠는가? 시장의 상인은 자신의 시장 진리를 갖는다. 시장 진리는 그것이 놓여 있는 관련 안에서는 훌륭한 진리이고 상인에게 유용한 최선의 진리이지 않겠는가? 시장 진리는 가상 진리인가? 그와 다른 상대성 속에 있는 학자는, 우리가 단지 시장에서 필요한 것만이 아닌, 아주 훨씬 더 많은 것을 할 수 있는 다른 목표와 이념을 가지고 판단하면서 다른 진리를 추구한다고 해서? 우리는 결국 "정밀" 과학의 이상적이고 규제적인 이념들과 방법들에 현혹됨을 멈추어야 한다. 특히 철학과 논리학에서, 마치 그러한 과학의 존재 자체가 실제로 절대적 규범인 양 현혹됨을 멈추어야 한다.(Hua 17/284)

따라서 후설은 다양한 단계의 정상성과 객관성 사이에 상관관계가 존재한다고 주장한다Hua 15/155. 심지어 절대적이고 객관적인 존재와 진리도 주관 상관적 정상성, 즉 합리적 주관들의 정상성과 상호 관련되어 있다Hua 15/35-36.

---

67 cf. Wittgenstein 1984, 290-291.

후설이 초월론적 철학적 범주로서 정상성을 다루는 것은 그의 상호주관성의 현상학의 훨씬 멀리까지 다다르는 몇몇 결과들을 설명하는 데 도움을 줄 수 있다. 가령 후설의 사유에서 역사성의 차원이 가시적이게 된다. 나 자신의 고향세계적 정상성은 전통과 세대성을 통해 설립되며, 따라서 그것은 역사적이다. 정상성은 전통에 매여 있는 일련의 규범들이다. 따라서 후설조차도 정상적 삶을 세대적인 것이라 부르고, 어떠한 정상적인 사람도 역사적 공동체의 일원으로서 역사적이라고 주장한다Hua 15/138-139, 431.

> 원래 나에게서 (근원설립하면서) 생겨난 것은 나의 것이다. 그러나 나는 "시대의 아이"다. 나는, 자신의 전통을 갖고, 세대적 주관들과 함께, 그리고 가장 가깝고 가장 먼 선조들과 함께 다시 새로운 방식으로 공동체를 갖는, 가장 넓은 우리-공동체 속에 있다. 그리고 그러한 공동체는 나에게 영향을 행사했고, 나는 상속자로서의 나로 존재한다.(Hua 14/223)

더욱이 객관성을 구성하고 공동의 객관적 세계를 구성하는 것은 역사적 과정으로 간주된다Hua 15/421. '객관성'과 '실재성'이라는 의미 형성물들은 이미 구성되어 있기는커녕Hua 15/220, 상호주관적 추정의 지위를 갖는데, 그것은 오직 무한한 사회화 과정과 지평 융합의 과정 속에서만 실현될 수 있다. 달리 표현하자면 (아펠이나 하버마스가 아니라 후설의 말인데) 절대적 진리(실재 존재)는 이념화를 지시한다. 우리는 열린 상호주관적 공동체의 이념적 동의를 상관자로 가지는 규제적 이념에 대해 이야기하고 있는데, 사실적으로 실현된 모든 동의는 원리적으로 계속적 교정에 열려 있으므로 이러한 이념적 동의는 결코 도달될 수 없더라도, 영속적 교정 과정 속에서 근접될 수는 있는 것이다Hua 8/52, 3/331, 6/282, 1/138, 15/33.[68] 따라서 후설은 고여 있는 세계는 없다고 이야기할 수 있다. 왜냐하면 세계는 우리에게 오직 정상성과 비정상성의 상대성 속에서만 주어지기 때문이다Hua 15/212, 381, 6/270. Ms C 17 31a. 세계의 존재는 겉보기에만 안정적일 뿐, 실제로, 그것은 원리적으로 무너질 수 있는, 정상성에 의한 구성물이다 Hua 15/214.

후설이 초월론적 철학에 역사적 차원을 덧붙이려고 애썼다는 사실은 또한 여러 가지 방식으로 예증될 수 있다. 어떤 곳에서 후설은 세계의 초월은 타자를 통해서 그리고 세대적으로 구성된 상호-주관성을 통해서 구성된다고 이야기한다Ms. C 17 32a. 후설이 주관의 탄생과 죽음을 더 이상 그저 우연적 사실로 간주하지 않고 그것은 세계 구성의 초월론적 가능 조건이라고 간주한다는 사실을 지시하는 것이 바로 세대적 상호주관성generative intersubjectivity, Hua 15/199이라는 개념이다 Hua 15/171. 『위기』에서 후설이 이야기하듯이, 역사적 세대적 맥락으로의 편입은 그것의 시간적 구조와 꼭 마찬가지로 불가분하게 자아에 속한다Hua 6/256. 다른 말로 하자면 후설은 살아 있는 전통에 주관이 묻혀 있음이 구성적 함축을 갖는다고 생각했다. 그래서 내가 앞서 언급했듯이cf. 211쪽, 익명적 정상성anonymous normality을 세 번째 종류의 초월론적 상호주관성으로 이야기하는 것이 가능하다. 사실 나는 정상성의 상관자로서, 타자들과의 관련이 스며들어 있는, 타자들이 이미 의미를 공급한 세계 속에 살고 있다. 즉 나는 세계(와 나 자신)를

---

68 이것은 필증적 진리가 전혀 없다는 사실을 함축하지는 않는다. 다만 수정될 수 있는 모든 것은 원리적으로 그 이상의 계속적 수정에 열려 있음을 함축한다.

전통적이고 전수되는 언어적인 관습성을 통해서 이해한다. '역사적 실재성'이라는 바로 그 범주는 내가 나의 바깥인 역사적 과거로부터 기원하는 전통적 의미를 인수하는 한에서만 구성될 수 있는 초월의 유형을 함축한다.

이러한 배경에서 후설이 그의 사유의 마지막 국면에 현상학적 출발점으로서 초월론적 자아를 생활세계의 역사적 공동체로 대체했다고 결론짓는 것이 가능할까? 물론 아니다. 후설이 비록 초월론적 상호주관성을 초월론적 토대로 간주했을지라도, 후설의 현상학적 접근을 잊지 않는 것이 결정적으로 중요하다. 나를 중심에 두는 것 없이는 공동체도 없고, 따라서 상호주관성이 펼쳐질 수 있는 초월론적인 원초적 자아가 없이는 어떠한 세대적 상호주관성도 없다Hua 15/426. 후설이 여러 번 강조하듯이, '우리'는 나로부터 나와서 동시대의 타자들과 과거의 타자들과 미래의 타자들로 뻗어나간다Hua 15/61, 139, 142, 499. 역사적으로 우선인 것은 우리의 현재다Hua 6/382. 다른 말로 하자면, 역사적 과거와 이전 세대에 대한 초월론적 분석, 더 일반적으로는 주관의 유한성을 초월하는 의미의 어떠한 분석도 언제나 그것의 출발점을 일인칭 시점에서 취해야만 한다.

후설이 명확하고 단호한 방식으로 역사성과 초월성을 어떻게든 통합시켰다고 주장하려는 사람은 아마도 아무도 없을 것이다. 그럼에도 불구하고, 이것은 사유의 마지막 국면에서 후설이 시도했던 것이고, 이는 후설 철학의 범위와 포괄성의 평가에 관한 한 인정되어야 하는 것이다. 그것이 더 발전될 수 있는, 결실이 풍부한 접근이었는지, 아니면 최종적으로 의심스러운 초안인지는 논의되어야 한다. 그러나 후설이 고전적인 데카르트-칸트적인 주체 철학을 옹호하지는 않았다는 사실, 그리고 후설은 유아론자가 아니라 오히려 상호주관성 문

제를 가장 중요한 초월론적 철학적 개념으로 다루었다는 사실이 설명되어야 한다.[69]

---

69 후설의 생활세계 개념에 대한 더욱 폭넓은 논의에 대해서는 Derrida 1989;
   Claeges 1972; Aguirre 1982, 86-149; Soffer 1991; Held 1997; Bernet 1994,
   93-118, 그리고 Steinbock 1995를 보라.

결론

　에드문트 후설이 20세기 철학의 중심인물 중 한 명임은 의심할 여지가 없다. 그가 현상학의 창시자였고, 지향성 이론과 생활세계의 개념을 발전시켰으며, (마지막으로 역시 중요한 사실인) 하이데거의 스승이었다는 사실은 잘 알려져 있다. 그러나 그가 힘껏 애썼음에도 불구하고, 고전적인 현전의 형이상학의 틀에서 자유로울 수 없었다는 것은 또한 오랜 시기 동안 일반적인 인식이었다. 후설은 실재와 타자가 순수한 (육체를 입지 않은 세계 없는) 초월론적 주관에 의해 구성된다는 신념을 결코 포기하지 않았으며, 후설의 사유가 토대주의적이고 관념론적이며 유아론적인 것으로 남아 있었다는 것이다. 따라서 후설은 여전히 창시자로 존중되어야 함에도 불구하고, 하이데거를 비롯한 후대의 현상학자, 해석학자, 해체주의자 들이 되돌릴 수 없게끔 후설의 입장을 넘어서게 되었고, 언어철학자들은 그럴 만한 이유 때문에 후설로부터 거리를 취했다는 것이다.

　나의 설명에서 분명해졌겠지만, 널리 퍼져 있는 이런 식의 후설 해석은 이제 낡은 것으로 간주되어야 한다. 그러한 해석이 그토록 오래 살아남았던 이유 중의 하나는 근래의 독일 역사상의 사건들과 관련된다. 후설이 유대인이었기 때문에, 그의 철학을 나치 시기1933~45 동안에는 가르칠 수 없었다. 이것은 독일 철학자들의 한 세대 전체가 후설 대신 하이데거 현상학으로 훈련받았다는 사실을 의미한다. 그리고 1930년대 프랑스에서 후설에 대한 관심이 시작되었는데도, 전쟁 이후에는 심지어 프랑스인조차 후설을 하이데거의 시각으로 읽었다. 극소수 예외를 제하면, 후설 연구가 결정적 진전을 보였던 것은 고작 1960년대부터, 그러니까 (헬트Held와 클래스게스Claesges를 포함하여) 수많은 젊은 철학자들이 후설의 연구수고에서 주제를 잡아 박사 학위 논문을 썼던 때부터였다.

『후설 전집』이 계속 출간된 덕분에 우리는 후설 연구수고들을 점점 더 많이 접하게 되었고(또한 계속 점점 더 많이 접하고 있고), 널리 퍼진 수많은 지배적 해석들이 이러한 연구수고들에 대한 연구 덕택에 교정되고 수정되었다. 이것은 후설 연구수고의 출간 덕분에 단지 후설 현상학의 핵심 개념에 대한 보충적 이해가 가능해졌기 때문만이 아니라, 이러한 연구수고들이 원래 후설 자신에 의해 출판된 저작에 대한 연구만으로는 (불가능하지는 않았을지라도) 기대할 수 없었을 후설 사유의 면모들을 들추어내주었기 때문이다.

몇 가지 예를 보면 이 점이 분명해진다. 일찍이 1966년 『수동적 종합』이 출간되자, 후설이 순수 능동적이고 자발적인 주관성에 대한 분석에만 몰두하지는 않았다는 사실이 명백해졌다. 오히려 수동적 발생의 깊은 차원에 대한 해명이 절대적으로 중심적인 중요성으로 주어졌다. 7년 후 케른Kern이 『상호주관성의 현상학 I-III』을 출간하여 풍부한 자료가 공개되었는데, 이를 통해 후설의 상호주관성 분석에 대한 이전의 (『이념들 II』 그리고 특히 『데카르트적 성찰』에서 주어진 설명들에 국한되어 있었던) 논의들이 시대에 뒤떨어진 것이 되었을 뿐 아니라, 슈트라서Strasser를 인용하자면, 궁극적으로는 후설 철학

의 내용에 대한 당시의 모든 견해들이 부적절한 것이 되었다.[1] 1988
년 울리히 멜레Ullrich Melle에 의해 출간된 『윤리학과 가치론 강연
1908-1914』*Vorlesungen über Ethik und Wertlehre 1908-1914*은 윤리학과 가치
이론에 대한 후설의 관심을 드러내는 수많은 문헌들을 접할 수 있게
해주었다. 그것은 후설 연구의 실천적 분야를 들추어냈고, 후설이 오
로지 순수 이론에만 관심을 기울였다는 표준적 해석을 수정할 수 있
도록 했다.

통상적으로 후설의 사유는 몇 가지 상이한 국면으로 구분되어왔
다. 후설이 『논리연구』에서 자신의 초기 심리학주의를 비판하기 시
작했다는 점에서, 『산술철학』1891과 『논리연구』1900~1901 사이의
시기에 결정적 단절이 일어났다고 주장된다. 그리고 이러한 단절
은 『논리연구』와 『이념들 I』1913 사이에서도 주장되는데, 정확히는
1905~1908년 무렵에 후설이 초월론적 현상학을 위해 순수 기술적
현상학을 포기했다고 주장된다. 그리고 1917~21년에 이른바 정적
현상학이 발생적 현상학으로 보충되고, 마지막으로 『데카르트적 성
찰』1929과 『유럽 학문의 위기와 초월론적 현상학』1936 사이에 또 하
나의 단절이 있었다고 주장된다. 여기서 후설은 주체 중심적 초월론
적 철학을 포기하고 생활세계에 근거한 현상학으로 나아갔다고 주장
된다.

이러한 전통적 설명은 오해를 불러일으킨다. 이러한 설명이 어느
정도는 일말의 진리를 포함하고 있을지라도, 후설의 작업이 일련의
결정적 단절들로 특징지어진다는 생각은 오직 후설의 출판된 저작에
만 접근할 수 있었던 시절의 유물이다. 그의 강연과 연구수고들을 읽

---

1 cf. Strasser 1975, 33.

을 때, 후설 사유의 연속성은 자명해진다. 물론 그의 초기 저작과 후기 저작 사이에 발전이 있고, 결정적 차이가 있다는 점은 의심할 여지가 없다. 그러나 무엇보다 우선, 후기에 일어난 변화들은 종종 초기 저작들에서 예기되고, 둘째, 그 변화들도 결코 진정한 단절이라고 할 만큼 급진적이지 않았다.

예전에는 『논리연구』, 『이념들 I』, 『데카르트적 성찰』, 『위기』와 같은 필수적이고 고전적인 문헌들이 후설 연구의 핵심 문헌이었다면, 지금은 더 이상 그렇지 않다. 후설 연구의 초점과 범위는 현재 접할 수 있는 『후설 전집』 전체를 포함하도록 확장되었고, 이미 언급된 책들 외에도, 『제일철학 II』*Erste Philosophie II*, 『현상학적 심리학』*Phänomenologische Psychologie*, 『위기 보충판』*Ergänzungsband zur Krisis* 도 특별히 중요한 강연들로 입증되었다. 이러한 초점의 변화는 새로운 유형의 해석을 가져왔다. 이러한 해석의 특징은 후설 사상에서 사실성, 수동성, 타자성, 윤리학의 차원을 강조하는 것이었고, 나아가 고전적 문헌들에 대한 재해석을 가능하게 하면서, 그렇지 않았더라면 숨겨진 채 머물러 있었을, 후설 사상의 발달에서의 통일성과 정합성을 드러내 주었다.[2]

*

나의 설명은 후설 사상의 몇 가지 중심 주제들에 맞춰졌다. 널리 유포된 수많은 오해들을 논박하는 데 많은 지면을 할애한 것은 후설이 비판으로부터 면역력을 갖도록 하려는 시도의 결과가 아니다. 오히

---

2 Depraz & Zahavi, 1998에는 이러한 패러다임의 변화를 예시하는 수많은 연구들이 있다.

려 나는 오랫동안 후설 사상에서 진정으로 중심적 주제들에 그림자를 던져왔던 수많은 잘못된 오해들을 일소하고자 시도했다. 그럼으로써 앞으로 논의를 계속 수행할 수 있는 새롭고 더욱 건설적인 비판을 위한 여지를 만들기를 희망하면서 나는 이러한 작업을 수행했다.

내가 미처 다루지 못한 여러 측면들 중에는 몇몇의 훨씬 복잡한 (후설의) 지향성 연구가 있다. 자아와 인격성의 구조에 대한 후설의 논의나 언어적 의미와 선언어적 의미 사이의 관계에 대한 후설의 분석, 본능과 무의식에 대한 분석을 포함하여 수동성의 역할에 대한 후설의 연구, 정치학, 윤리학, 미학, 종교에 대한 후설의 성찰들은 말할 것도 없고 논리학과 수학의 토대에 대한 후설의 분석들이 그것이다.

그럼에도, 나는 이 책이 후설 사상의 범위와 풍부함, 그리고 현대적 타당성을 설명해줄 수 있었기를 바란다. 나의 설명이 독자들로 하여금 후설의 원전을 펼쳐보도록 자극할 수 있기를 희망한다. 그것은 후설의 원전에 대한 연구가 현상학에 대한 올바른 이해를 위한 필수불가결한 전제로 남아 있기 때문일 뿐 아니라, 그 저작들의 내재적인 철학적 가치 때문이기도 하다.

(몇몇만 언급하자면) 셸러, 하이데거, 사르트르, 메를로퐁티, 레비나스, 슈츠, 리쾨르, 앙리, 데리다와 같은 철학자들이 자신들의 철학의 상당 부분을 후설에 빚진 것은 이유가 없지 않다. 비록 그의 철학적 계승자들 중에는 자신의 업적을 강조하기 위해 후설을 비판하는 경향도 있었지만, 오늘날 우리는 후설 현상학의 독창성에 대한 인정이 증대되었음을 인지할 수 있다. 더 이상 후설은 그저 하이데거, 메를로퐁티, 레비나스를 낳은 선도자로 간주되는 데 그치는 것이 아니다. 왜냐하면 현상학의 역사에서 후설은 더 이상 극복된 한 시기로 간주되지 않기 때문이다.

후설의 현상학, 그 현재와 미래

• 옮긴이의 말

이 책은 단 자하비Dan Zahavi가 저술한 『후설의 현상학』*Husserl's Phenomenology*, Stanford university press, 2003을 옮긴 것이다. 2003년에 출간된 이 영문판은 코펜하겐 대학에 재직 중인 세계적인 현상학자인 저자가 1997년 덴마크에서 출판한 자신의 저서를 직접 영어로 옮긴 것이다. 이 책은 영문판이 출판된 그해에 일본에서도 번역, 출판되어 수많은 독자들에게 큰 호응을 얻은 바 있다. 그뿐 아니라 2007년에는 중국어판, 2009년에는 독일어판, 2010년에는 그리스어판, 2011년에는 이탈리아어판과 크로아티아어판, 2012년에는 폴란드어판이 출판되는 등 원저서가 출간된 지 10여 년이 지난 지금도 세계 각국의 독자들에게 현상학 입문서로서 꾸준히 호응을 얻고 있다. 그것은 이 책이 적은 분량이지만 간결하고도 명료한 설명 속에 후설 사상의 발달 과정을 풍부하고 심도 있게 담아내는 데 성공함으로써 후설 현상학에 대한 모범적인 입문서의 역할을 충실히 수행해내고 있기 때문일 것이다.

후설의 출판된 원전뿐 아니라 방대한 유고까지 폭넓게 참조하고 있는 이 책은 그 깊고 세밀한 전문성에도 불구하고, 쉽고 명료하며 간결한 서술이 무척 돋보인다. 게다가 후설의 텍스트를 직접 참조할 수 있게끔 저작 곳곳에 텍스트의 전거를 충실히 표기하고 있는 것도 입문서로서 이 책이 지닌 장점이라 할 수 있다. 이 책은 우리를 후설의 텍스트 자체로 돌아가게 하여 후설의 현상학에 제대로 접근할 수 있게 해준다.

후설의 현상학은 현대 철학에 관심을 갖는 사람이라면 누구라도 그냥 지나쳐 갈 수 없는 거대한 사상의 수원지다. 후설은 현상학의 창시자로서 하이데거와 메를로퐁티를 낳았고, 사르트르, 레비나스, 셸러, 앙리, 리쾨르 등의 현상학자들에게 지대한 영향을 미쳤으며, 아도르노, 하버마스, 호르크하이머와 같은 비판적 사회이론가들, 그리고 데리다와 같은 프랑스의 탈현대 철학자들까지도 후설의 영향 속에서 후설의 현상학과 대결하며 사상을 발전시켜나갔다.

후설이 후대의 수많은 철학자들에게 이토록 폭넓은 영향을 미칠 수 있었던 이유는 무엇일까? 먼저 후설의 현상학은 보편학의 이념에 근거하여 이러한 학문적 이념을 구현해낼 수 있는 탁월하고도 엄밀한 방법들을 창안하여 앞으로의 철학이 토대해야 할 참다운 학문적 기틀을 마련했다. 뿐만 아니라 전통철학이 경시하거나 보지 못했던 생활세계, 신체, 본능, 상호주관성 등과 같은 중대한 주제 영역들을 철학의 장에 새롭게 도입했다. 후설은 보편학의 이념을 엄밀하게 구현해내기 위해, 일상적으로 우선 대개 존재자로 향하는 우리의 시선을 그러한 존재자들이 현상하는 장소인 의식 체험, 즉 주관성으로 돌려놓는다. 이러한 의식 체험은 언제나 '무엇에 대한 의식'으로서 지향성을 그 본질 구조로 갖기 때문에, 의식 체험은 결국 자기 자신을 포함하여 존재자 전체가 그 지향적 상관관계 속에서 주제화되는 영역이다.

후설은 이렇게 의식 체험이라는 광활한 영역을 철학의 참다운 탐구 영역으로 개척하여 무궁무진한 철학적 탐구의 장을 열었을 뿐 아니라, 이러한 탐구 과제들이 사태 적합성 즉 엄밀성 속에서 수행될 수 있도록 독특한 현상학적 방법들을 개척했다. 이러한 방법들 중 가장 핵심적이고도 독특한 것이 바로 현상학적 환원인데, 이는 어떠한 선입견이나 전제에도 방해받지 않은 채, 현상하는 사태 자체에 있는 그대로 다가가기 위한 방법적 절차다. 우리의 탐구 주제와 목표가 다양함에 따라 다양한 유형의 현상학적 환원이 존재하며, 이러한 다양한 유형의 현상학적 환원은 초월론적 현상학, 현상학적 심리학, 여타 경험 과학 등 다양한 학문들이 그 엄밀함 속에서 탐구될 수 있는 통로를 제시해준다.

현상학적 환원을 통해 드러나는 '직관적 경험'을 모든 인식의 권리 원천으로 주창하는 후설의 현상학은 후설 이전의 사변 철학과는 철저하게 구별되며, 철학사에서 획기적인 진전을 가져왔다. 후설의 철학은 영미분석철학과 함께 서양 현대철학의 양대 산맥을 이루는 현상학, 실존철학, 해석학, 구조주의, 비판이론 등 대륙철학의 큰 흐름을 낳았다는 점에서 명실공히 서양 현대철학의 원류에 해당한다. 그러나 후설의 현상학이라는 이 원류는 철학사 속에 그저 고여 있는 것이 아니라 지금도 유유히 흐르며 현재에서 미래로 뻗어나가고 있는 사상의 물줄기다. 『후설 전집』이 오늘날에도 계속해서 새롭게 발간되고 있으며, 이러한 유고들이 후설 생전에 출판된 원전만으로는 밝혀낼 수 없었던 후설 사유의 새로운 면모들을 연이어 드러내주고 있기 때문이다. 이러한 새로운 해석들 덕분에 후설의 현상학은 더욱 무한한 가능성으로 우리의 현재와 만날 수 있게 되었다.

그럼에도 후설의 현상학에 제대로 접근하여 이를 올바르게 이해하기란 결코 쉬운 일이 아니다. 그것은 주로 후설 철학에 등장하는 난해한 현상학적 개념들 때문인데, 이런 이유로 후설의 현상학은 탄생과 동시에 수많은 오해를 낳았고 수많은 비판을 받았다. 오늘날 후설 현상학에 대한 연구가 날로 발전하고 정교해지고 있으며, 이에 따라 후설 현상학의 새로운 면모들이 속속 밝혀지고 있지만, 여전히 후설의 현상학을 '현전의 형이상학'으로 바라보거나 고전적인 주체철학, 유아론, 의식철학, 토대주의, 주관적 관념론의 이미지 속에서 바라보는 시각도 적지 않다.

이 책의 가장 큰 장점은 후설 현상학에 대한 이러한 오해를 불식시킬 수 있게끔 저자 자신의 최신 연구 성과들을 반영하여 후설 현상학의 새로운 면모들을 드러내는 데 많은 지면을 할애하고 있다는 것이다. 우리는 이 책으로부터 초월론적 현상학적 환원이나 에포케, 그리고 본질직관과 같은 것들이 그 어떤 신비한 관념론이나 유아론으로 이끄는 개념이 아니라는 것을 알게 된다. 오히려 현상학적 환원은 종국에는 의미로 가득 찬 우리들의 일상성의 참 모습을 더욱 풍부하고 철저하게 긍정할 수 있게 해주는 태도의 전환임을 알게 된다. 또한 후설의 현상학은 주관성을 순수한 자기현전으로만 규정하는 '현전의 형이상학'이기 이전에 주관성이 역사적 근원과 타자를 지시한다는 사실을, 그리고 현전적 지각 역시 부재적 음영들과 지평의식의 기여에 의해 가능하다는 사실을 충실히 고려하고 있음이 밝혀지며 유아론적 주체철학이 아니라 철저한 상호주관성의 철학임이, 또한 의심 불가능한 확실성에 기반을 두는 데카르트적 토대주의를 벗어나 자신의 오류가능성을 인정하며, 학문 공동체의 끝없는 수정과 교정을 통해 절대적 진리의 이념을 향해 계속해서 발전을 거듭해갈 수 있는 열린 체계의 학문임이 밝혀진다.

이렇게 우리는 이 책에서 초기 지향성 개념에서부터 초월론적 전회를 통한 환원과 구성 개념, 그리고 후기의 신체, 시간의식, 생활세계, 상호주관성의 문제에 이르기까지 후설 사상의 발달 과정을 새로운 관점에서 새로운 방식으로 조감해볼 수 있다. 따라서 이 책은 근대와 현대를 넘어 다원주의와 탈현대 시대로 무르익어가는 우리 시대에 후설의 사상이 갖는 현재적 가치를 다시금 발견해낼 수 있는 길잡이 역할을 해줄 수 있으리라고 생각된다.

덧붙여, 후설 현상학의 현재성은 학제적 연구가 활발하게 이루어지고 있는 오늘날 더욱 부각되고 있음을 특별히 언급해두고 싶다. 이를테면 다양한 인문사회과학 분야에서 질적 연구에 대한 관심이 고조되면서 현상학은 이러한 연구들의 방법론적 토대로서 심리학·교육학·간호학 등 인접 학문분야의 수많은 연구자들에게 새롭게 주목받고 있다. 또한 새로이 개척되고 있는 응용 현상학들 역시 자신들의 철학적 토대로서 후설로 대표되는 전통적 현상학에 대한 이해의 수요를 넓혀가고 있으며, 윤리학이나 미학 등 다양한 실천철학이나 가치론에 이르기까지 현상학이 탐구할 수 있는 영역은 무궁무진하다는 점을 고려해볼 때, 현상학은 더욱 왕성한 생명력을 가지고 미래로 뻗어갈 수 있을 것이며, 후설 사상의 현재적 가치는 이러한 다양한 학문적 연구 지평들 속에서 더욱 새롭게 살아나리라 본다. 이러한 배경에서 후설 현상학에 새롭게 입문할 수 있도록 자극하는 이 책을 번역·출판할 수 있게 된 것을 무척 뜻깊고 기쁘게 생각한다.

이 책은 전문적인 연구서의 성격을 띠고 있기도 하지만, 후설 현상학에 처음으로 발을 들여놓는 초보 연구자들을 주요 독자층으로 삼고 있다. 어쨌든 이 책을 읽기 위해서는 적당한 철학적 선행 지식이 요구된다. 그러나 이 책은 서술이 매우 명확하여 철학에 대한 적절한 배경 지식이 있다면, 다른 전공 분야의 일반교양 독자층들까지도 아우를 수 있으리라 생각된다. 그럼에도 이러한 독자층들이 책을 읽는 데 어려움을 겪게 된다면, 그것은 아마도 이 책에 등장하는 수많은 생소한 전문 용어들 때문일 것이다.

현상학의 핵심 개념에 해당하는 이러한 전문 용어들은 기본적으로 학계에서 일반적으로 통용되는 번역어를 따랐는데, 이러한 번역어들 중에는 고유한 우리말에 해당되지 않는 것도 있다. 그럼에도 이러한 전문용어들을 그대로 쓰는 이유는 이러한 용어를 친숙한 우리말로 고칠 경우에, 그 용어만의 독특하고 고유한 철학적 의미가 왜곡되고 오해될 여지가 있기 때문이다. 게다가 우리말에 해당하는 현상학 용어조차 그 뜻이 우리말의 원뜻에 정확히 대응되지 않는 경우가 많다. 현상학 개념들은 그 개념만의 고유하고 특수한 철학적 의미를 지니고 있기 때문이다.

한 세계에 입문하여 그 세계의 구성원이 되고 그 세계와 친숙해진다는 것은 그 세계에서 통용되는 언어를 배워나가는 일이라고 생각된다. 따라서 현상학에 입문하기 위해서는 부득불 현상학계에서 통용되는 현상학의 언어와 용어를 익혀야 한다. 물론 통용되는 일부 번역어 중에는 개념의 원래 뜻을 오해하게 만드는 좋지 않은 번역어가 존재하는 것이 사실이다. 그렇다고 해서 이러한 번역어를 한 개인이 자의적으로 바꿀 수는 없다. 언어는 그 언어가 통용되는 세계의 구성원들 공동체에 속한 것이므로, 이러한 용어들은 학계의 승인과 합의를 거쳐 점차 더욱 좋은 번역어로 함께 바꾸어나가야 할 것이다. 이에 대부분의 번역어는 관례를 따르되 번역어의 선택에 있어서 특별히 필요하다고 생각된 몇 군데에만 역주를 간략히 달았음을 밝혀둔다.

이 작은 번역서를 내기까지 많은 분들의 도움이 있었다. 무엇보다 나의 스승이신 이남인 선생님의 세심한 배려와 도움이 없었더라면 이 책은 결코 출판의 기쁨을 누릴 수 없었을 것이다. 또한 원고를 꼼꼼히 검토하고 교정해주신 김태희 박사님 덕분에 여러 오역을 바로잡고 번역문의 질을 향상시킬 수 있었다. 원고를 검토해주신 산성스님과 김한샘 씨, 그리고 번역어 선정에 도움을 준 최일만 씨에게도 감사드린다. 특히 어려운 출판계의 여건 속에서도 철학 전문연구서의 출판을 허락해주신 한길사 김언호 사장님과 이 책이 온전한 형태로 세상에 나올 수 있도록 애써주신 편집부 안민재 선생님의 노고에 존경과 감사를 표한다. 덧붙여 부족한 아내에게 늘 든든한 지원군이 되어준 나의 남편 권영재에게도 사랑과 감사의 인사를 전하고 싶다. 이 책이 현상학에 입문하고자 하는 독자들에게 반가운 안내서가 될 수 있기를, 그리고 현상학에 관심 있는 많은 사람들이 현상학에 대한 이해를 심화시키는 데 도움이 될 수 있기를 바란다.

2017년 봄
옮긴이 박지영

참고문헌

1. 후설 전집판 Husserliana Edition[1]

『후설 전집』(*Husserliana*)은 본문과 주석에서 약호 'Hua'로 표기했다.

Husserliana1. *Cartesianische Meditationen und Pariser Vorträge*, ed. Stephan Strasser, Den Haag: Martinus Nijhoff, 1950, rpt. 1973; *The Paris Lectures*, Trans. Peter Koestenbaum, The Hague: Martinus Nijhoff, 1964(1/3-39); *Cartesian Meditations: An Introduction to Phenomenology*, Trans. Dorion Cairns, The Hague: Martinus Nijhoff, 1960(1/43-183).

Husserliana2. *Die Idee der Phänomenologie. Fünf Vorlesungen*, ed. Walter Biemel, Den Haag: Martinus Nijhoff, 1950, rpt. 1973; *The Idea of Phenomenology*, Trans. William P. Alston and George Nakhnikian, The Hague: Martinus Nijhoff, 1964.

Husserliana3. 1-2, *Ideen zu einer reinen Phänomenologie und phänomenologischen Philosophie. Erstes Buch. Allgemeine Einführung in die reine Phänomenologie*, ed. Karl Schuhmann, Den Haag: Martinus Nijhoff, 1976; *Ideas Pertaining to a Pure Phenomenology and to a Phenomenological Philosophy. First Book. General Introduction to a Pure Phenomenology*, Trans. Fred Kersten, The Hague: Martinus Nijgoff, 1982.

Husserliana4. *Ideen zu einer reinen Phänomenologie und phänomenologischen Philosophie. Zwites Buch. Phänomenologische Untersuchungen zur Konstitution*, ed. Marly Biemel, The Hague: Martinus Nijhoff, 1952; *Ideas Pertaining to a Pure Phenomenology and to a Phenomenological Philosophy. Second Book. Studies in the Phenomenology of Constitution*, Trans. Richard Rojcewicz and André Schuwer, Dordrecht: Kluwer Academic Publishers, 1989.

Husserliana5. *Ideen zu einer reinen Phänomenologie und phänomenologischen Philosophie. Drittes Buch: Die Phänomenologie und die Fundamente der Wissenschaften*, ed. Marly Biemel. The Hague: Martinus Nijhoff, 1952, rpt., 1971; *Ideas Pertaining to a Pure Phenomenology and to a Phenomenological Philosophy. Third Book. Phenomenology and foundations of Science*, Trans. Ted E. Klein and William E. Pohl. The Hague: Martinus Nijhoff, 1980(5/1-137); *Ideas Pertaining to a Pure Phenomenology and to a Phenomenological Philosophy. Second Book. Studies in the Phenomenology of Constitution*,

---

1 이 목록은 후설 저작의 영어 번역본 서지정보를 포함하고 있으며, 영어 번역본의 전체 목록은 Steven Spileers, ed., Husserl Bibliography. Husserliana Dokumente4, Dordrecht: Kluwer Academic Publishers, 1999를 참고하라. [옮긴이 주] 『후설 전집』 제35권부터는 이 책의 원서가 출판된 이후에 출간되었다.

Trans. Richard Rojcewicz and André Schuwer, Dordrcht: Kluwer Academic Publishers, 1989, 405–430(5/138–162).

Husserliana6. *Die Krisis der europäischen Wissenschaften und die transzendentale Phänomenologie. Eine Einleitung in die phänomenologische Philosophie,* ed. Walter Biemel, The Hague: Martinus Nijhoff, 1954, rpt. 1962; *The Crisis of European Sciences and Transcendental Phenomenology: An Introduction to Phenomenological Philosophy,* Trans. David Carr. Evanston, IL: Northwestern University Press, 1970 (6/1–328, 357–386, 459–462, 473–475, 508–516).

Husserliana7. *Erste Philosophie(1923/24). Erster Teil. Kritische Ideengeschichte.* ed. Rudolf Boehm, The Hague: Martinus Nijhoff, 1956.

Husserliana8. *Erste Philosophie(1923/24). Zwiter Teil. Theorie der phänomenologischen Reduktion,* ed. Rudolf Boehm, The Hague: Martinus Nijhoff, 1959.

Husserliana9. *Phänomenologische Psychologie. Vorlesungen Sommeresemeter 1925.* ed. Walter Biemel. The Hague: Martinus Nijhoff, 1962; *Phenomenological Psychology: Lectures, Summer Semester, 1925.* Trans. John Scanlon. The Hague: Martinus Nijhoff, 1977(9/3–234); *Psychological and Transcendental Phenomenology and the Confrontation with Heidegger(1927-1931),* ed. and trans. Thomas Sheehan and Richard E. Palmer, Dordrecht: Kluwer Academic Publishers, 1997(9/237–349, 517–526).

Husserliana10. *Zur Phänomenologie des inneren Zeitbewusstseins(1893-1917),* ed. Rudolf Boehm, The Hague: Martinus Nijhoff, 1966; *On the Phenomenology of the Consciousness of Internal Time(1893-1917),* Trans. John Barnett Brough, Dordrcht: Kluwer Academic Publishers, 1991.

Husserliana11. *Analysen zur passiven Synthesis. Aus Vorlesungs- und Forschungsmanuskripten 1918-1926,* ed. Margot Fleischer, The Hague: Martinus Nijhoff, 1966.

Husserliana12. *Philosophie der Arithmetik,* ed. Lothar Eley, The Hague: Martinus Nijhoff, 1970.

Husserliana13. *Zur Phänomenologie der Intersubjetivität. Texte aus dem Nachlass. Erster Teil: 1905-1920,* ed. Iso Kern, The Hague: Martinus Nijhoff, 1973.

Husserliana14. *Zur Phänomenologie der Intersubjetivität. Texte aus dem Nachlass. Zwiter Teil: 1921-1928,* ed. Iso Kern, The Hague: Martinus Nijhoff, 1973.

Husserliana15. *Zur Phänomenologie der Intersubjetivität. Texte aus dem Nachlass. Dritter Teil: 1929-1935,* ed. Iso Kern, The Hague: Martinus Nijhoff, 1973.

Husserliana16. *Ding und Raum. Vorlesungen 1907,* ed. Ulrich Claesges, Den Haag: Martinus Nijhoff, 1973; *Thing and Space: Lectures of 1907,* Trans. Richard Rojcewicz, Dordrecht: Kluwer Academic Publishers, 1997.

Husserliana17. *Formale und transzendentale Logik. Versuch einer Kritik der logischen Vernunft,* ed. Paul Janssen, The Hague: Martinus Nijhoff, 1974; *Formal and Transcendental*

Logic, Trans. Dorion Cairns, The Hague: Martinus Nijhoff, 1969(17/5-335).

Husserliana18. *Logische Untersuchungen. Erster Band. Prolegomena zur reinen Logik,* ed. Elmar Holenstein, The Hague: Martinus Nijhoff, 1975; *Logical Investigations,* 2 vols, Trans. J.N. Findlay, London: Routledge&Kegan Paul, 1970, 41-247.

Husserliana19. 1-2, *Logische Untersuchugen. Zweiter Band. Unterschungen zur Phänomenologie und Theorie der Erkenntnis,* ed. Ursula Panzer, The Hague: Martinus Nijhoff, 1984; *Logical Investigations,* 2 vols, Trans. J.N. Findlay, London: Routledge&Kegan Paul, 1970, 248-869.

Husserliana20. *Logische Untersuchungen. Ergänzungsband. Erster Teil,* ed. Ulrich Melle, Dordrecht: Kluwer Academic Publishers, 2002.

Husserliana21. *Studien zur Arithmetik und Geometrie,* ed. Ingeborg Strohmeyer, The Hague: Martinus Nijhoff, 1983.

Husserliana22. *Aufsätze und Rezensionen(1890-1910),* ed. Bernhard, Rang, The Hague:Martinus Nijhoff, 1979.

Husserliana23. *Phäntasie, Bildbewußtsein, Erinnerung,* ed. Eduard Marbach, Dordrecht:Kluwer Academic Publishers, 1980.

Husserliana24. *Einleitung in die Logik und Erkenntnistheorie. Vorlesungen 1906/07,* ed. Ullrich Melle, Dordrecht: Martinus Nijhoff, 1985.

Husserliana25. *Aufsätze und Vorträge(1911-1921),* ed. Thomas Nenon and Hans Rainer Sepp, Dordrecht: Martinus Nijhoff, 1986.

Husserliana26. *Vorlesungen über Bedeutungslehre. Sommersemester 1908,* ed. Ursula Panzer, Dordrecht: Martinus Nijhoff, 1987.

Husserliana27. *Aufsätze und Vorträge.(1922-1937),* ed. Thomas Nenon and Hans Rainer Sepp, Dordrecht: Kluwer Academic Publishers, 1989.

Husserliana.28. *Vorlesungen über Ethik und Wertlehre(1908-1914),* ed. Ullrich Melle, Dordrehct: Kluwer Academic Publishers, 1988.

Husserliana29. *Die Krisis der europaischen Wissenschaften und die transzendentale Phänomenologie. Ergänzungsband. Texte aus dem Nachlass 1934-1937,* ed. Reinhold N. Smid, Dordrecht: Kluwer Academic Publishers, 1993.

Husserliana30. *Logik und allgemeine Wissenschaftstheorie,* ed. Ursula Panzer, Dordrecht: Kluwer Academic Publishers, 1995.

Husserliana31. *Aktive Synthesen: Aus der Vorlesung 'Transzendentale Logik' 1920/21. Ergänzungsband zu 'Analysen zur passiven Synthesis',* ed. Roland Breeur, Dordrecht: Kluwer Academic Publishers, 2000.

Husserliana32. *Natur und Geist: Vorlesungen Sommersemester 1927,* ed. Michael Weiler, Dordrecht: Kluwer Academic Publishers, 2001.

Husserliana33. *Die 'Bernauer Manuskripte' über das Zeitbewußtsein(1917/18),* ed. Rudolf

Bernet&Dieter Lohmar, Dordrecht: Kluwer Academic Publishers, 2001.

Husserliana34. *Zur phänomenologischen Reduktion. Texte aus dem Nachlass(1926-1935)*, ed. Sebastian Luft, Dordrecht: Kluwer Academic Publishers, 2002.

Husserliana35. *Einleitung in die Philosophie. Vorlesungen 1922/23*, ed. Berndt Goossens, Dordrecht: Kluwer Academic Publishers, 2002.

Husserliana36. *Transzendentaler Idealismus. Texte aus dem Nachlass(1908-1921)*, ed. Robin D. Rollinger in cooperation with Rochus Sowa, Dordrecht: Kluwer Academic Publishers, 2003.

Husserliana37. *Einleitung in die Ethik. Vorlesungen Sommersemester 1920 und 1924*, ed. Henning Peucker, Dordrecht: Kluwer Academic Publishers, 2004.

Husserliana38. *Wahrnehmung und Aufmerksamkeit. Texte aus dem Nachlass (1893-1912)*, ed. Thomas Vongehr and Regula Giuliani, New York: Springer, 2005.

Husserliana39. *Die Lebenswelt. Auslegungen der vorgegebenen Welt und ihrer Konstitution. Texte aus dem Nachlass(1916-1937)*, ed. Rochus Sowa, New York: Springer, 2008.

Husserliana40. *Untersuchungen zur Urteilstheorie. Texte aus dem Nachlass (1893-1918)*, ed. Robin Rollinger, New York: Springer, 2009.

Husserliana41. *Zur Lehre vom Wesen und zur Methode der eidetischen Variation. Texte aus dem Nachlass(1891-1935)*, ed. Dirk Fonfara, New York: Springer, 2012.

Husserliana42. *Grenzprobleme der Phänomenologie. Analysen des Unbewusstseins und der Instinkte. Metaphysik. Späte Ethik(Texte aus dem Nachlass 1908-1937)*, ed. Rochus Sowa&Thomas Vongehr, New York: Springer, 2014.

2. 그 밖의 후설 원전

1994년 후설의 편지들이 출판되었다: Husserl, E., *Briefwechsel*, Husserliana Dokumente III/1-10, ed. Karl Schuhmann&Elisabeth Schuhmann, Dordrecht: Kluwer Academic Publishers, 1994.

2001년 네덜란드 클루베(Kluwer) 출판사는 주의 깊게 편집된 새로운 시리즈를 출판하기 시작했는데, 여기에는 『후설 전집』과는 달리 연구 자료와 역사적이고 체계적인 도입부가 없다. 지금까지 네 권이 출판되었다:

Husserliana Materlialienbände 1. *Logik. Vorlesung 1896*, ed. Elisabeth Schumann, Dordrecht: Kluwer Academic Publishers, 2001.

Husserliana Materlialienbände 2. *Logik. Vorlesung 1902/03*, ed. Elisabeth Schumann, Dordrecht: Kluwer Academic Publishers, 2001.

Husserliana Materlialienbände 3. *Allgemeine Erkenntnistheorie. Vorlesung 1902/03*, ed. Elisabeth Schumann, Dordrecht: Kluwer Academic Publishers, 2001.

Husserliana Materlialienbände 4. *Natur und Geist. Vorlesungen Sommersemester 1919*, ed.

Michael Weiler, Dordrecht: Kluwer Academic Publishers, 2002.

『후설 전집』으로 출판되지 않은 가장 중요한 후설의 저작: Husserl, E., *Erfahrung und Urteil*, ed. Ludwig Landgrebe, Hamburg: Felix Meiner, 1985.

3. 후설의 연구수고

이 책에서는 연구수고를 Ms라는 표기와 함께 각각의 명칭을 표시했다. 이 수고들은 벨기에 루뱅의 후설 문고(Husserl-Archives)에 있는 속기 원본을 참조한 것이다(이 수고들은 상당 부분이 전사轉寫되었고, 이 전사본의 사본들은 독일의 프라이부르크 대학과 쾰른 대학, 뉴욕의 뉴스쿨 New School for Social Research, 펜실베이니아 주 피츠버그의 듀케인 대학, 파리의 프랑스 고등사범학교에 있다). 후설의 수고들은 다음과 같이 분류된다.

A. 세간적 현상학
B. 환원
C. 형식적 구성으로서의 시간-구성
D. 원초적 구성(근원구성)
E. 상호주관적 구성
F. 강의 강연과 공개 강연
K. 1935년의 주요 목록에 포함되어 있지 않은 자필본
L. 베르나우 원고
M. 1938년 이전, 후설의 조교들에 의해 필기체나 타자체로 쓰인 후설 수고의 사본들
N. 전사본
P. 다른 저자의 수고들
Q. 스승의 강의·강연에 대한 후설의 노트들
R. 편지들
X. 기록물

이 책에서 참조한 후설의 수고들은 아래와 같다.

A III 9(1920-1921)	C 16(1931-1933)
A V 5(1933)	C 17(1930-1932)
B I 14(1934)	D 12(1931)
B III 12 IV(1922)	D 13(1921)
C 2(1931-1932)	E III 2(1920-1921, 1934-1936)
C 3(1930-1931)	E III 4(1930)
C 7(1932)	L I 15(1917)
C 10(1931)	L I 19(1917-1918)
C 12(기록 없음)	L I 20(기록은 없으나 1918년으로 추정)

4. 후설 철학에 대한 일반적인 입문서

Bernet, R., Kern, I., and Marbach, E., *An Introduction to Husserlian Phenomenology*, Evanston, IL: Northwestern University Press, 1993.

Dastur, F., *Husserl. Des mathématiques à l'histoire*, Paris: PUF, 1995.

Held, K., "Einleitung", In Husserl, E., *Die phänomenologie Methode: Ausgewählte Texte I*, s. 5-51, Stuttgart: Reclam, 1985.

———, "Einleitung", In Husserl, E., *Phänomenologe der Lebenswelt: Ausgewählte Texte II*, s. 5-53, Stuttgart: Reclam, 1986.

Sokolowski, R., *Husserlian Meditations*, Evanston, IL: Northwestern University Press, 1974.

———, *Introduction to Phenomenology*, Cambridge: Cambridge University Press, 2000.

5. 그 밖의 중요한 연구서와 논문

이 책에서 참조한 문헌들과는 별도로, 아래 목록도 후설 연구에 고전적인 중대한 기여를 했다.

Adorno, T.W., *Zur Metakritik der Erkenntnistheorie*, Frankfurt am Main: Schurkamp, 1981.

Aquirre, A., *Genetische Phänomeologie und Reduktion*, The Hague: Martinus Nijhoff, 1970.

———, *Die Phänomeologie Husserls im Licht ihrer gegenwärtigen Interpretation und Kritik*, Darmstadt: Wissenschaftliche Buchgesellschaft, 1982.

Apel, K,-O., *Transformation der Philosophie I-II*, Frankfurt am Main: Suhrkamp, 1973.

Augustine. *The Confessions of St. Augustine*, London: Thomas Nelson and Sons, 1937.

Becker, O., *Beiträge zur Phänomenologischen Begründung der Geometrie und ihrer physikalischen Anwendung*, Tübingen: Max Niemeyer, 1973.

Benoist, J., *Autour de Husserl*, Paris: Vrin, 1994.

———, *Phénoménologie, sémantique, ontologie. Husserl et la tradition logique autrichinne*, Paris: PUF, 1997.

Bernet, R., "Bedeutung und intentionale Bewußtsein. Husserls Begriff des Bedeutungsphänomens", *Phänomenologische Forschugen 8*, 1979, 31-63.

———, "Die ungegenwärtige Gegenwart. Anwesenheit und Abwesenheit in Husserls Analyse des Zeitbewußtseins", *Phänomenologische Forschugen 14*(1983): 16-57.

———, "Husserls Begriff des Noema", In S. Ijsseling, ed., *Husserl-Ausgabe und Husserl-Forschung*, Dordrecht: Kluwer Academic Publishers, 1990, 61-80.

———, *La vie du sujet*, Paris: PUF, 1994.

Bernet, R., Kern, I., and Marbach, E., *Edmund Husserl. Darstellung seines Denkens*, Hamburg: Felix Meiner, 1989.

Biemel, W., "Die entscheidenden Phasen der Entfaltung von Husserls Philosophie", *Zeitschrift für philosophische Forschung 13*(1959): 187-213.

Boehm, R., "Vom Gesichtspunkt der Phänomenologie der Gemeinschaft. Edmund Husserls Grundgedanken", In T. Würtenberger, ed., *Phänomenologie, Rechtsphilosophie, Jurisprudenz,* Frankfurt am Main: Suhrkamp, 1969, 1-26.

Brand, G., *Welt, Ich und Zeit. Nach unveröffentlichten Manuskripten Edmund Husserls,* The Hague: Martinus Nijhoff, 1955.

————, "Die Normalität des und der Anderen und die Anomalität einer Erfahrungs-gemeinschaft bei Edmund Husserl", In W.M. Sprondel and R. Grathoff, eds., *Alfred Schütz und die Idee des Alltags in den Sozialwissenschaften.* Stuttgart: Ferdinand Enke, 1979, 108-124.

Brentano, F., *Psychologie vom emprisichen Standpunkt I-II,* Hamburg: Felix Meiner, 1924-1925.

Brough, J.B., "The Emergence of an Absolute Consciousness in Husserl's Early Writings on Time-Consciousness", *Man and World* 5(1972): 298-326.

————, "Temporality and Presence of Language: Reflections on Husserl's Phenomenology of Time-consciousness", In A. Schuwer, eds., *Phenomenology of Temporality: Time and Language,* Pittsburgh, PA: Duquesne University Press, 1987, 1-31.

————, "Husserl and the Deconstruction of Time", *Review of Metaphysics* 46(1993): 503-536.

Bruzina, R., "Solitude and Community in the Work of Philosophy: Husserl and Fink", *Man and World* 22(1989): 287-314.

Cairns, D., *Conversations with Husserl and Fink,* The Hague: Martinus Nijhoff, 1976.

Carr, D., "The 'Fifth Meditation' and Husserl's Cartesianism", *Philosophy and Phenomenological Research* 34(1973): 14-35

————, *The Paradox of Subjectivity. The Self in the Transcendental Tradition,* Oxford: Oxford University Press, 1999.

Claesges, U., *Edmund Husserls Theorie der Raumkonstitution,* The Hague: Martinus Nijhoff, 1964.

————, "Zweideutigkeiten in Husserls Lebenswelt-Begriff", In U. Claesges and K. Held, eds., *Perspektiven transzendentalphänomenologischer Forschugn,* The Hague: Martinus Nijhoff, 1972, 85-101.

Cobb-Stevens, R. *Husserl and Anaytical Philosophy.* Dordrecht: Kluwer, 1990.

Cristin, R., "Phänomenologie und Monadologie. Husserl und Leibziz", *Studia Leibnitiana,* XII/2(1990): 163-174.

Dasutur, F., *Husserl. Des mathématiques à l'histoire,* Paris: PUF, 1995.

De Boer, T., *The Development of Husserl's Thought,* The Hague: Martinus Nijhoff, 1978.

Depraz, N., *Transcendance et incarnation. Le statut de l'intersubjectivité comme altérité à soi chez Husserl,* Paris: Vrin, 1995.

Depraz, N. and Zahavi, D., eds., *Alterity and Facticity. New Perspectives on Husserl*, Dordrecht: Kluwer, 1998.

Derrida, J., *La voix et le phénomène. Introduction au problème du signe dans la phénoménologie de Husserl*, Paris: PUF, 1967a.

_____, *L'éctriture et la difference*, Paris: Éditions du Seuil, 1967b.

_____, *Edmund Husserl's 'Origin of Geometry'-An Introduction*, Lincoln: University of Nebraska Press, 1989.

Descartes, R., *The Philosophical Writings of Descartes I-II*, J. Cottingham, R. Stoothogg and D.. Murdoch, eds., Cambridge: Cambridge University Press, 1984.

Diemer, A., *Edmund Husserl-Versuch einer systematischen Darstellung seiner Phänomenologie*, Meisenhaim am Glan: Anton Hain, 1965.

Dreyfus, H.L. and Hall, H., eds., *Husserl, Intentionality and Cognitive Science*, Cambridge, MA: MIT Press, 1982.

_____, "Husserl's Perceptual Noema", In H.L. Dreyfus, and H. Hall, eds., *Husserl, Intentionality and Cognitive Science*, Cambridge, MA: MIT Press, 1982, 97-123.

_____, "Husserl's Epiphenomenology" In H.R. Otto and J.A. Tuedio, eds., *Perspectives on Mind*, Dordrecht: D. Reidel, 1988, 85-104.

_____, *Being-in-the-World*, Cambridge, MA: MIT Press, 1991.

Drummond, J.J., "Husserl on the Ways to the Performance of Reduction", *Man and World* 8(1975): 47-69.

_____, *Husserlian Intentionality and Non-Foundational Realism*, Dordrecht. Kluwer, 1990.

_____, "An Abstract Consideration: De-ontologizing the Noema", In J.J. Drummond and L. Embree, eds., *The Phenomenology of the Noema*, 89-109. Dordrecht: Kluwer Academic Publishers, 1992.

Duval, R., *Temps et vigilance*, Paris: Vrin, 1990.

Fink, E., "Die Phänomenologische Philosophie Edmund Husserls in der gegenwärtigen Kritik", *Kantstudien 38*(1933): 319-383; "The Phenomenological Philosophy of Edmund Husserl and Contemporary Criticism", In R.O. Elveton, ed., *The Phenomenology of Husserl: Selected Critical Readings*, Chicago: Quadrangle Books, 1970, 74-147; 2nd ed., Seattle: Noesis Press, 2000, 70-139.

_____, "Das Problem der Phänomenologie Edmund Husserls", *Revue International de Philosophie I*(1939): 226-270.

_____, "Operative Begriffe in Husserls Phänomenologie", *Zeitschrift für philosophische Forschung II*(1957): 321-337.

_____, *Studien zur Phänomenologie. 1930-1939*, The Hague: Martinus Nijhoff, 1966.

_____, *Nähe und Distanz*, Munich: Karl Albert, 1976.

_____, *VI. Cartesianische Meditation I-II*, Dordrecht: Kluwer, 1988&b.

Fisette, D., *Lecture frégéenne de la phénoménologie*, Combas: L'éclat, 1994.

Franck, D., *Chair et Corps. Sur la phénoménologie de Husserl*, Paris: Les Éditions de Minuit, 1981.

Føllesdal, D., "Husserl's Notion of Noema", *Journal of Philosophy* 66(1969): 680-687).

Gadamer, H. -G., "Die Phänomenologische Bewegung", *Kleine Schriften III*, Tübingen: J.C.B. Mohr, 1972, 150-189.

Galileo, *Discoveries and Opinions of Galileo*, Trans. S. Drake, New York: Anchor House, 1957.

Gallagher, S., "Hyletic Experience and Lived Body", *Husserl Studies* 3(1986): 131-166.

Gibson, H.J.J., *The Ecological Approach to Visual Perception*, Hillsdale, N.J.: Lawrence Erlbaum Associates, 1979.

Gurwitsch, A., *Studies in Phenomenology and Psychology*, Evanston, IL: Northwestern University Press, 1966.

Habermas, J., *Theorie des kommunikativen Handelns I-II*, Frankfurt am Main: Suhrkamp, 1981.

_____, *Der philosophische Diskurs der Moderne*, Frankfurt am Main: Suhrkamp, 1985.

Hall, H., "Was Husserl a Realist or an Idealist?" In H.L. Dreyfus and H. Hall, eds., *Husserl, Intentionality and Cognitive Science*, Cambridge, MA: MIT Press, 1982, 169-190.

Hart, J.G., "Constitution and Reference in Husserl's Phenomenology of Phenomenology", *Husserl Studies* 6(1989): 43-72.

_____, *The Person and the Common Life*, Dordrecht Kluwer, 1992.

_____, "A Precis of an Husserlian Philosophical Theology", In S. Laycock and J.G. Hart, eds., *Essays in Philosophical Theology*, Albany: State University of New York Press, 1986, 89-168.

Heidegger, M., *Logik*. Frankfurt am Main: Vittorio Klostermann, 1976.

_____, *Prolegomena zur Geschichte des Zeitbegriffs*, Frankfurt am Main: Vittorio Klostermann, 1979; *History of the Concept of Time: Prolegomena*, Trans. Theodre Kisiel, Bloomington, IN: Indiana University Press, 1985.

_____, *Sein und Zeit*, Tübingen: Max Niemeyer, 1986; *Being and Time*. Trans. Joan Stambaugh, Albany: State University of New York Press, 1996.

_____, *Die Grundprobleme der Phänomenologie*, Frankfurt am Main: Vittorio Klostermann, 1989; *The Basic Problems of Phenomenology*, Trans. Albert Hofstadter. Bloomiington, IN: Indiana Univeristy Press, 1982.

Held, K., *Lebendige Gegenwart*, The Hague: Martinus Nijhoff, 1966.

_____, "Das Problem der Intersubjektivität und die Idee einer phänomenologischen Transzendentalphilosophie", In U. Claesges and K. Held, eds., *Perspektiven transzendentalph änomenologischer Forschung*. The Hague: Martinus Nijhoff, 1972, 3-60.

_____, "Einleitung", In E. Husserl, *Die phänomenologische Methode: Ausgewälte Texte I*. Stuttgart: Reclam, 1985, 5-51.

_____, "Einleitung", In E. Husserl, *Phänomenologie der Lebenswelt: Ausgewälte Texte II*, Stuttgart: Reclam, 1985, 5-53.

_____, "Heimwelt, Fremdwelt, die eine Welt", *Phänomenologische Forschungen 24/25(*1991): 305-337.

Henry, M., *Phénoménologie matérielle*, Paris: PUF, 1990.

Holenstein, E., "Passive Genesis: Eine begriffsanalytische Studie", *Tijdskrift voor Filosofie 33*(1971): 112-153.

_____, *Phänomenologie der Assoziation: Zu Struktur und Funktion eines Grundprinzips der passiven Genesis bei E. Husserl*, The Hague: Martinus Hijhoff, 1972.

Hutscheson, P., "Husserl's Problem of Intersubjectivity", *Journal of the British Society for Phenomennology II*(1980): 144-162.

Kant, I., *Kritik der reinen Vernunft*, Hamburg: Felix Meiner, 1956.

Kern, I., "Die drei Wege zur transzendentalphänomenologischen Reduktion in der Philosophie Edmund Husserls", *Tijdskrift voor Filosofie 24*(1962): 303-349.

_____, *Husserl und Kant*, The Hague: Martinus Nijhoff, 1964.

_____, *Idee und Methode der Philosophie*, Berlin: De Gruyter, 1975.

_____, "Selbstbewußtsein und Ich bei Husserl", In G. Funke, ed., *Husserl Symposion Mainz 1988*, Mainz: Akademie der Wissenschaften und der Literatur, 1989, 51-63.

Klausen, S.H., "Husserl og den moderne sprogfilosofi", In D. Zahavi, ed., *Subjektivitet og Livsverden i Husserls Fænomenologie*, Aarhus: Modtryk, 1994, 31-52.

Lakoff, G., *Women, Fire, and Dangerous Things*, Chicago: University of Chicago Press, 1987.

Landgrebe, L., *Der Weg der Phänomenologie. Das Problem der Ursprüglichen Erfahrung*, Gütersloh: Gerd Mohn, 1963.

_____, *Phänomenologie und Geshichte*, Gütersloh: Gerd Mohn, 1968.

_____, *Faktizität und Individuation*, Hamburg: Felix Meiner, 1982.

Lee, N-I., *Edmund Husserl's Phänomenologie der Instinkte*, Dordrecht: Kluwer, 1993.

Lenkowski, W.J., "What Is Husserl's Epoche?: The Problem of Beginning of Philosophy in Husserlian Context", *Mand World II*(1978): 299-323.

Lévinas, E., *Le temps et l'autre*, Paris: PUF, 1983.

_____, *Théorie de l'intution dans la phénoménologie de Husserl*, Paris: Vrin, 1989.

Lohmar, D., "Hjemverdenens ethos og den overnationale etik", In D. Zahavi, eds., *Subjektivitet og Livsverden i Husserls Fænomenologi*, Aarhus: Modtryk, 1994, 123-144.

Marbach, E., *Das Problem des Ich in der Phänomenologie Husserls*, The Hague: Nijhoff, 1974.

Meist, K.R., "Monadologische Intersubjektivität. Zum Konstisutionsproblem von Welt und Geschichte bei Husserl", *Zeitschrift für philosophische Forschung 34*(1980): 561-589.

_____, "Die Zeit der Geschichte. Problem in Husserls transzendentaler Begründung einer Theorie der Geschichte", *Phänomenologische Forschungen 13*(1983): 58-110.

_____, "Intersubjektivität zwischen Natur und Geschichte. Einige Anmerkungen über Probleme einer transzendentalen Letztbegründung", *Phänomenologische Forschungen* 24/25(1991): 265-304.

Melle, U. *Das Wahrnehmungsproblem und seine Verwandlung in phänomenologischer Einstellung*, The Hague: Martinus Nijhoff, 1983.

_____, "Objektivierende und nicht-Objektivierende Akte", In S.Ijsseling, ed., *Husserl-Ausgabe und Husserl-Forschung*, Dordrecht: Kluwer, 1990, 35-49.

Merleau-Ponty, M., *Phénoménologie de la perception*, Paris: Gallimard, 1945; *Phenomenology of Perception*, Tras. Colin Smith. London: Routledge&Kegan Paul, 1962.

_____, *Signes*: Gallimard, Paris 1960; *Signs*, Trans. Richard C. McCleary, Evanston, IL: Northwestern University Press, 1964.

_____, *Le visible et l'invisible*, Paris: Tel Gallimard, 1964.

_____, *Merleau-Ponty à la Sorbonne*, Paris: Cynara. 1988.

Mishara, A., "Husserl and Freud: Time, Memory and the Unconscious", *Husserl Studies* 7(1990): 29-58.

Mohanty, J. N., *Edmund Husserl's Theory of Meaning*, The Hague: Martinus Nijhoff, 1964.

_____, *The Concept of Intentionality*, St. Louis, MO: Warren H. Green, 1972.

_____, "Husserl and Frege: A New Look at Their Relationship", In J.N. Mohanty, ed., *Readings on Edmund Husserl's Logical Investigations*, The Hague: Martinus Nijhoff, 1977, 22-32.

Montavont, A. "Passivité et non-donation", *Alter I*(1993): 131-148.

_____, "Le Phénomènde de l'affecction dans les *Analysen zur passiven Synthesis*(1918-1926) de Husserl", *Alter2*(1994): 119-140.

Olesen, S.G., "Variation",*Analecta Husserliana 34*(1991): 129-138.

Prufer, T., "Heidegger, Early and Late, and Aquinas", In R. Sokolowski, ed. *Edmund Husserl and the Phenomenological Tradition*, Washington, DC: Catholic University of America Press, 1988, 197-215.

Putnam, H., *Meaning and the Moral Sciences*, Oxford: Routelde&Kegan Paul, 1978.

_____, *Representation and Reality*, Cambridge, MA: MIT Press, 1988.

Rabanaque, L. R. "Passsives Noema und die analytische Interpretation", *Husserl Studies* 10(1993): 65-80.

Rang, B., *Kausalität und Motivation*, The Hague: Martinus Nijhoff, 1973.

_____, "Repräsentation und Selbstgegebenheit", *Phänomenologische Forschungen I*(1975): 105-137.

Ricoeur, P., *Temps et récit. 3. Le temps raconté*, Paris: Éditions du Seuil, 1985.

_____, "Phenomenology and Hermeneutics", In J.B. Thompson, ed., *Hermeneutics and the Human Sciences*, Cambridge: Cambridge University Press, 1981.

Rohr-Dietschi, U., *Zur Genese des Selbstbewußtseins*, Berlin: De Gruyter, 1974.

Rortz, R., *Philosophy and the Mirror of Nature*, Oxford: Blackwell, 1980.

Rosen, K., *Evidenz in Husserls deskriptiver Transzendentalphilosophie*, Meisenheim am Glan: Anton Hain, 1977.

Sartre, J.-P., *L'être et le néant*, Paris: Gallimard, 1943.

Schuhmann, K., *Husserl-Chronik. Denk- und Lebensweg Edmund Husserls*, The Hague: Martinus Nijhoff, 1977.

———, *Husserls Staatsphilosophie*, Freiburg: Karl Alber, 1988.

Schütz, A., "Das Problem der transzendentalen Intersubjektivität bei husserl", *Philosophische Rundschau* 5(1957): 81-107.

———, *Collected Papers I*, The Hague: Martinus Nijhoff, 1962.

———, *Collected Papers III*, The Hague: Martinus Nijhoff, 1975.

Schütz, A. and Gurwitsch, A., *Briefwechsel 1939-1959*, Munich: Wilhem Fink, 1985.

Schütz, A. and Luckmann, T., *Strukturen der Lebenswelt*, Frankfurt am Mein: Suhrkamp, 1979.

Seebohm, T., *Die Bedingungen der Möglichkeit der Transzendentalphilosophie*, Bonn: Bouvier, 1962.

Smith, D.W., and McIntyre, R. "Husserl's Identification of Meaning and Noema", *Monist* 59(1975): 115-132.

———, "Indexical Sense and Reference", *Synthese* 49(1981): 101-127.

Smith. D.W. and McIntyre, R. *Husserl and Intentionality*. Dordrecht: D. Reidel, 1982.

Smith, D.W., "Husserl on Demonstrative Reference and Perception", In H.L. Dreyfus and H. Hall, eds., *Husserl, Intentionality and Cognitive Science*, Cambridge, MA: MIT Press, 1982a, 193-213.

———, "What's the Meaning of 'This'?", *Nous XVI/2(*1982b): 181-208.

———, "Content and Context of Perception", *Synthese 61*(1984): 61-87.

———, *The Circle of Acquaintance*, Dordrecht: Kluwer, 1989.

Soffer, G., *Husserl and the Question of Relativism*, Dordrecht: Kluwer, 1991.

Sokolowski, R., "The Logic of Parts and Wholes in Husserl's 'Investigations'", *Philosophy and Phenomenological Research* 28(1967-1968): 537-553.

———, *The Formation of Husserl's Concept of Constitution*, The Hague: Martinus Nijhoff, 1970.

———, "The Structure and Content of Husserl's Logical Investigations", *Inquiry 12(*1971): 318-347.

———, *Husserlian Meditations*, Evanston., IL: Northwestern University Press, 1974.

———, *Presence and Absence*, Bloomington: Indiana University Press, 1978.

———, "Intentional Analysis and the Noema", *Dialectica 38*(1984): 113-129.

————, "Husserl and Frege", *The Journal of Philosophy 84*(1987): 521-528.

————, *Pictures, Quotations, and Distinctions,* Notre Dame, IN: University of Notre Dame Press, 1992.

————, *Introduction to Phenomenology,* Cambridge: Cambridge University Press, 2000.

Steinbock, A., *Home and Beyond. Generative Phenomenology after Husserl,* Evanston, IL: Northwestern University Press, 1995.

Stern, D., *The Interpersonal World of the Infant,* New York: Basic Books, 1985.

Stevenson, L., *Seven Theories of Human Nature,* Oxford: Clarendon Press, 1974.

Strasser, S., "Grundgedanken der Sozialontologie Edmund Husserls", *Zeitschrift für philosophische Forschung 29*(1975): 3-33.

————, "Monadologie und Teleologie in der Philosophie Edmund Husserls", *Phänomenologische Forschungen 22*(1989): 217-235

Ströker, E., "Husserls Evidenzprinzip. Sinn und Grenzen einer methodischen Norm der Phänomenologie als Wissenschaft", *Zeitschrift für philosophische Forschung 32*(1978): 3-30.

————, *Husserls transzendentale Phänomenologie,* Frankfurt am Main: Vittorio Kolstermann, 1987.

Theunissen, M., *Der Andere,* Berlin: Walter de Gruyter, 1977.

Toulemont, R., *L'Essence de la Sociéte selon Husserl,* Paris: PUF, 1962.

Towarnicki, F.D., *À la rencontre de Heidegger, Souvenirs d'un messager de la Forêt-Noire,* Paris: Éditions Gallimard, 1993.

Tugendhat, E., *Der Wahrheitsbegriff bei Husserl und Heidegger,* Berlin: Walter de Gruyter, 1970.

Twardowski, K., *Zur Lehre vom Inhalt und Gegenstand der Vorstellungen,* Vienna: Philosophia Verlag, 1982.

Van Breda, H.L., "Die Rettung von Husserls Nachlaß und Gründung des Husserl-Archivs", In H.L. Van Breda and J. Taminiaux, eds., *Husserl und das Denken der Neuzeit,* The Hague: Martinus Nijhoff, 1959, 1-41.

————, "Maurice Merleau-Ponty et les Archives-Husserl à Louvin", *Revue de métaphysique et de morale 67*(1962): 410-430.

Waldenfels, B., *Das Zwischenreich des Dialogs: Sozialphilosophische Untersuchungen in Anschluss an Edmund Husserl,* The Hague: Martinus Nijhoff, 1971.

————, "Erfahrung des Fremden in Husserls Phänomenologie", *Phänomenologische Forschungen 22*(1989): 39-62.

Wittgenstein, L., *Werkausgabe I,* Frankfurt am Main: Suhrkamp, 1984.

Yamaguchi, I., *Passive Synthesis und Intersubjektivität bei Edmund Husserl,* The Hague: Martinus Nijhoff, 1982.

Zahavi, D., *Intentionalität und Konstitution. Eine Einführung in Husserls Logische*

Untersuchungen, Copenhagen: Museum Tusculanum Press, 1922a.

_____, "Constitution and Ontology. Some Remarks on Husserl's Ontological Position in the *Logical Investigations*", *Husserl Studies 9*(1922b); 111-124.

_____, "Intentionality and the Reprensentative Theory of Perception", *Man and World 27*(1994a): 37-47.

_____, ed., *Subjektivitet of Livsverden i Husserls Fænomenologi*, Aarhus: Modtryk, 1994b.

_____, "The Self-Pluralisation of the Primal Life. A Problem in Fink's Husserl-interpretation", *Recherches husserliennes 2*(1994c) 3-18.

_____, *Husserl und die transzendentale Intersubjektivität. Eine Antwort auf die sprachpragmatische Kritik*, Dordrecht: Kluwer, 1996.

Zahavi, D., "Horizontal Intentionality and Transcendental Intersubjectivity", *Tijdschrift voor Filosofie 59/2*(1997): 304-321.

_____, "Self-awareness and Affection", In N. Depraz and D. Zahavi, eds., *Alterity and Facticity. New Perspectives on Husserl,* Dordrecht: Kluwer, 1998a, 205-228.

_____, "The Fracture in Self-awareness", In D. Zahavi, ed., *Self-awareness. Temporality and Alterity,* Dordrecht: Kluwer, 1998b, 21-40.

Zahavi, D. and Parnas, J., "Phenomenal Consciousness and Self-awareness. A Phenomenological Critique of Representational Theory", *Journal of Consciousness Studie 5/5-6*(1998c): 687-705.

Zahavi, D., "Brentano and Husserl on Self-awareness", *Études Phénoménologiques 27-28*(1998d): 127-168.

_____, "Michel Henry and the Phenomenology of the Invisible", *Continental Philosophy Review 32/3*(1999a): 223-240.

_____, *Self-awareness and Alterity. A Phenomenological Investigation,* Evanston, IL: Northwestern University Press, 1999b.

_____, *Husserl and Transcendental Intersubjectivity. A response to the Linguistic Pragmatic Critique,* Trans. Elizabeth A. Behnke, Athens: Ohio University Press, 2001.

_____, "Merleau-Ponty on Husserl. A Reappraisal", In L. Embree and T. Toadvine, eds., *Merleau-Ponty's Reading of Husserl,* Dordrecht: Kluwer Academic Publishers, 2002a, 3-29.

_____, "Husserl's Metaphysical Neutrality in Logische Untersuchungen", In D. Zahavi and F. Stjernfelt, eds., One Hundred Years of Phenomenology, *Husserl's Logical Investitations Revisited,* Dordrecht: Kluwer Academic Publishers, 2002b, 93-108.

Zahavi, D., and Stjernfelt, F., eds., *One Hundred Years of Phenomenology. Husserl's Logical Investigations Revisited,* Dordrecht: Kluwer Academic Publishers, 2002c.

272

찾아보기

지은이 **단 자하비** Dan Zahavi

1967년 덴마크 코펜하겐에서 태어났다. 코펜하겐대학에서 철학 공부를 시작했으며, 1994년 벨기에의 루뱅카톨릭대학에서 루돌프 베르넷의 지도 아래 박사학위를 받았다.

1999년 코펜하겐대학에서 교수자격 논문을 발표하고, 2002년 코펜하겐대학의 철학교수이자 주관성연구소 소장이 되었다. 2001년 국제철학연구소 회원, 2007년 덴마크왕립학술원 회원으로 선출되었으며, 2001년에서 2007년까지 북유럽 현상학회 회장으로 활동했다.

현재 학술저널인『현상학과 인지과학』의 공동편집자를 맡고 있다. 그는 주로 자아, 자아의식, 상호주관성, 사회적 인지 등의 주제를 연구해왔으며, 특히 후설의 현상학 및 심리철학에 대해 여러 저작을 발표했다. 대표저서로『후설과 초월론적 상호주관성』(1996),『자기-인지와 타자성』(1999),『주관성과 자아: 1인칭적 관점 연구』(2005), 숀 갤러거와의 공저『현상학적 마음』(2008, 제2판 2012),『자아와 타자: 주관성, 공감, 수치심 탐구』(2014) 등이 있다.

옮긴이 **박지영** 朴智英

서울대학교 미학과를 졸업하고 같은 대학 철학과 대학원에서 후설의 명증이론에 관한 연구로 석사학위를, 상호주관적 명증에 관한 현상학적 연구로 박사학위를 받았다.

저서로『진리에 대한 현상학적 성찰-상호주관적 명증의 현상학』이 있고, 역서로는 에드문트 후설의『현상학의 이념』이 있다. 현재 서울대학교와 한신대학교에서 철학, 토론 및 글쓰기를 가르치고 있다.